PUHUA BOOKS

我们一起解决问题

企业合规管理实战丛书

企业人力资源合规管理实务手册

任龙 ◎ 著

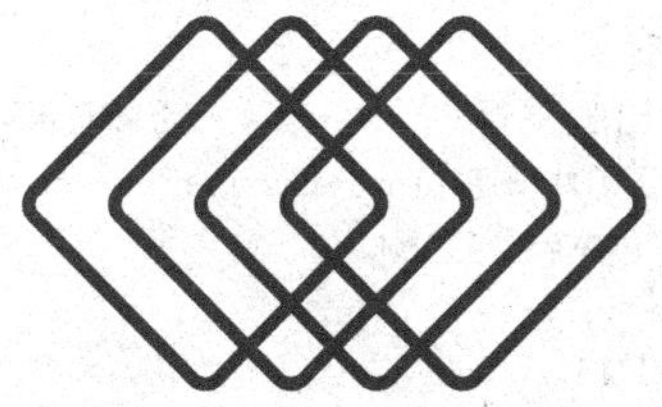

ENTERPRISE HUMAN RESOURCES COMPLIANCE MANAGEMENT PRACTICAL MANUAL

人民邮电出版社
北京

图书在版编目（CIP）数据

企业人力资源合规管理实务手册 / 任龙著. -- 北京：人民邮电出版社，2024.5
（企业合规管理实战丛书）
ISBN 978-7-115-64240-0

Ⅰ. ①企… Ⅱ. ①任… Ⅲ. ①企业管理－人力资源管理－劳动法－中国－手册 Ⅳ. ①D922.5-62

中国国家版本馆CIP数据核字(2024)第077142号

内容提要

人力资源合规管理能对企业稳健发展起到推动和促进作用，通过有效的人力资源合规管理可让企业从根本上防止出现合规风险的隐患，让企业在发展中更具竞争优势，从而促进企业未来更加长远的发展。

为方便相关人员更加系统全面地掌握人力资源合规管理的法律知识，本书以企业人力资源管理的工作流程为主线，针对人力资源管理中各模块包括招聘与入职管理，劳动合同订立，试用期管理，培训与服务期，保密与竞业限制，工作时间与休息休假，工资制度，福利保障制度，“三期”女职工与工伤员工管理，劳动合同变更、解除与终止，企业规章制度，多元化用工，劳动争议解决所涉及的法律规定及相关实务问题进行了详细解读。与此同时，作者还在书中列举了大量的典型实务案例，对企业人力资源合规管理中容易遭遇的问题进行了详细解读，并提出了有针对性的合规建议。

本书适合企业人力资源从业者、企业法务人员、律师及相关领域咨询人员阅读和参考。

◆ 著 任 龙
责任编辑 贾淑艳
责任印制 彭志环
◆人民邮电出版社出版发行 北京市丰台区成寿寺路11号
邮编 100164 电子邮件 315@ptpress.com.cn
网址 https://www.ptpress.com.cn
北京天宇星印刷厂印刷
◆开本：787×1092 1/16
印张：16 2024年5月第1版
字数：280千字 2024年10月北京第3次印刷

定 价：79.00元

读者服务热线：（010）81055656 印装质量热线：（010）81055316
反盗版热线：（010）81055315
广告经营许可证：京东市监广登字20170147号

前　言

目前，我国已经实施的涉及企业人力资源管理的法律法规纷繁复杂。从效力层级来看，既有《中华人民共和国劳动法》《中华人民共和国劳动合同法》《中华人民共和国社会保险法》《中华人民共和国工会法》等基本法律，又有《工伤保险条例》《女职工劳动保护特别规定》《职工带薪年休假条例》《劳动保障监察条例》等国务院颁布的行政法规。在此基础上，还有大量的国务院部委及各地方政府颁布的规章制度。从内容来看，这些法律法规既涉及工时、工资、休假等劳动基准问题，也涉及劳动合同的签订、履行和解除问题，还涉及员工的社会保障，以及"三期"女职工（指处在孕期、产期或哺乳期的女职工）、工伤职工等特殊员工的保护问题。

面对这些劳动法律法规，实践中，企业人力资源部门在进行人力资源管理时，如果对其不予重视，很容易招致劳动行政部门的行政处罚及劳动者的仲裁维权，从而最终给企业带来违法经济成本的支出和不良的社会影响。因此，企业人力资源部门在日常开展工作时，必须重视人力资源的合规管理。

鉴于此，为方便企业人力资源部门更加系统全面地掌握人力资源合规管理的法律知识，本书以企业人力资源管理的工作流程为主线，针对人力资源管理中各模块所涉及的法律规定及相关实务问题进行了详细解读。总体而言，本书具有以下两大突出特点。

一是内容全面，涵盖了企业人力资源管理的各个模块。具体而言，本书共分为十三章，涉及招聘与入职管理，劳动合同订立，试用期管理，培训与服务期，保密与竞业限制，工作时间与休息休假，工资制度，福利保障制度，"三期"女职工与工伤员工管理，劳动合同变更、解除与终止，企业规章制度，多元化用工，劳动争议解决等。上述内容的安排，契合企业人力资源管理工作的整个流程，有利于企业人力资源部门全面掌握人力资源合规管理的法律知识。

二是贴合实务，紧扣人力资源管理中的常见争议问题。除最后一章，在本书的前十二章内容中，笔者均列出了典型实务案例。通过对这些案例的专业分析，笔者对企业在人力资源合规管理中容易遇到的问题进行了详细解读，并提出了有针对性的合规建议。

最后，本书的写作花费了笔者大量的精力与时间，在整个写作期间，家人给予了笔者理解与支持，在此，笔者要特别感谢家人，尤其是妻子的理解与支持。同时，由于笔者能力所限，书中难免存有疏漏之处，还请各位读者批评指正！

任　龙

2023 年 12 月 3 日

目　录

合规实务要点汇总

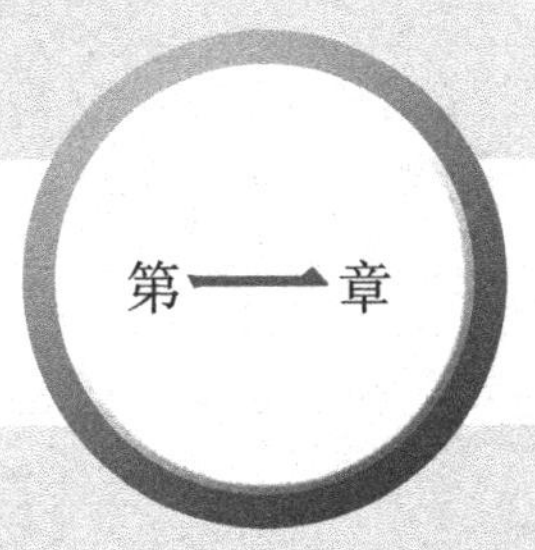

第一章 招聘与入职管理

新员工招聘与入职管理，是企业人力资源部门非常重要的一项日常工作。具体来说，就是企业人力资源（Human Resources，HR）部门根据各部门的用人需求，通过各种渠道挑选到合适的人才并将其安排到适当的岗位。实践中，企业人力资源部门需要做好招聘信息的发布、应聘人员的选拔、背景信息的核查、录用通知书的发放等诸多工作。在这些环节中，企业需要严格遵守《中华人民共和国劳动法》（以下简称《劳动法》）等法律的相关规定，否则就会引发合规风险。

第一节　招聘信息的发布

为了较快地在人才市场中招聘到合适的人才，企业会通过各种渠道对外发布招聘信息。企业在设定相关岗位的招聘条件时一定要慎重。根据《中华人民共和国就业促进法》（以下简称《就业促进法》）第 3 条的规定，劳动者依法享有平等就业和自主择业的权利。劳动者就业，不因民族、种族、性别、宗教信仰等不同而受歧视。同时依据该法第 62 条的规定，用人单位实施就业歧视的，劳动者可以向人民法院提起诉讼。因此，为了避免在招聘过程中陷入就业歧视的法律纠纷，企业在设定招聘条件时应当确保公平合理。

➲ 合规实务要点 1：企业公平合理设定招聘条件应当遵循哪些具体原则

典型案例：〔2014〕杭西民初字第 1848 号

某培训公司在网上发布了招聘文案策划职位的信息，性别要求为男性。针对该岗位，郭某先后通过电话和面谈等多种方式向公司表达了求职意愿。但最终，公司以案涉岗位需要经常陪同男性领导出差、女性多有不便为由拒绝给予身为女性的郭某面试机会，同时建议郭某可考虑应聘公司的人事、文员等岗位。

2014 年 8 月，郭某以自己遭遇性别歧视为由诉至法院，请求判令公司书面赔礼道歉，并赔偿精神损害抚慰金 50 000 元。为此，郭某提交了招聘网站招聘信息截图、通话录音、招聘现场录像等证据材料。本案的争议焦点在于公司以案涉岗位经常需要陪同男性领导出差为由拒绝招录女性，该行为是否构成就业歧视。

裁判结果：

由于案涉文案策划岗位不属于法律、法规所规定的女职工禁忌从事的工作范围，且根据公司发布的招聘要求，女性完全可以胜任该岗位工作，因此公司拒绝给予郭某面试机会的行为侵犯了其平等就业的权利。根据公司在本案中的过错程度，法院最终判定公司向郭某赔偿2000元。

律师分析：

尽管《就业促进法》规定："劳动者依法享有平等就业和自主择业的权利。劳动者就业，不因民族、种族、性别、宗教信仰等不同而受歧视。"但实践中，不少企业基于各种因素，如岗位实际特点、用工的便利性及现实成本等，会不合理地将与岗位没有直接关联的性别、年龄、地域、身高等因素设定为招聘条件。此时，企业的这种行为便涉嫌构成就业歧视。就本案而言，其属于一起典型的因性别问题而引发的就业歧视案例。

从司法实践来看，对于性别歧视行为的认定，关键在于涉案岗位是否属于女性禁忌从事的职业范围。根据《女职工劳动保护特别规定》，只有当岗位属于以下三种类型时，企业才能拒绝女性从事：矿山井下作业；体力劳动强度分级标准中规定的第四级体力劳动强度的作业；每小时负重6次以上、每次负重超过20公斤的作业，或者间断负重、每次负重超过25公斤的作业。除此以外，企业擅自以性别为由拒绝女性，就涉嫌构成就业歧视。对此，2019年，人力资源和社会保障部、司法部、卫生健康委、全国妇联、最高人民法院等九部门联合印发的《关于进一步规范招聘行为促进妇女就业的通知》进行了专门性的规定。依据该通知，企业在拟订招聘计划、发布招聘信息、招用人员过程中，不得限定性别（国家规定的女职工禁忌劳动范围等情况除外）或性别优先，不得以性别为由限制妇女求职就业、拒绝录用妇女，不得询问妇女婚育情况，不得将妊娠测试作为入职体检项目，不得将限制生育作为录用条件，不得差别化地提高对妇女的录用标准。实践中，上述规定简称"六不得"，企业在进行招聘的过程中一定要注意避免触碰这些红线。

再回到本案中，法院之所以认定公司的行为构成对郭某平等就业权的侵犯，其中一个重要原因就是案涉岗位并不属于女性禁忌从事的职业范围，女性完全可以胜

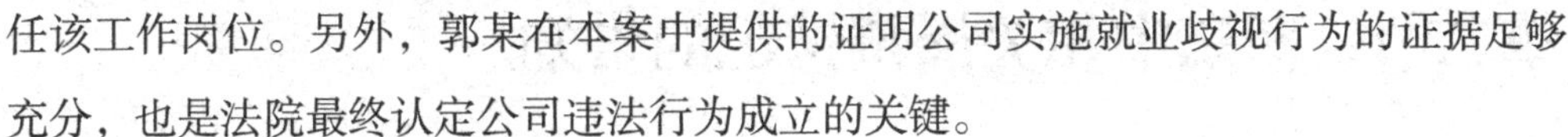

任该工作岗位。另外，郭某在本案中提供的证明公司实施就业歧视行为的证据足够充分，也是法院最终认定公司违法行为成立的关键。

合规建议：

为了避免出现就业歧视行为，企业在设定招聘条件时，应确保公平合理，具体来说应当遵循以下两个原则。

第一个原则是，招聘条件的设定应当与岗位的客观能力要求相匹配。据此，企业将从业经验、专业资格等与岗位密切相关的因素设定为招聘条件均属合理合法，但应当避免将一些与岗位能力要求无关的因素设定为招聘条件，尤其是身高、年龄、性别等之类的先天性因素。实践中，针对一些确实因自身特点，不太适宜某类人群，但该类人群又绝非无法胜任的岗位，如本案中的文案策划岗位，企业妥当的做法应当是在招聘信息中详细说明岗位的特殊情况，让相关人群谨慎投递简历，而非简单粗暴地设定涉嫌就业歧视的硬性招聘条件。

第二个原则是，严格遵守任职资格的相关规定。对此，企业应当从以下两点加以把握。首先，企业应当严格遵守法律法规对一些岗位任职资格的限制性规定，比如在招聘企业高级管理人员时，根据《中华人民共和国公司法》（以下简称《公司法》）的规定，企业不得招聘因贪污、贿赂、侵占财产、挪用财产或者破坏社会主义市场经济秩序，被判处刑罚，或者因犯罪被剥夺政治权利，执行期满未逾五年，被宣告缓刑的，自缓刑考验期满三日起未逾二年的人员。其次，企业招聘条件的设定不应当严于法定标准。比如，关于年龄，对大中型客货车司机而言，根据公安部目前的规定，年龄上限已由50周岁调整到60周岁，因此针对该岗位，企业就不可以擅自设置比这一年龄上限低的标准。又比如，对于传染病病原携带者，根据《就业促进法》第30条的规定，用人单位招用人员，不得以应聘人员是传染病病原携带者为由拒绝录用。但是，经医学鉴定传染病病原携带者在治愈前或者排除传染嫌疑前，不得从事法律、行政法规和国务院卫生行政部门规定禁止从事的易使传染病扩散的工作。

第二节 面试中相关岗位情况的告知

根据《中华人民共和国劳动合同法》(以下简称《劳动合同法》)第8条的规定，用人单位招用劳动者时，应当如实告知劳动者工作内容、工作条件、工作地点、职业危害、安全生产状况、劳动报酬，以及劳动者要了解的其他情况；用人单位有权了解劳动者与劳动合同直接相关的基本情况，劳动者应当如实说明。据此，在招聘过程中，尤其在面试时，企业与劳动者有着相互的如实告知义务。而针对企业一方，关于这种告知义务，其应当从告知的内容和未如实告知的法律后果这两个方面加以把握。

一、告知的内容

根据《劳动合同法》第8条的规定，在招聘过程中，企业应当向劳动者如实告知的内容主要包括两大类：一类是必须告知的，属于一种法定义务，换句话说，即使劳动者未要求告知，企业也必须主动告知，主要包括工作内容、工作条件、工作地点、职业危害、安全生产状况、劳动报酬六项；另一类是劳动者询问，企业才需要告知的，如企业福利待遇、职业培训安排等。对于上述两类内容，企业在告知的过程中应当注意留痕及告知的全面性。

➲ 合规实务要点2：企业应采取妥当方式准确向劳动者告知相关岗位职业危害

典型案例：玉卫职罚〔2021〕2号

2021年1月6日，玉环市卫生健康局对某公司进行检查，发现该公司现场出示的《检验检测报告》中部分生产车间的呼吸性粉尘（矽尘）浓度检测结果超过职业接触限值；现场出示的劳动合同中未告知劳动者职业病危害真实情况。后经详细调查，上述事实属实。

处罚结果：

2021 年 1 月 22 日，玉环市卫生健康局以该公司存在订立劳动合同时，未告知劳动者职业病危害真实情况，以及工作场所职业病危害因素的强度或者浓度超过国家职业卫生标准，分别违反了《中华人民共和国职业病防治法》（以下简称《职业病防治法》）第 33 条第 1 款和第 15 条第（一）项的规定，依法作出玉卫职罚〔2021〕2 号处罚决定书，决定给予该公司警告和罚款人民币陆万伍仟元整（65 000.00 元）的处罚。

律师分析：

《职业病防治法》第 33 条第 1 款规定，用人单位与劳动者订立劳动合同（含聘用合同，下同）时，应当将工作过程中可能产生的职业病危害及其后果、职业病防护措施和待遇等如实告知劳动者，并在劳动合同中写明，不得隐瞒或者欺骗。第 15 条第（一）项规定，产生职业病危害的用人单位的设立除应当符合法律、行政法规规定的设立条件外，其工作场所还应当符合下列职业卫生要求：（一）职业病危害因素的强度或者浓度符合国家职业卫生标准。本案中，该公司之所以遭受处罚，主要的原因就在于其违反了这两条的规定，未尽到如实告知劳动者职业危害和职业危害因素的强度或浓度超过了国家职业卫生标准。实践中，受到类似处罚的企业不在少数，对此，针对职业病的防治，企业务必给予足够的重视。

合规建议：

实践中，首先，企业一定要对职业病危害岗位有一个准确的认识。《职业病防治法》第 2 条规定，职业病，是指企业、事业单位和个体经济组织等用人单位的劳动者在职业活动中，因接触粉尘、放射性物质和其他有毒、有害因素而引起的疾病。职业病的分类和目录由国务院卫生行政部门会同国务院劳动保障行政部门制定、调整并公布。其次，为了避免就是否履行了告知义务产生争议，企业一旦判定内部相关职位属于职业病危害岗位，就应当通过书面等形式将其职业危害如实告知劳动者，并按规定在劳动合同中载明。

二、未如实告知的法律后果

在招聘过程中，企业如果未尽到如实告知的义务，则要承担以下法律后果。

1. 员工享有被迫辞职并索要经济补偿的权利

《劳动合同法》第 26 条第 1 款第 1 项规定，以欺诈、胁迫的手段或者乘人之危，使对方在违背真实意思的情况下订立或者变更劳动合同的，劳动合同无效或者部分无效。因此，如果企业隐瞒或者虚假陈述了与工作岗位相关的事实，致使劳动者最终违背真实意思签订了劳动合同，那么合同无效或者部分无效。同时，《劳动合同法》第 38 条第 1 款第 5 项及第 46 条第 1 项规定，因用人单位原因导致劳动合同无效的，劳动者享有被迫辞职并向单位主张经济补偿的权利。

2. 员工有权拒绝从事职业病危害岗位

《职业病防治法》第 33 条第 3 款规定，用人单位与劳动者订立劳动合同时，未将工作过程中可能产生的职业病危害及其后果、职业病防护措施和待遇等如实告知劳动者，并在劳动合同中写明的，劳动者有权拒绝从事存在职业病危害的作业，用人单位不得因此解除与劳动者订立的劳动合同。

3. 承担行政处罚责任

针对涉及职业病危害的岗位，根据《职业病防治法》第 71 条第 3 项的规定，如果企业在订立或者变更劳动合同时，未告知劳动者职业病危害真实情况，由卫生行政部门责令限期改正，给予警告，可以并处五万元以上十万元以下的罚款。

第三节　拟录用人员的背景信息核查

拟录用人员的背景信息核查是企业在招聘过程中一项非常重要的工作。实践中，该项工作主要放在面试通过后进行，其主要目的就在于防止员工的入职欺诈。对于拟录用人员背景信息的核查，企业应当从背景信息的主要核查范围、核查方式、入职欺诈的认定与处理及个人信息保护等方面加以把握。

一、背景信息的主要核查范围

1. 拟录用人员的年龄

《劳动法》第 15 条规定："禁止用人单位招用未满十六周岁的未成年人。文艺、体育和特种工艺单位招用未满十六周岁的未成年人，必须遵守国家有关规定，并保障其接受义务教育的权利。"

对于违反上述规定使用童工的，根据《禁止使用童工规定》第 6 条的规定，用人单位使用童工的，由劳动保障行政部门按照每使用一名童工每月处 5000 元罚款的标准给予处罚；在使用有毒物品的作业场所使用童工的，按照《使用有毒物品作业场所劳动保护条例》规定的罚款幅度，或者按照每使用一名童工每月处 5000 元罚款的标准，从重处罚。基于上述规定，用人单位在招聘时一定要确保拟录用人员年龄符合法定要求，避免非法用工行为。

2. 拟录用人员的学历及专业资质

在求职者找工作的过程中，学历及专业资质起着敲门砖的作用。现实中，求职者采取学历欺诈及专业资质欺诈骗取单位信任的现象不少。根据《劳动合同法》第 26 条的规定，以欺诈、胁迫的手段或者乘人之危，使对方在违背真实意思的情况下订立或者变更劳动合同的，劳动合同无效或者部分无效。因此，如果用人单位在相关人员入职前未发现其存在学历欺诈等行为，而在事后才发现，就会引发劳动合同效力的争议。所以，用人单位一定要事先仔细核查拟录用人员的学历及专业资质信息。

3. 拟录用人员当前的劳动关系状态

《劳动合同法》第 91 条规定，用人单位招用与其他用人单位尚未解除或者终止劳动合同的劳动者，给其他用人单位造成损失的，应当承担连带赔偿责任。据此，企业如果招用了还在其他单位任职的劳动者，就有承担潜在的连带赔偿责任的法律风险。因此，企业在招聘过程中，一定要仔细核查拟录用人员是否与其他单位还存在劳动关系。

4. 拟录用人员是否负有保密及竞业限制义务

《劳动合同法》第 23 条规定，用人单位与劳动者可以在劳动合同中约定保守用人单位的商业秘密和与知识产权相关的保密事项。对负有保密义务的劳动者，用人单位可以在劳动合同或者保密协议中与劳动者约定竞业限制条款，并约定在解除或者终止劳动合同后，在竞业限制期限内按月给予劳动者经济补偿。劳动者违反竞业限制约定的，应当按照约定向用人单位支付违约金。

因此，企业在招录可能接触到商业秘密的人员时，一定要注意审查该类人员是否与上家单位签署了相应的《保密协议》和《竞业限制协议》。实践中，此类人员主要涉及三种岗位：一是高级管理岗位，如总经理、副总经理、财务总监等；二是技术研发岗位；三是掌握上家单位核心客户资源的销售人员。在招聘过程中，如果企业对上述岗位人员未审查到位，事后第三方公司极有可能主张拟录用人员违反了竞业限制约定，此时，不仅拟录用人员无法正常入职工作，企业自身还有可能被第三方公司主张实施了侵犯商业秘密的行为。

5. 拟录用人员是否符合任职资格的限制性要求

针对一些对个人信用状况要求较高的岗位，我国相关规定对此有着明确的任职资格限制。比如，对于金融机构高管，中共中央办公厅、国务院办公厅印发的《关于加快推进失信被执行人信用监督、警示和惩戒机制建设的意见》规定，限制失信被执行人担任银行业金融机构、证券公司、基金管理公司、期货公司、保险公司、融资性担保公司的董事、监事、高级管理人员。又比如，《公司法》第 178 条规定，有下列情形之一的，不得担任公司的董事、监事、高级管理人员：（一）无民事行为能力或者限制民事行为能力；（二）因贪污、贿赂、侵占财产、挪用财产或者破坏社会主义市场经济秩序，被判处刑罚，或者因犯罪被剥夺政治权利，执行期满未逾五年，被宣告缓刑的，自缓刑考验期满三日起未逾二年；（三）担任破产清算的公司、企业的董事或者厂长、经理，对该公司、企业的破产负有个人责任的，自该公司、企业破产清算完结之日起未逾三年；（四）担任因违法被吊销营业执照、责令关闭的公司、企业的法定代表人，并负有个人责任的，自该公司、企业被吊销营业执照之日起未逾三年；（五）个人因所负数额较大债务到期未清偿被人民法院列为失信被执行人。违反前款规定选举、委派董事、监事或者聘任高级管理人员的，

该选举、委派或者聘任无效。董事、监事、高级管理人员在任职期间出现本条第一款所列情形的，公司应当解除其职务。

6. 拟录用人员的身体健康状况

企业在招聘的过程中，须重视对拟录用人员身体健康状况的核查。关于身体健康状况的合格判定标准，目前企业可以参考国有企业和事业单位的规定，通常要求拟录用人员不存在严重影响正常工作且未治愈的重大疾病，如需要手术治疗的器质性心脏病、恶性肿瘤、肝硬化、类风湿性关节炎等。企业如果未能准确判定拟录用人员的身体健康状况，不仅会严重影响相关岗位职能效率，事后企业也极有可能因为员工请病假、医疗期等各种问题而承担较高的用工成本。

二、背景信息的核查方式及入职欺诈的认定、处理

1. 信息的核查方式

实践中，不同类型的背景信息，其核查方式存在差异。对于拟录用人员的年龄，主要通过审查其身份证原件信息来核查；对于学历及专业资质信息，企业可以通过学信网等第三方网站平台加以查询；对于拟录用人员当前的劳动关系状态，具体的核查方式是要求拟录用人员提交离职证明并对上家单位进行电话回访；对于拟录用人员是否属于承担保密和竞业限制义务的人员，有效的方式是直接询问之前的用人单位；对于一些有资信状况要求的岗位，企业则可以通过中国裁判文书网、中国执行信息公开网等渠道主动查询拟录用人员的涉诉情况，进而合理评判其是否符合法定的任职资格要求；对于拟录用人员的身体健康状况，企业则可以要求拟录用人员进行规范的入职体检。

➲ 合规实务要点3：应聘登记表在背景信息核查过程中的重要作用及其设计要点

典型案例：〔2020〕浙0109民初2965号

2019年，斯某经某公司邀请参与了该公司的面试。在面试过程中，斯某向公司

提供的简历、应聘登记表等材料中，均表明：自身有 7 年的私募从业经历、5 年的保险从业经历及相应的组建、领导团队的经历。基于斯某提供的上述履历，公司决定录用其为财富管理部经理，并安排其组建销售团队进行产品销售。

试用期内，公司最终以斯某不符合录用条件为由对其进行了辞退。斯某对此不服，遂提起仲裁，要求公司支付违法解除赔偿金。审理中，公司则以斯某虚构履历，构成入职欺诈，劳动合同无效为由，抗辩无须支付任何赔偿。为此，公司提交了斯某的简历、应聘登记表、人事登记表、邮件截图，以及公司与中国人寿保险股份有限公司客服的通话记录（含光盘）、杭州中慕投资管理有限公司企业信用信息公示报告、劳动合同、民事判决书等材料来证明斯某在入职时存在造假、欺诈公司的行为。本案的争议焦点在于公司提供的应聘登记表等证据能否证明斯某存在入职欺诈行为。

裁判结果：

斯某自己承认其私募从业和保险从业实际工作时间分别为 8 个月左右和 10 个月左右，该工作时长与斯某应聘时在应聘登记表等材料中的陈述有较大出入，应属于虚假陈述且其程度已经达到了欺诈的标准，故案涉劳动合同应属无效，双方之间的劳动合同不存在违法解除的情形，公司无须支付违法解除劳动合同赔偿金。

律师分析：

作为本案中重要证据材料之一的应聘登记表，其作用主要有两点。首先，它是企业问询员工基本信息及核查其背景信息的工具。对此，《劳动合同法》第 8 条规定，用人单位有权了解劳动者与劳动合同直接相关的基本情况，劳动者应当如实说明。其次，它连同简历等证据材料，是事后认定员工存在入职欺诈行为的重要证据。

本案中，公司抗辩无须支付斯某任何赔偿的主要事实依据是斯某存在入职欺诈行为。而公司之所以取得理想的结果，就是因为其对斯某的入职欺诈行为进行了充分的举证。其中，斯某的简历、应聘登记表、人事登记表等，对于证明斯某实施了入职欺诈行为发挥了重要作用。

合规建议：

为了最大限度地发挥应聘登记表的作用，企业在设计其内容时，应当注意两点：一是应聘登记表的待填信息，一定要全面反映与岗位相关的、需要核查的背景

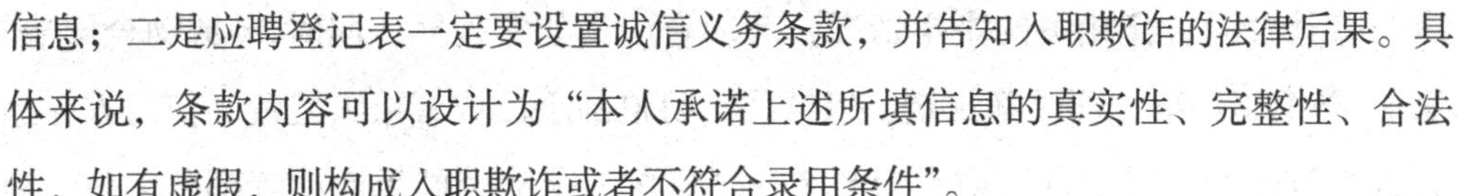

信息；二是应聘登记表一定要设置诚信义务条款，并告知入职欺诈的法律后果。具体来说，条款内容可以设计为“本人承诺上述所填信息的真实性、完整性、合法性，如有虚假，则构成入职欺诈或者不符合录用条件”。

2. 入职欺诈的认定与处理

企业在对拟录用人员进行背景信息调查的过程中，如果发现最终核实的信息与劳动者在求职时陈述的事实不符，将涉及对入职欺诈行为的认定，以及后续对欺诈员工的处理问题。实践中，由于这些问题牵扯到对法律条文的理解和对事实的认定，因此争议颇多，企业一定要审慎对待。

➲ 合规实务要点 4：企业认定和处理员工入职欺诈行为的常见误区及注意要点

典型案例：〔2021〕粤 01 民终 7366 号

2018 年，陆某入职某公司任电商运营经理。2020 年 4 月 15 日，公司以陆某入职时虚构过往产品经理的工作年限，构成入职欺诈为由向其发出了书面解除劳动合同的通知。陆某认为公司的做法属于违法解除，遂提起仲裁，要求公司支付违法解除赔偿金，最终仲裁委支持了陆某的请求。对此，公司不服裁决，遂提起诉讼，要求无须支付任何赔偿，具体理由是陆某在入职时虚构岗位工作年限，构成入职欺诈，双方的劳动合同应属无效。本案的争议焦点在于陆某虚构产品经理工作年限的行为是否构成入职欺诈。

裁判结果：

陆某在履历上确有将其在第三方公司任产品经理的工作期限从 4 个多月谎报为 9 个月的情形。但是，陆某在职近两年，公司均未对此提出异议。另外，陆某虽然谎报了工作经历的时限，但其曾任产品经理属实，其填报产品经理的任职时间与实际任职时间差异不大，不影响简历的整体真实性。综上，陆某的行为并不必然导致公司因此违背真实意思与其签订劳动合同，双方签订的劳动合同应当有效。

律师分析：

根据《劳动合同法》第 8 条的规定，用人单位在招用劳动者时，有权了解劳动者与劳动合同直接相关的基本情况，劳动者应当如实说明。同时，《劳动合同法》第 26 条第 1 款第 1 项明确规定，以欺诈、胁迫的手段或者乘人之危，使对方在违背真实意思的情况下订立或者变更劳动合同的，劳动合同无效或者部分无效。据此，如果劳动者面试时违反如实告知义务构成入职欺诈，双方签订的劳动合同涉嫌无效。根据《劳动合同法》第 39 条第 5 项的规定，因本法第 26 条第 1 款第 1 项规定的情形致使劳动合同无效的，用人单位可以解除劳动合同。基于上述规定，企业一旦发现已入职的员工在应聘时存在欺诈行为，大多会对相关员工进行劝退或者以不符合录用条件、劳动合同无效为由做单方辞退处理。

但是，企业对于入职欺诈容易存在一些误区，认为只要应聘人员在求职和面试过程中存在虚假陈述行为，就可以认定构成入职欺诈，劳动合同应属无效，实际上并非如此。具体来看，如果在以下两种情形下主张入职欺诈，法院一般不会认同：一种是企业自身未尽到基本的审查义务，而是在员工入职了一段时间且表现良好的情况下，才去主张存在欺诈行为；另一种是员工虚假陈述或者隐瞒的事实不属于企业决定录用的重要因素。对此，如果员工虚假陈述或者隐瞒的事实，企业并未明确将其作为招聘或者录用条件，或者纯属个人隐私，与所涉岗位无直接关系，如个人婚姻、生育情况，欺诈行为就很难成立。

本案中，公司关于陆某存在入职欺诈行为、劳动合同应属无效的主张之所以未得到法院支持，主要原因在于两点：一是公司自身未尽到审查义务，在陆某入职两年后才提出存在入职欺诈行为；二是陆某虚构的事实仅是工作时限上的些许差异，对公司是否录用陆某并不产生决定性影响。

合规建议：

在员工招用实践中，企业应当谨慎对待员工入职欺诈行为的认定及后续的劳动关系处理。首先，企业要通过多种手段，审慎核查拟录用人员的背景信息，一旦发现不符合要求的，及时将其排除在最终录用人员之外。其次，如果事后发现已入职的员工在入职时存在虚假陈述或者隐瞒个人基本情况的行为，企业应当以是否符合招聘条件和录用条件为标准，审慎地评判该行为是否足以导致企业违背真实意思与其签订劳动合同，如果足以导致，则构成欺诈，企业可以对其及时做出劝退或者单方辞退处理。最后，企业一定要保存好招聘过程中劳动者自行制作的简历、填写的应聘登记表等材料，这些材料是认定入职欺诈的基础性证据。

三、背景信息核查过程中的个人信息保护

为了保护个人信息不被泄露和非法利用，2021 年，我国制定并颁布了《中华人民共和国个人信息保护法》（以下简称《个人信息保护法》）。该法对于违规处理个人信息的行为，规定了非常严厉的行政处罚责任。作为与个人信息处理密切相关的领域，企业人力资源管理属于该法重点规制的对象。据此，企业在劳动人事管理过程中处理员工个人信息时，应当严格遵守该法相关规定。

1. 员工背景信息收集与核查应当取得明确依据

《个人信息保护法》第 13 条规定，符合下列情形之一的，个人信息处理者方可处理个人信息：①取得个人的同意；②为订立、履行个人作为一方当事人的合同所必需，或者按照依法制定的劳动规章制度和依法签订的集体合同实施人力资源管理所必需……据此，企业在收集、核查、使用员工个人信息时，应当取得其本人的同意，或者规章制度、集体合同中已经明确规定企业在实施人力资源管理时有权收集、核查员工个人信息。

同时，针对敏感个人信息，即一旦泄露或者非法使用，容易导致自然人的人格尊严受到侵害或者人身、财产安全受到危害的个人信息，包括生物识别、宗教信仰、特定身份、医疗健康、金融账户、行踪轨迹等信息，以及不满十四周岁未成年人的个人信息，《个人信息保护法》第 28 条规定，只有在具有特定的目的和充分的必要性，并采取严格保护措施的情形下，个人信息处理者方可处理。第 29 条规定，处理敏感个人信息应当取得个人的单独同意。

2. 员工信息收集与核查应当遵循合法、正当、必要和诚信原则

《个人信息保护法》第 5 条规定，处理个人信息应当遵循合法、正当、必要和诚信原则，不得通过误导、欺诈、胁迫等方式处理个人信息。第 6 条规定，处理个人信息应当具有明确、合理的目的，并应当与处理目的直接相关，采取对个人权益影响最小的方式；收集个人信息，应当限于实现处理目的的最小范围，不得过度收集个人信息。第 7 条规定，处理个人信息应当遵循公开、透明原则，公开个人信息处理规则，明示处理的目的、方式和范围。

据此，作为一种典型的个人信息处理行为，企业对拟录用人员背景信息进行收

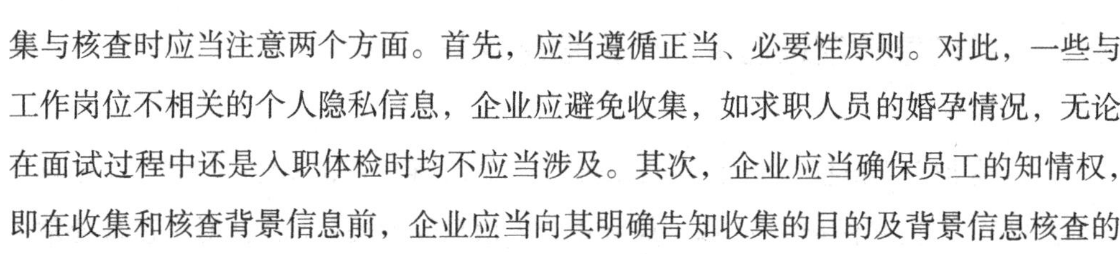
集与核查时应当注意两个方面。首先，应当遵循正当、必要性原则。对此，一些与工作岗位不相关的个人隐私信息，企业应避免收集，如求职人员的婚孕情况，无论在面试过程中还是入职体检时均不应当涉及。其次，企业应当确保员工的知情权，即在收集和核查背景信息前，企业应当向其明确告知收集的目的及背景信息核查的方式。

3. 员工信息保管应当确保安全妥当

作为个人信息保护的重中之重，同时也是法定义务，企业应当重视对员工个人信息的安全保管。对此，《个人信息保护法》第 51 条规定，个人信息处理者应当根据个人信息的处理目的、处理方式、个人信息的种类以及对个人权益的影响、可能存在的安全风险等，采取下列措施确保个人信息处理活动符合法律、行政法规的规定，并防止未经授权的访问以及个人信息泄露、篡改、丢失：（一）制定内部管理制度和操作规程；（二）对个人信息实行分类管理；（三）采取相应的加密、去标识化等安全技术措施；（四）合理确定个人信息处理的操作权限，并定期对从业人员进行安全教育和培训；（五）制定并组织实施个人信息安全事件应急预案；（六）法律、行政法规规定的其他措施。

第四节　录用通知书的发放

经过简历筛选、面试和背景核查后，企业在招聘及入职管理过程中还需要完成的一项工作是通知拟录用人员入职。实践中，既有采取电话口头的方式通知的，也有采取书面形式即发放录用通知书通知的。无论采取何种方式，通知的内容大致包括岗位、工资待遇、试用期、社保福利、报到时间及地址等事项。针对录用通知书，由于不少企业对其法律性质及效力存在误解，因此产生了很多法律争议。

就目前主流观点来说，企业向拟录用人员发放的录用通知书应为要约。根据《中华人民共和国民法典》（以下简称《民法典》）第 472 条的规定，要约是希望与他人订立合同的意思表示，该意思表示应当符合下列条件：内容具体确定；表明经

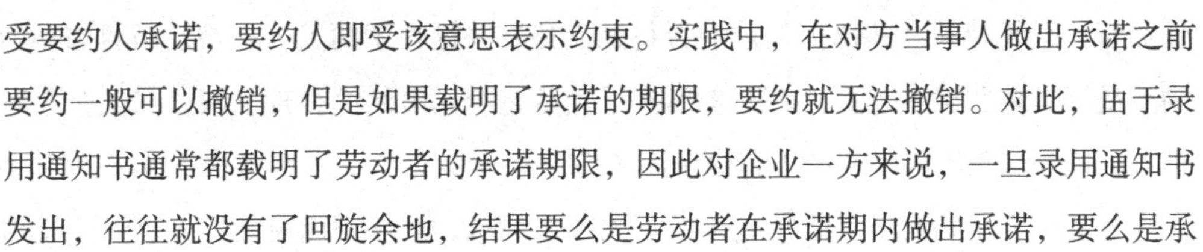

受要约人承诺，要约人即受该意思表示约束。实践中，在对方当事人做出承诺之前要约一般可以撤销，但是如果载明了承诺的期限，要约就无法撤销。对此，由于录用通知书通常都载明了劳动者的承诺期限，因此对企业一方来说，一旦录用通知书发出，往往就没有了回旋余地，结果要么是劳动者在承诺期内做出承诺，要么是承诺期内劳动者未做出承诺，录用通知书自动失效。

➲ 合规实务要点 5：企业随意撤销录用通知书需向劳动者承担民事赔偿责任

典型案例：〔2021〕沪 0115 民初 9665 号

经过面试和笔试后，夏某收到了某银行向其发送的，告知其于指定日期前往银行领取纸质录用通知书并签订就业协议的拟录用通知短信。收到短信后，夏某立即回复“接受录取通知”。2017 年 2 月 17 日，夏某按要求至银行处领取纸质录用通知书，但银行却以夏某为往届生为由拒绝录用她。夏某对此不服，遂提起诉讼，要求银行赔付其丧失其他面试机会的损失和相关面试成本费用支出。在审理过程中，银行辩称：不应向夏某赔偿任何损失。首先，发给夏某的拟录用通知短信，只是一份录用意向，不能认定为录用通知书，非正式录用夏某。其次，此次招聘告示标题为“2017 年度公司校园招聘”，该标题已经明确招聘对象为 2017 年应届毕业生，并不包括往届生。本案的争议焦点就在于拟录用通知短信是否具有要约的法律约束力，让夏某产生了合理信赖；银行事后拒绝招录夏某是否需要为此承担赔偿责任。

裁判结果：

银行在缔约过程中违背诚实信用原则，应当赔偿夏某相应损失。首先，应当赔偿工资收入损失。由于银行拒绝录用夏某，夏某丧失就业机会，而夏某应聘其他单位又需花费一定时间，法院酌情确定为两个月，并参照银行招聘的会计柜员及客户经理岗位，酌情确定该项损失为 2 万元。其次，应当赔偿缔约费用损失。结合夏某笔试、面试、领取录用通知书需要往返于江苏和上海，法院酌情确定交通费损失 1000 元。

律师分析：

本案是一起典型的因为录用通知发放及撤销不当而引发的争议案例。就此类案例而言，最终劳动者的赔偿请求能否得到支持，关键在于两点：一是录用通知书的内容是否具体明确，进而让劳动者形成了确定将与其签约的合理信赖；二是企业撤销录用是否有正当理由，如不符合录用条件。

本案中，法院之所以支持夏某的损失赔偿请求，主要原因有两点。首先，录用通知书内容具体明确，银行发送的拟录用通知短信已足以使夏某合理信赖银行将确定与其签约。在夏某回复短信做出承诺以后，案涉拟录用通知短信就对双方产生了约束力，任何一方均不得无故违反。其次，银行拒绝录用夏某并无正当理由，在夏某自身并无过错的情况下，银行应当对自身招聘过程中背景信息审查不到位和招聘条件设置不明确的过失承担不利后果。

另外，此类损失的赔偿项目一般包括两部分：一部分是一到两个月的待业期间的合理工资收入损失，主要是指丧失的先前职位或者应聘岗位的工资收入；另一部分是应聘成本费用支出，主要是一些差旅费用。

合规建议：

为了避免就录用通知书的发放问题产生争议，企业在发放录用通知书时应当注意以下三点。

（1）发放录用通知书前，企业一定要按照正规的人事招聘流程，在明确相关岗位的招聘需求和录用条件的基础上，认真核查拟录用人员的背景信息，确保其符合岗位录用条件。

（2）在制作录用通知书时，除了岗位内容的常规介绍，还应包括以下两方面内容：一是录用通知书应当载明具体的承诺期限；二是录用通知书应载明入职的前提，并约定拟录用人员如不符合该条件，企业可以撤销录用。

（3）录用通知书并不完全等同于劳动合同，通常其内容无法涵盖劳动合同的所有内容，故企业在员工报到入职后应尽快与其签订书面的劳动合同。

➲ 合规实务要点 6：录用通知书中的相应内容应与劳动合同一致

典型案例：〔2020〕粤 0391 民初 455 号

周某于 2017 年 2 月入职深圳某公司。入职前，公司通过录用通知书向周某承诺年底双薪，但双方最终签订的劳动合同却并未提及双薪。2019 年 9 月 12 日，周

某以公司拖欠工资为由提出辞职。随后，周某提起仲裁，要求公司支付拖欠的包括年底双薪在内的工资。后双方对仲裁结果不服又向法院提起诉讼。

裁判结果：

双方签订的劳动合同并未约定不再执行录用通知书中的内容，录用通知书中约定的年底双薪亦未体现在劳动合同中，此时，录用通知书可以作为劳动合同的附件，对双方均具有约束力，周某据此要求公司支付2018年年底双薪，应予支持。

律师分析：

录用通知书与劳动合同中约定的内容不一致时，究竟应该以哪个文件为准，要视情况而定。一种情况是，对于两份文件都约定的事项，当后签订的劳动合同不同于录用通知书时，应视为双方对同一事项进行了变更约定，劳动合同的效力高于录用通知书；另一种情况是，对于录用通知书有规定而劳动合同中没有提及的，应以录用通知书为准，除非企业对录用通知书的效力另有特别约定，如规定劳动合同签订后，录用通知书自动失效。

就本案来说，双方产生的争议应属第二种情况。在这种情况下，由于公司并未明确规定劳动合同签订后录用通知书的效力，法院最终将录用通知书视为劳动合同的附件，进而支持了周某的支付年底双薪请求。

合规建议：

企业在制作录用通知书时，应让其相应内容与后签订的劳动合同内容一致，避免相关争议。同时，在签订劳动合同时，企业应当对录用通知书的效力问题做出明确的约定，比如，可以约定“劳动合同签订后，公司前期发放的录用通知书自动失效”。

第二章 劳动合同订立

劳动合同作为固定用人单位与劳动者之间权利义务的重要载体，是证明双方之间存在劳动关系的直接证据，同时也是处理劳动争议的主要依据。基于这种重要作用，2007 年，我国颁布了《劳动合同法》，该法对劳动合同的订立、履行、变更、终止和解除等进行了详细规定。针对劳动合同的订立，企业需要从劳动合同订立的主体、形式、时间、合同条款、合同期限及续签等方面进行重点把握。

第一节 劳动合同的订立主体

劳动合同的订立主体包括用人单位和劳动者两方。目前,《劳动法》和《劳动合同法》等法律法规对这两方的主体资格均有明确规定。企业须对此进行准确把握,否则将影响劳动合同的成立。

一、用人单位

《劳动合同法》第 2 条规定:“中华人民共和国境内的企业、个体经济组织、民办非企业单位等组织(以下称用人单位)与劳动者建立劳动关系,订立、履行、变更、解除或者终止劳动合同,适用本法。国家机关、事业单位、社会团体和与其建立劳动关系的劳动者,订立、履行、变更、解除或者终止劳动合同,依照本法执行。”据此,以是否依靠国家财政供养来划分,用人单位主要包括两大类:一类是私营企业、个体经济组织和民办非企业单位;另一类是国家机关、事业单位、社会团体等。

1. 私营企业、个体经济组织和民办非企业单位

私营企业是最常见的用人单位,实践中其包括各种类型的公司。个体经济组织则主要是指个体工商户。民办非企业单位主要是指利用非国有资金举办的,从事非营利性社会活动的组织,实践中主要包括民办的学校、幼儿园、医院、体育场馆、敬老院、律师事务所、会计师事务所、基金会等。

2. 国家机关、事业单位、社会团体

国家机关、事业单位、社会团体能否作为劳动合同的订立主体，需要注意区分两种情况。一种情况是，如果其聘用的工作人员属于有政府编制或者事业单位编制的人员，则此时其并不属于《劳动合同法》规定的用人单位，其与雇员之间的法律关系主要受《中华人民共和国公务员法》《事业单位人事管理条例》等法律法规调整。另一种情况是，如果其直接采用劳动合同聘用制的方式招录相关人员，其属于《劳动合同法》规定的用人单位，此时双方之间的法律关系受《劳动合同法》的约束。

二、劳动者

我国法律对劳动者的主体资格分别从年龄和国籍两个方面做出了规定。因此，在与劳动者签订劳动合同时，企业须确保劳动者的年龄和国籍符合法律要求，否则劳动合同将无法成立。

1. 劳动者的年龄

我国法律对劳动者的年龄从最低和最高两个层面进行了规定。关于最低年龄，《劳动法》第 15 条规定："禁止用人单位招用未满十六周岁的未成年人。文艺、体育和特种工艺单位招用未满十六周岁的未成年人，必须遵守国家有关规定，并保障其接受义务教育的权利。"另《中华人民共和国未成年人保护法》第 61 条第 2 款规定，营业性娱乐场所、酒吧、互联网上网服务营业场所等不适宜未成年人活动的场所不得招用已满十六周岁的未成年人。

关于最高年龄，我国法律将已退休的劳动者排除在劳动合同的签订主体之外。《劳动合同法》第 44 条第 2 项规定，劳动者开始依法享受基本养老保险待遇的，劳动合同终止。《中华人民共和国劳动合同法实施条例》（以下简称《劳动合同法实施条例》）第 21 条规定，劳动者达到法定退休年龄的，劳动合同终止。但需要注意，针对现实中大量存在的达到退休年龄但无法享受养老保险待遇的人员，目前各地对其劳动合同主体资格的认定存在一定争议，企业需要关注当地的司法态度。此次最新公布的《最高人民法院关于审理劳动争议案件适用法律问题的解释（二）（征求意见稿）》虽然未直接回应这一争议，但其第 6 条规定，达到法定退休年龄但是尚

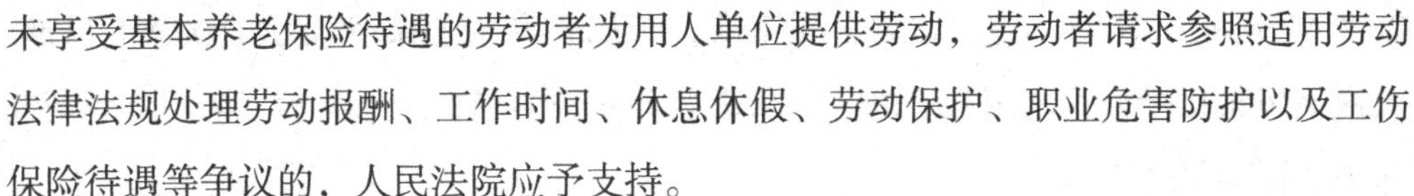
未享受基本养老保险待遇的劳动者为用人单位提供劳动，劳动者请求参照适用劳动法律法规处理劳动报酬、工作时间、休息休假、劳动保护、职业危害防护以及工伤保险待遇等争议的，人民法院应予支持。

2. 劳动者的国籍

以国籍划分，我国法律针对非中国籍人员规定有就业许可制度。《外国人在中国就业管理规定》第 5 条规定，用人单位聘用外国人须为该外国人申请就业许可，经获准并取得《中华人民共和国外国人就业许可证书》后方可聘用。据此，未经我国相关政府部门的就业许可，非中国籍人员一般不得在国内与用人单位签订劳动合同。

但同时需要注意，《外国人在中国就业管理规定》第 9 条规定，凡符合下列条件之一的外国人可免办就业许可和就业证：由我国政府直接出资聘请的外籍专业技术和管理人员，或由国家机关和事业单位出资聘请，具有本国或国际权威技术管理部门或行业协会确认的高级技术职称或特殊技能资格证书的外籍专业技术和管理人员，并持有外国专家局签发的《外国专家证》的外国人；持有《外国人在中华人民共和国从事海上石油作业工作准证》从事海上石油作业、不需登陆、有特殊技能的外籍劳务人员；经文化部（现为文化和旅游部）批准持《临时营业演出许可证》进行营业性文艺演出的外国人。

➲ 合规实务要点 7：在校大学生能否与用人单位订立劳动合同

典型案例：〔2021〕粤 0303 民初 19317 号

2019 年 12 月 9 日，伍某入职某公司，其工作至 2020 年 9 月 21 日。离职后，伍某提起仲裁，要求确认与该公司存在劳动关系，仲裁委最终支持了其请求。公司对此不服提起诉讼，要求确认双方之间不存在劳动关系，具体理由主要是伍某属于利用业余时间，以大学四年级学生身份到公司进行实习，该情形不视为就业，因而其不具备《劳动法》意义上的劳动者身份。

裁判结果：

伍某与公司之间符合劳动关系的基本特征。首先，伍某在 2019 年 12 月 9 日至

2020年9月21日期间持续在该公司工作，不属于利用业余时间勤工助学的情形。其次，伍某接受公司的用工管理，并从事公司安排的有报酬的劳动，公司亦为伍某缴纳了社会保险费用。

律师分析：

《关于贯彻执行〈中华人民共和国劳动法〉若干问题的意见》第12条规定，在校生利用业余时间勤工助学，不视为就业，未建立劳动关系，可以不签订劳动合同。依据该条，考虑在校生大多属于利用业余时间参加工作，主要目的在于勤工助学或者是获取实习经验，并不是为了就业，法院在不少案例中未将在校生视为劳动合同的一方主体。但同时，《劳动法》和《劳动合同法》并无明文规定在校生不得与用人单位签订劳动合同，因此在特殊情况下，在校生也存在与用人单位建立劳动关系的可能性。就本案而言，伍某虽然为在校生，但考虑其在公司持续工作，且公司为其缴纳了社会保险费用，符合就业的特点，法院认定公司与伍某之间存在劳动关系。

合规建议：

为避免劳动争议，企业在雇用在校生时应注意与标准劳动关系用工进行区分。首先，企业应与在校生签订实习协议，同时协议中应明确在校生参加工作的主要目的是勤工助学或者获取实习经验。其次，在平时的工作安排、管理和报酬发放上，相较于正式员工，企业应适当降低在校生的工作强度，采取宽松化、低标准的管理方式，在报酬发放上以实习补贴为主。最后，企业应为在校生购买商业保险，而非缴纳社会保险费用。

第二节　劳动合同的订立形式及时间要求

一、订立的形式要求

《劳动合同法》第10条第1款规定，建立劳动关系，应当订立书面劳动合同。据此，除法律特别规定，如非全日制用工，否则用人单位与劳动者订立劳动合同必须采取书面形式。参考《民法典》第469条的规定，书面形式是合同书、信件、电报、电传、传真等可以有形地表现所载内容的形式。以电子数据交换、电子邮件等方式能够有形地表现所载内容，并可以随时调查取用的数据电文，视为书面形式。

➲ 合规实务要点8：采用电子化的方式签订劳动合同应当形式规范

典型案例：〔2021〕京03民终16846号

2019年10月21日，董某入职某公司从事库管工作，工作至2020年10月18日。2020年12月17日，董某以公司未签书面劳动合同为由提起仲裁，要求公司支付未签书面劳动合同期间的二倍工资差额。公司则以双方已签订电子劳动合同为由提出抗辩，认为无须支付二倍工资差额。为证明其抗辩理由，公司提交了与董某的微信聊天记录，具体内容为："你10月21日入职，10月为试用期，工资1346.15元；11月为试用期，工资为3500元；12月转正，工资标准为3500元底薪加1500元绩效；社会保险费用12月转正后开始缴纳。"后仲裁委支持了董某请求，公司不服向法院提起诉讼。

裁判结果：

案涉微信聊天记录缺少劳动合同存续期间、工作地点等必备条款，亦不符合订立电子劳动合同的要求，双方并未签订合法有效的书面劳动合同，公司应支付二倍工资差额。

律师分析：

《劳动合同法》第17条第1款规定："劳动合同应当具备以下条款：（一）用人单位的名称、住所和法定代表人或者主要负责人；（二）劳动者的姓名、住址和居民身份证或者其他有效身份证件号码；（三）劳动合同期限；（四）工作内容和工作地点；（五）工作时间和休息休假；（六）劳动报酬；（七）社会保险；（八）劳动保护、劳动条件和职业危害防护；（九）法律、法规规定应当纳入劳动合同的其他事项。"据此，如果用人单位与劳动者签订的劳动合同内容缺少上述必备条款，尤其是缺少劳动合同期限、工作内容和工作地点、劳动报酬等核心条款，该合同将存在无法有效成立的风险。

另人力资源社会保障部办公厅印发的《人力资源社会保障部办公厅关于订立电

子劳动合同有关问题的函》（人社厅函〔2020〕33 号）规定："用人单位与劳动者协商一致，可以采用电子形式订立书面劳动合同。采用电子形式订立劳动合同，应当使用符合电子签名法等法律法规规定的可视为书面形式的数据电文和可靠的电子签名。用人单位应保证电子劳动合同的生成、传递、储存等满足电子签名法等法律法规规定的要求，确保其完整、准确、不被篡改。"

就本案而言，公司之所以败诉，主要原因就在于案涉微信聊天记录作为劳动合同的书面载体，无论劳动合同内容的完备性还是电子化合同的规范性，均不符合法律的要求。

合规建议：

企业为了提高用工管理效率，在采取电子化的形式签订书面劳动合同时，应当通过具有合法资质，且具备身份认证、电子签名、意愿确认、数据安全防护能力的第三方电子劳动合同订立平台规范订立，同时应确保劳动合同条款内容的完备性，使之符合《劳动合同法》第 17 条的要求。

相应地，企业应尽量避免使用微信、电子邮件等工具订立劳动合同，主要原因是该类工具多适用于日常沟通交流场景，其传输的内容随意且容易丢失。另外，各方身份的认证及签约意愿的核实也较为不便，操作稍有不当很容易就会引发争议。

二、订立的时间要求

《劳动合同法》第 10 条第 1 款规定，建立劳动关系，应当订立书面劳动合同。第 2 款规定，已建立劳动关系，未同时订立书面劳动合同的，应当自用工之日起一个月内订立书面劳动合同。据此，企业在与劳动者建立劳动关系的同时，应当与之签订书面劳动合同，最晚不应超过用工之日起一个月。在把握劳动合同的订立时间时，企业须对劳动关系的建立时间及此处"用工"的性质有准确的理解。

➲ 合规实务要点 9：劳动者在岗前培训期内与企业是否存在劳动关系

典型案例 1：〔2019〕豫 14 民终 1805 号

2017 年 2 月 12 日，某公司招收侯某等工人进行岗前培训，其中用工登记表中载明：新进员工必须经过培训上岗（培训期为3个月），培训期满后签订正式劳动合同。2017年5月9日，侯某在培训中受伤。为主张工伤待遇，侯某提起仲裁，要求确认双方存在劳动关系。后仲裁委支持了侯某的请求。公司不服该结果，以岗前培训期不属于劳动关系存续期间为由提起诉讼。本案的争议焦点是在案涉3个月的岗前培训期内，侯某与公司之间是否存在劳动关系。

裁判结果：

一审法院认为，公司系技术性较强的服装加工企业，其对招收的工人进行3个月培训不违背我国《劳动合同法》的有关规定。侯某受伤的时间处于培训期间，尚未签订劳动合同，双方之间不存在劳动合同关系，侯某不应享受工伤保险待遇，侯某可以提供劳务者受害责任纠纷提起诉讼主张权利。

二审法院认为，侯某在岗前培训期间受伤，岗前培训是用人单位为了提高工作效率对劳动者进行的入职培训，属于用人单位的工作安排，是否签订书面劳动合同均不影响双方之间劳动关系的成立，一审判决认定侯某与公司不存在劳动合同关系不当，予以纠正。

典型案例2：〔2018〕鲁03民终2808号

2016年9月28日，岳某因交通事故死亡。黄某作为其近亲属，为将本次事故认定为工伤，提起仲裁，要求确认岳某与被告某公司于2016年9月24日至2016年9月28日期间存在劳动关系。具体理由为：岳某自2016年9月24日至9月28日，一直在被告公司店内，遵守被告的安排，接受被告公司安排的岗前培训及学习，因此双方存在事实劳动关系。公司抗辩：虽然岳某到公司联系工作，了解工作环境，但并不能证明公司已经和岳某建立了劳动关系，双方既没有签订劳动合同，也未形成事实劳动关系。本案的争议焦点在于2016年9月24日至9月28日期间岳某与公司之间是否存在劳动关系。

裁判结果：

一审法院认为双方存在劳动关系，二审法院认定双方不存在劳动关系。岳某未按照正常上下班制度接受公司管理，亦未从事公司安排的有报酬的业务劳动，双方尚在订立劳动关系的意向阶段。

律师分析：

《劳动合同法》第10条第3款规定，用人单位与劳动者在用工前订立劳动合同的，劳动关系自用工之日起建立。据此，劳动关系的建立并不以书面劳动合同的签订为准，主要取决于企业对员工是否存在实际用工。《关于确立劳动关系有关事项的通知》（劳社部发〔2005〕12 号）规定，“用人单位招用劳动者未订立书面劳动合同，但同时具备下列情形的，劳动关系成立：用人单位和劳动者符合法律、法规规定的主体资格；用人单位依法制定的各项劳动规章制度适用于劳动者，劳动者受用人单位的劳动管理，从事用人单位安排的有报酬的劳动；劳动者提供的劳动是用人单位业务的组成部分。”

回到前述两则案例，员工在岗前培训期与用人单位是否构成劳动关系，关键在于岗前培训是否符合上述实际用工的典型特征。企业如在岗前培训期内对员工有日常的管理考核或者已经安排其从事业务操作并发放报酬，均应当认为双方劳动关系已经建立。反之，企业如在岗前培训期内并未对员工实施任何管理，双方对工资、工作岗位等核心内容尚处于协商阶段，入职手续也未办理完毕，且劳动者并未参与实际业务的操作，仅属于考察公司业务流程的阶段，则此时双方不宜被认定为存在劳动关系。

在第一起案例中，由于劳动者已经走完公司招录流程，在岗前培训期内也在从事由公司安排的业务工作，据此最终二审法院认为双方存在劳动关系。在第二起案例中，由于无法证明岗前培训期内劳动者受到公司管理，以及实质从事有报酬的业务劳动，加之双方就劳动关系建立尚处在意向阶段，最终二审法院认定双方并不存在劳动关系。

合规建议：

企业切忌通过设置岗前培训期、学习期等各类名目的期限恶意规避同员工签订书面劳动合同、为员工缴纳社保等法定义务。相反，企业应当在建立劳动关系的同时，也即实际用工之日，积极同员工签订书面劳动合同，最晚不得超过一个月。

对于能力要求较高的岗位，企业如确须通过设置岗前培训期、考察期等手段确定候选人，则建议在招聘信息中特别说明并作为面试或者笔试的一部分。在此期间，企业应确保不向拟录用人员收取任何费用和发放任何报酬，不实施任何考勤管理，不安排任何实质性的工作内容。

三、未按法定要求订立劳动合同的法律后果

1. 支付二倍工资

《劳动合同法》第82条第1款规定，用人单位自用工之日起超过一个月不满一年未与劳动者订立书面劳动合同的，应当向劳动者每月支付二倍的工资。据此，企业如未在法定期限内与劳动者签订书面劳动合同，目前多数地区支持劳动者有权向企业主张入职第2个月至第12个月期间，共计11个月的二倍工资，入职满12个月之后，双方仍未签订书面劳动合同的，则视为双方建立了无固定期限劳动合同关系。但需要注意的是，目前也有少数地区认可劳动者可以向企业主张自入职之日开始至第12个月期间，共计12个月的二倍工资。由于法律知识欠缺等原因，现实中，企业因未及时签订书面劳动合同而被员工追索二倍工资的案例不在少数，这其中不乏被恶意追索的情形。

➲ 合规实务要点10：企业如何应对恶意索赔二倍工资的风险

典型案例：〔2015〕江宁民初字第4477号

刘某于2015年3月10日入职某公司工作，担任人事主管，主要负责人员招聘、培训和薪酬管理等工作。2015年7月23日，刘某离开公司后，其以公司未与其签订书面劳动合同为由提起仲裁，要求公司支付二倍工资差额。

裁判结果：

刘某身为人事主管，工作职责包括劳动合同签订等相关事项，因此其有义务主动向公司要求订立书面劳动合同。因刘某未证明其曾主动要求公司与其签订书面劳动合同，故对其主张的二倍工资差额不予支持。

律师分析：

由于用工管理上的疏忽，不少企业存在未及时与劳动者签订书面劳动合同的情况，这也就为部分专业碰瓷者通过恶意追索二倍工资谋取不正当利益留下了空间。面对该类索赔，企业可以有两大理由抗辩：一是二倍工资仲裁申请时效已过，二是书面合同未签订的责任不在企业一方。

关于时效抗辩。目前，《中华人民共和国劳动争议调解仲裁法》（以下简称《劳动争议调解仲裁法》）规定了两种仲裁时效。关于一般仲裁时效，《劳动争议调解仲裁法》第 27 条第 1 款规定，劳动争议申请仲裁的时效期间为一年。仲裁时效期间从当事人知道或者应当知道其权利被侵害之日起算。关于特殊仲裁时效，《劳动争议调解仲裁法》第 27 条第 4 款规定："劳动关系存续期间因拖欠劳动报酬发生争议的，劳动者申请仲裁不受本条第一款规定的仲裁时效期间的限制；但是，劳动关系终止的，应当自劳动关系终止之日起一年内提出。"实践中，由于二倍工资赔付属于法律针对企业未与劳动者及时签订书面劳动合同这一违法行为所做的惩罚措施，所以劳动者主张的二倍工资差额并不属于劳动报酬，其主要适用一般仲裁时效，仲裁时效的起算点从当事人知道或者应当知道其权利被侵害之日起算。

关于不可归责抗辩。如未签订劳动合同的原因不可归责于自身，企业无须承担二倍工资的支付责任。常见的不可归责情形包括：不可抗力或者意外事件；劳动者一方故意拖延；劳动者作为负责劳动人事管理工作的，违反自身岗位职责未主动提出签订；等等。本案中，企业选择的抗辩理由就属于上述第三类，基于刘某的岗位职务因素，法院并未支持其二倍工资请求。

合规建议：

为了避免二倍工资的赔付风险，首先，企业要建立一套规范的劳动合同签订制度，自员工入职之日起一个月内及时与其签订书面劳动合同。其次，企业如遭遇新员工拖延或者故意拒签书面劳动合同的，应及时向其发送书面函件要求订立书面劳动合同。事后一旦发生二倍工资索赔纠纷，企业可以凭借该书面沟通记录证明自身已尽到诚信磋商的义务，无须承担二倍工资的支付责任。

2. 视为已订立无固定期限劳动合同

根据《劳动合同法》第 14 条第 3 款的规定，用人单位自用工之日起满一年不与劳动者订立书面劳动合同的，视为用人单位与劳动者已订立无固定期限劳动合同。因此，除二倍工资的支付风险，企业未与劳动者签订书面劳动合同超过一年，法律将视为双方订立了无固定期限的劳动合同。此后，企业与劳动者的劳动关系须按照无固定期限劳动合同处理。

第三节 劳动合同条款及其约定

一、劳动合同条款的主要分类

1. 必备条款

《劳动合同法》第 17 条第 1 款规定："劳动合同应当具备以下条款：（一）用人单位的名称、住所和法定代表人或者主要负责人；（二）劳动者的姓名、住址和居民身份证或者其他有效身份证件号码；（三）劳动合同期限；（四）工作内容和工作地点；（五）工作时间和休息休假；（六）劳动报酬；（七）社会保险；（八）劳动保护、劳动条件和职业危害防护；（九）法律、法规规定应当纳入劳动合同的其他事项。"据此，以上 9 项为劳动合同必备内容，如果上述条款缺失严重，劳动合同便无法有效成立。对此，可以参考本书合规实务要点 8 中的典型案例。

2. 选择性条款

《劳动合同法》第 17 条第 2 款规定："劳动合同除前款规定的必备条款外，用人单位与劳动者可以约定试用期、培训、保守秘密、补充保险和福利待遇等其他事项。"对于该部分事项，企业可以结合员工所在岗位的特征自主决定在劳动合同中是否约定及约定的方式。由于其内容的复杂性和专业性，本书在接下来的几章中将会继续对其详细讨论。

3. 其他重要条款

除了上述两大类条款，企业在劳动合同中应注意对通知送达条款进行约定。在日常用工管理过程中，当企业无法与员工当面沟通协商时，此类条款能够帮助企业通过邮寄送达和电子送达的方式与员工保持合法有效的沟通。

➲ 合规实务要点 11：劳动合同送达条款的约定技巧及实际运用

典型案例：〔2022〕粤 0607 民初 5680 号

李某为某公司员工，因不服从工作调动，从 2022 年 3 月 1 日起，便未正常上班。在经过多次书面发函催告，李某仍拒不前往新岗位报到的情况下，公司以此为由向李某发出了劳动合同解除通知书。李某则认为始终未收到公司的任何函件，双方劳动关系系经公司主动提出并协商一致解除。在仲裁及诉讼中，公司为了证明其系以李某拒不服从工作安排为由单方解除劳动关系，提交了催告通知书、劳动合同解除通知书、邮寄单等证据。本案的争议焦点在于双方劳动关系究竟是以何种方式解除的。

裁判结果：

公司虽提供了催告通知书、劳动合同解除通知书、邮寄单等证据，但上述函件并未有效送达李某，公司亦未能提供其他证据佐证解除劳动关系原因，因双方均无法证明李某离职原因，可视为公司提出且经双方协商一致解除劳动合同。

律师分析：

就本案而言，公司如想主张解除方式为单方解除，必须证明已经向李某有效送达了催告通知书、劳动合同解除通知书等函件。实践中，送达的方式包括直接送达、邮寄送达、电子送达、公告送达等。其中，直接送达是指当面送达，其有效送达的认定标准是受送达人当面签字确认；邮寄送达是指按照事先确定的联系地址和方式通过挂号信、EMS、顺丰等送达，其有效送达的认定标准是邮件被受送达人成功签收；电子送达是指通过短信、微信、电子邮件等网络沟通方式送达，其有效送达的认定标准是电子信息被发送到受送达人接收终端；公告送达是指通过张贴公告、在公众媒体上刊登公告等公开宣告的方式送达，其适用的前提必须是用尽了上述所有送达手段，有效送达的认定标准是公告期满。

回到本案中，公司主要采取电子送达和邮寄送达相结合的方式向李某送达催告通知书、劳动合同解除通知书等。但由于公司无法提供短信截图，且邮件因无人签收被退回，仲裁委和法院最终认定其未向李某有效传达解除劳动关系的意思。

合规建议：

为了避免就送达问题产生争议，首先，企业应在劳动合同中详细约定送达条款。例如，可以约定“劳动者确认用人单位对其相关函件的送达均按照以下通信地址及联系方式进行（实践中包括了实际居住地址、电子邮箱、电话号码、微信号等），若劳动者上述的通信地址及联系方式发生变更，应在变更后三日内及时书面通知用人单位”。

其次，企业应优先选择当面送达并取得签收回执，在无法当面送达时，再选择邮寄送达和电子送达相结合的方式。邮寄送达时，企业应注意按照事先约定的通信地址及联系方式准确填写收件人的信息，同时应在邮寄单物品信息一栏详细标明邮寄物品的名称。邮寄后，应当规范保留好邮寄单。对于因拒签而被退回的邮件，则应当予以密封保存，不得随意拆开，否则一旦涉及诉讼，其邮寄内容的客观性将会遭受质疑。采取电子送达方式时，企业应注意妥善保存通信载体中的原始电子信息，否则仅凭转发、复制和截屏的信息内容，其真实性将会遭受质疑。

二、劳动合同条款约定的基本原则

1. 合法原则

企业在对劳动合同条款内容进行约定时，应遵循合法原则，不得与《劳动法》《劳动合同法》等相关法律法规相违背。否则，条款将涉嫌无效，同时极易引发劳动争议。

➲ 合规实务要点 12：劳动合同条款违法约定的常见情形

典型案例：〔2020〕苏 0612 民初 4038 号

2019 年 10 月 31 日，曾某与某公司签订劳动合同。合同约定曾某工作岗位为木工主管，实行做六休一工作制。同时，合同约定主管及以上管理人员实行岗位责任制，以完成公司任务指标为原则，不支付加班加点工资。在职期间，公司依据劳动合同约定未向曾某支付任何加班工资。曾某离职后提起仲裁，要求公司支付加班工资。本案先后经历了仲裁和诉讼两个阶段。

裁判结果：

涉案劳动合同中不支付加班加点工资的约定，违反了《劳动法》的相关规定，损害了曾某的合法权益，应认定为无效条款。

律师分析：

实践中，劳动合同条款违法的情形主要包括两大类。一类是单方免除自身的法定义务，侵害劳动者的正当权利。比如，劳动合同中明确约定试用期内用人单位无须为劳动者缴纳社保；劳动者离职后未及时办理交接的，扣留最后一个月工资作为赔偿；要求劳动者自带安全生产防护工具，发生事故风险由劳动者自担，均属于此类。另一类是违反《劳动法》的基准性规定，比如，合同中约定的工资水平低于最低工资标准、合同中约定的试用期长于法定标准等。

就本案而言，公司在劳动合同中约定不支付加班加点工资，其属于免除自身支付加班费的法定义务，侵害了曾某获取劳动报酬的权利。《劳动合同法》第 31 条规定，用人单位应当严格执行劳动定额标准，不得强迫或者变相强迫劳动者加班。用人单位安排加班的，应当按照国家有关规定向劳动者支付加班费。

合规建议：

企业在与劳动者签订劳动合同时切不可任性而为，约定所有条款均对自身有利。对于自身应承担的一些法定义务，如社保缴纳、加班费支付、劳动安全保障等，企业均应严格遵守，不可擅自进行免除或者做变通式、替代式的约定。对于《劳动法》《劳动合同法》等法律规定的基准条件，如最低工资标准、试用期期限、法定休息休假天数等，企业不能突破法定基准。

2. 有利于用工管理原则

在遵循合法原则的同时，企业须注意劳动合同条款的设计应尽可能配合其实际用工管理需要。

比如，为满足工资标准动态调整的需要，企业可以在劳动合同中对基本工资做出约定，但将绩效薪酬、福利待遇和年终奖金等的发放条件和标准在规章制度中加以灵活规定。对此，可详细参考本书第七章的内容。

又比如，为方便企业对员工工作地点及内容的调整，企业可以在劳动合同中明确约定，一旦符合特定条件，员工同意企业将现有岗位及工作地点进行调整。

此种特定条件和调整后的新岗位、新地点在合同中事先约定得越明确，企业后期以此为由所进行的调岗的合法性往往越充分。对此，可详细参考本书第十章的相关内容。

第四节 劳动合同的期限及续签

一、劳动合同的期限

劳动合同的期限分为固定期限、无固定期限和以完成一定工作任务为期限三种类型。作为必备条款，在《劳动合同法》对企业单方解除权进行严格限制的大背景下，不同期限的劳动合同将会对企业人员结构的动态调整和流动产生重大影响，因此企业对其必须予以重视。

1. 固定期限劳动合同

《劳动合同法》第 13 条第 1 款规定，固定期限劳动合同，是指用人单位与劳动者约定合同终止时间的劳动合同。固定期限劳动合同到期后，如无特殊情况，双方又无续签，合同即自行终止。实践中，在确定劳动合同的具体期限时，企业需要考虑员工所在岗位特点及人员需求。比如，为了保证有足够的时间对新入职员工进行深度考察，企业与员工签订劳动合同时，可以将合同期限适当延长，随之也可对试用期做期限更长的约定。

2. 无固定期限劳动合同

《劳动合同法》第 14 条第 1 款规定，无固定期限劳动合同，是指用人单位与劳动者约定无确定终止时间的劳动合同。实践中，该类合同作为杜绝劳动合同短期化，保障劳动者就业稳定的重要手段，其签订大多基于法律的强制性规定。《劳动合同法》第 14 条第 2 款规定："用人单位与劳动者协商一致，可以订立无固定期限劳动合同。有下列情形之一，劳动者提出或者同意续订、订立劳动合同的，除劳动者提出订立固定期限劳动合同外，应当订立无固定期限劳动合同：（一）劳动者在该用人单位连续工作满十年的；（二）用人单位初次实行劳动合同制度或者国有企业改制重新订立劳动合同时，劳动者在该用人单位连续工作满十年且距法定退休年龄不足十年的；（三）连续订立二次固定期限劳动合同，且劳动者没有本法第三十九条和第四十条第一项、第二项规定的情形，续订劳动合同的。”

另外，企业需要注意无固定期限劳动合同拟制订立的情形。《劳动合同法》第 14 条第 3 款规定，用人单位自用工之日起满一年不与劳动者订立书面劳动合同的，视为用人单位与劳动者已订立无固定期限劳动合同。

3. 以完成一定工作任务为期限的劳动合同

《劳动合同法》第 15 条第 1 款规定，以完成一定工作任务为期限的劳动合同，是指用人单位与劳动者约定以某项工作的完成为合同期限的劳动合同。相比于固定期限劳动合同，该类合同虽然也存在期限，但其以工作任务的完成之日作为合同终止的时间节点。因此，对企业来说，该类合同最大的优势是提升企业对相关岗位和人员裁撤的灵活性。实践中，适合此类合同的工作主要包括单项技术研发类的工作、能够以项目内部承包方式展开的工作、季节因素导致的临时性工作等。

二、劳动合同的续签

对于劳动合同即将到期的员工，企业如计划对其留用，此时会涉及劳动合同到期后的续签问题。在续签过程中，首先，企业应尽量不降低原劳动合同条件，否则依据《劳动合同法》第 46 条的规定，劳动者不同意续签的，企业需要向其支付经济补偿。其次，企业应严格遵守《劳动合同法》对书面劳动合同签订的法定要求。

➲ 合规实务要点 13：企业应当如何规范建立劳动合同到期续签制度

典型案例：〔2022〕京 01 民终 3463 号

王某为某公司员工，其与公司签订的劳动合同期限至 2018 年 11 月 22 日。合同到期后，在未办理续签手续的情况下，王某仍继续在公司工作至2020年8月25日。离职后，王某以劳动合同到期后公司未与其续签劳动合同为由提起仲裁，主张二倍工资差额。对于该主张，公司不予认可。首先，劳动合同未续签的原因是王某一直以各种理由拒绝。其次，王某曾担任分管人事行政部的副总，与员工签订劳动合同是其职责之一。

裁判结果：

公司无法举证证明书面劳动合同未签订系王某所致，故其应向王某支付未续签劳动合同所产生的二倍工资差额。

律师分析：

作为劳动合同终止的一种法定情形，劳动合同到期意味着一段劳动关系的结束。但企业如果继续安排劳动者工作，意味着双方建立了新的劳动关系。此时，企业需要在法定期限内与劳动者重新订立书面劳动合同，否则其需要向劳动者支付二倍工资。本案中，公司向王某承担二倍工资支付责任，主要原因在于其与王某之间的劳动合同到期后未及时办理劳动合同续签手续。

合规建议：

为了规范处理劳动合同到期后的续签事宜，企业应当重视续签制度的建立及落实。首先，企业应在劳动合同到期前设置固定的期限，即为双方预留充分的续签磋商时间。对此，不少地区明确规定须提前30天进行磋商。其次，续签制度中应当指定负责此类沟通的部门，并明确书面的沟通方式。实践中，书面沟通记录往往是企业证明自身尽到了积极续订义务的重要证据。最后，制度中应当明确续签不成后的问题处理方式。如果因企业一方原因续签不成，企业在劳动合同终止后应依法向劳动者支付经济补偿；如果因劳动者一方原因续签不成，企业则无须支付。

第三章 试用期管理

《劳动合同法》对试用期做了相关规定，主要是为用人单位和劳动者双方提供一个相互考察的期限。在该期限内，如果认为不合适，任何一方均可以较低的门槛和成本解除劳动关系。实践中，试用期作为考察、筛选新员工的重要一环，多数企业会选择在劳动合同中设置这一条款，企业切记严格遵循《劳动合同法》的有关规定。

第一节　试用期约定的法律规制

试用期作为劳动合同期限的一部分,《劳动合同法》对其约定期限、约定次数、禁止约定及不成立的情形等均有明确规定，企业对此必须严格遵守。

一、试用期的约定期限

企业在确定试用期时，应结合具体的劳动合同期限依法确定。《劳动合同法》第 19 条第 1 款规定:“劳动合同期限三个月以上不满一年的，试用期不得超过一个月；劳动合同期限一年以上不满三年的，试用期不得超过二个月；三年以上固定期限和无固定期限的劳动合同，试用期不得超过六个月。”劳动合同期限与试用期的关系，如表 3-1 所示。

表 3-1　劳动合同期限与试用期的关系

劳动合同期限	试用期
不满三个月	无
三个月以上不满一年	不得超过一个月
一年以上不满三年	不得超过二个月
三年以上固定期限和无固定期限	不得超过六个月

二、试用期的约定次数

为了防止用人单位通过恶意多次约定试用期的方式侵害劳动者利益，我国法律对于试用期的约定次数有着明确的限制性规定。《劳动合同法》第 19 条第 2 款规定，同一用人单位与同一劳动者只能约定一次试用期。

三、试用期禁止约定及不成立的情形

企业在与劳动者签订劳动合同时，应注意禁止约定试用期及试用期不成立的情形。《劳动合同法》第 19 条第 3 款规定："以完成一定工作任务为期限的劳动合同或者劳动合同期限不满三个月的，不得约定试用期。"第 19 条第 4 款规定："试用期包含在劳动合同期限内。劳动合同仅约定试用期的，试用期不成立，该期限为劳动合同期限。"

四、违法约定试用期的法律风险

企业违法约定试用期的情形主要包括试用期超过法定最长期限、多次约定试用期、不得约定试用期的情形下约定了试用期等。对于这些违法约定行为，实践中容易产生以下法律风险。

1. 承担赔偿金的风险

《劳动合同法》第 83 条规定："用人单位违反本法规定与劳动者约定试用期的，由劳动行政部门责令改正；违法约定的试用期已经履行的，由用人单位以劳动者试用期满月工资为标准，按已经履行的超过法定试用期的期间向劳动者支付赔偿金。"据此，实践中，一旦违法约定的试用期已经履行，用人单位在超过法定试用期的期间内，需要以转正后的工资标准向劳动者支付赔偿金。

2. 构成违法解除的风险

企业违法约定试用期，如超出法定期限或者多次约定，由于法律不认可超出的期限和二次约定的期限，因此，在上述期限内，企业以不符合录用条件为由辞退员工便构成违法解除。关于企业以不符合录用条件为由辞退，详见本章第三节内容。

➲ 合规实务要点 14：试用期的期限可以协商一致延长吗

典型案例：〔2019〕沪 02 民终 3764 号

朱某为某公司员工，双方签订了期限为 3 年的劳动合同，其中试用期约定为 3 个月，但之后公司又将朱某试用期延长为 4 个月，至当年 9 月 30 日。9 月 28 日，公司以朱某表现不符合录用条件为由对其予以了辞退。朱某以试用期延长无效，公司属于违法辞退为由提起仲裁，要求公司与其恢复劳动关系并支付仲裁期间工资。本案的争议焦点在于公司与朱某就试用期延长所做约定是否有效。

裁判结果：

公司与朱某延长试用期的约定虽然未违反有关试用期的法定最长期限，但违反了“同一用人单位与同一劳动者只能约定一次试用期”的规定，故应属无效。因此，2018 年 9 月 28 日，公司再以朱某试用期不符合录用条件为由解除双方劳动关系，违反法律规定，构成违法解除。

律师分析：

《劳动合同法》第 19 条第 2 款规定，同一用人单位与同一劳动者只能约定一次试用期。实践中，用人单位违反这一规定的情形主要有两类。

第一类是用人单位在试用期届满之前延长试用期。对于该情形，企业在试用期的法定最长期限之外另行延长期限明显违法，无任何争议，有争议的是在法定最长期限内延长试用期。关于该行为究竟是否违反上述条文的规定，目前司法裁判中存在争议。一部分法院认为，用人单位在法定最长期限内与劳动者协商一致延长试用期，其实是重新给予劳动者一个工作机会，该行为并未违反法律的禁止性规定，应属合法有效。另一部分法院认为，该类延长试用期的约定虽然未违反试用期的法定最长期限，但违反了“同一用人单位与同一劳动者只能约定一次试用期”的规定，故应属无效。就本案而言，法院显然采纳了第二种观点，认为公司延长试用期的约定属于二次约定，应属无效。

第二类是劳动合同续签或者转岗时重新设置试用期。对于这一问题，考虑到用人单位对员工的熟悉程度及重新设置试用期的非必要性，目前司法实践比较统一，一般认为企业无权重新设置试用期。

合规建议：

为了避免因试用期过短而事后再行延长，建议企业在确定试用期期限时，直接以劳动合同期限所对应的试用期法定上限为标准。另外，实践中，企业还需要注意试用期的顺延问题。与协商一致延长不同，试用期的顺延往往是由于发生了客观事由，如员工请长期病假、事假等。此类情况下，企业可以结合实际情况对试用期期限进行适当顺延，但顺延的期限不应超过劳动者无法提供正常劳动的时间。针对员工转岗，如果企业确需对其适岗能力进行考察，可以自行设置相应的考察期。在考察期内，如员工无法满足新岗位需要，企业可以将其调整回原岗位。

第二节　试用期员工工资与福利待遇

一、试用期员工的工资待遇

考虑到试用期的特殊性质，法律规定用人单位与劳动者可以就试用期的工资待遇进行特别约定，但试用期工资不得低于法定标准。具体而言，《劳动合同法》第 20 条规定，劳动者在试用期的工资不得低于本单位相同岗位最低档工资或者劳动合同约定工资的百分之八十，并不得低于用人单位所在地的最低工资标准。据此，企业如果在试用期内发放的工资水平低于上述法定标准，劳动者有权要求其补足差额。

二、试用期员工的福利待遇

企业与员工的劳动关系自实际用工之日起正式建立。因此，试用期员工与企业之间同样存在劳动关系，企业应依法保障其享有各类法定福利待遇。具体而言，企业应及时与试用期员工签订劳动合同，为其缴纳社会保险费用，依法批准病假、婚假、产假等。实践中，企业不可陷入误区，认为试用期员工非正式员工，无权享受这些福利待遇。

第三节 试用期劳动关系解除的特殊规定

鉴于试用期的主要作用是在劳动关系稳固之前，为用人单位和劳动者提供一个相互考察的期限，因此《劳动合同法》对试用期内的劳动关系解除做了特殊规定。

一、员工提前通知辞职

《劳动合同法》第 37 条规定："劳动者提前三十日以书面形式通知用人单位，可以解除劳动合同。劳动者在试用期内提前三日通知用人单位，可以解除劳动合同。"实践中，这种提前通知辞职期限的大幅缩短，赋予了试用期员工极大的离职灵活性。

二、企业以不符合录用条件为由辞退

《劳动合同法》第 39 条第 1 项规定，在试用期间被证明不符合录用条件的，用人单位可以解除劳动合同。据此，相较于转正后的员工，用人单位对试用期内的员工有权以不符合录用条件为由进行辞退。实践中，由于企业可以自主设定录用条件，因此该类辞退对企业来说具有更强的主动性，加之无须支付任何经济补偿，辞退成本也更低。

但实践中，企业以不符合录用条件为由辞退员工，应严格遵守《劳动合同法》的相关规定，确保录用条件合法有效、不符合录用条件的事实依据足够充分。

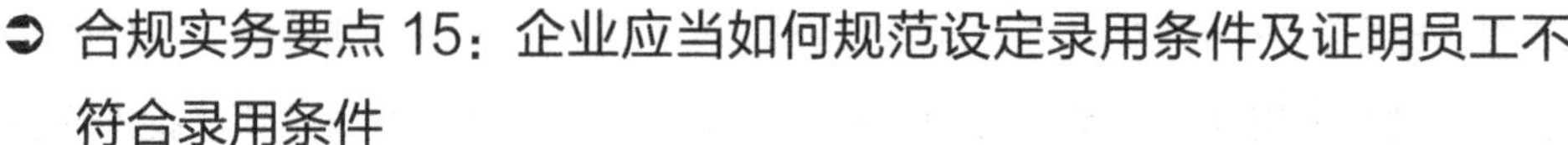

合规实务要点15：企业应当如何规范设定录用条件及证明员工不符合录用条件

典型案例：〔2017〕京01民终3078号

梁某为某公司新入职员工，其试用期为3个月（试用期截至2014年7月27日）。2014年7月25日，公司以梁某试用期考核不合格，不符合录用条件为由对其予以辞退。梁某认为公司属于违法解除，遂提起仲裁，要求公司继续履行劳动合同。公司在仲裁和诉讼中认为其辞退梁某并无不当。为此，公司提供了试用期考核任务邮件，证明公司为梁某设定了可以转正的业务考核指标；提供了员工手册、新员工试用期管理规定，证明公司内部有整套的试用期转正考核流程及制度安排；提供了新员工转正考核表，证明梁某未通过试用期考核。本案的争议焦点在于公司是否为梁某规范设定了录用条件，以及是否有足够的证据证明梁某不符合录用条件。

裁判结果：

公司以梁某试用期考核不合格，不符合录用条件为由解除劳动合同，缺乏依据，属于违法解除劳动合同。

律师分析：

实践中，企业如果想证明试用期内以不符合录用条件为由辞退属合法辞退，需要承担两方面的举证责任：一是企业要举证证明为员工设定并告知了录用条件；二是企业要举证证明员工存在不符合录用条件的事实。

就本案而言，法院之所以认定公司构成违法解除，主要原因在于公司在这两个方面并未进行充分举证。首先，公司提交的业绩考核邮件均系保存在公司内网中，且自行制作，真实性难以采信，即使邮件均属实，也仅是公司单方制定的，并非双方对录用条件或试用期考核的约定。其次，新员工转正考评表仅由部门经理进行评价及打分，与员工手册及新员工试用期管理规定中的转正考核程序不符。综上，由于公司对录用条件未进行明确约定，考核程序也未严格按照规章制度进行，法院认定公司辞退梁某缺乏相应依据。

合规建议：

为了尽最大可能发挥试用期对考察、筛选新员工的作用，企业在对试用期员工进行管理时应注意规范化。

首先，企业应当规范设置录用条件并向员工告知。对此，企业需要注意两点：一是录用条件内容的完备性；二是录用条件设定及告知形式的规范性。针对第一点，录用条件的内容主要包括两类：一类是在招聘广告中所体现出来的初步招聘条件，主要指一些硬性的任职资格，如专业、从业经历、专业资质要求等；另一类是一些细化的录用条件。后一种录用条件在实践中又可具体分为两种类型：一种是适用于所有岗位的，如不存在入职欺诈、及时按规定办理入职手续、不存在违纪行为等情形；另一种是适用于特定岗位的，主要与特定岗位要求的工作能力相关，如试用期内工作考核合格。针对第二点，建议企业以书面的纸质文本设定录用条件并通过员工签收的形式完成告知义务。在设定录用条件时，企业切忌仅以口头交流、微信聊天、企业内网公示等形式去设定及告知。实践中，由于这些形式在证据的留存上存在很大问题，因此真实性很容易遭受质疑。

其次，企业在日常管理中应当注意收集员工不符合录用条件的证据。实践中，这类证据主要包括员工的原始工作记录、客户投诉记录、试用期考核评估结果及其配套的试用期考核制度、违纪处罚记录等材料。

➲ 合规实务要点 16：试用期不符合录用条件与不胜任工作的区别

典型案例：〔2021〕苏 05 民终 5719 号

朱某在某公司担任软件工程师，根据双方签订的书面劳动合同，朱某的试用期至 2020 年 7 月 5 日止，为期 6 个月。2020 年 4 月 8 日，公司向朱某发出了解除劳动合同通知书，内容主要为：朱某因试用期工作不合格，无法胜任本职工作，故解除与朱某之间的劳动合同。朱某则认为公司属于违法解除，遂提起仲裁，要求公司支付违法解除赔偿金。

裁判结果：

公司以朱某试用期工作不合格，无法胜任本职工作为由解除与其之间的劳动合同，但由于解除前未对朱某进行培训或者调整工作岗位，违反法律规定，故属于违法解除劳动合同。

律师分析：

因不能胜任工作辞退与因不符合录用条件辞退均属于《劳动合同法》规定的可

以单方辞退员工的情形，但两者适用的条件却存在很大差异。与因不符合录用条件辞退相比，因不能胜任工作辞退的门槛更高。根据《劳动合同法》第 40 条第 2 项的规定，劳动者不能胜任工作，经过培训或者调整工作岗位，仍不能胜任工作的，用人单位提前三十日以书面形式通知劳动者本人或者额外支付劳动者一个月工资后，可以解除劳动合同。据此，企业如打算以不能胜任工作为由对员工进行辞退，必须事先履行培训或者调岗的前置程序，在完成这一程序之后，只有员工仍无法胜任工作，企业才可以正式辞退员工。

就本案而言，公司本意是以不符合录用条件为由辞退员工，但是解除劳动合同通知书上写的理由却是试用期工作不合格，无法胜任本职工作。最终，因为这一表述失误，公司的辞退门槛便陡然升高，其必须按照不能胜任工作的辞退条件要求，事先对朱某进行培训或者调整工作岗位，朱某仍无法胜任工作，公司才可以辞退。

合规建议：

企业在以不符合录用条件为由辞退试用期员工时，应当注意形式的规范化。首先，企业要将不符合录用条件与不胜任工作严格区分开来，辞退通知书中的辞退理由必须规范表述为员工不符合录用条件。其次，辞退通知书必须在试用期内发出，如果企业在试用期后发出，则属于违法辞退。

第四章 培训与服务期

员工培训属于企业人力资源管理工作中的一项重要内容。企业在花费大量的财力和物力对员工进行培训之后，紧接着需要考虑的问题便是如何留住这些优秀员工，防止其跳槽到竞争单位，对自身利益产生损害。实践中，为了留住优秀员工，除了提供优厚的工资待遇及明确的职业晋升路径，企业通过与员工签订培训协议为其设定服务期是经常用到的一种手段。

第一节 服务期约定的法定情形

服务期，主要是指劳动者接受用人单位出资组织的专业技术培训，并同意为用人单位服务一定时间的期限。在该期限内，劳动者不得随意离职，否则就需要承担违约责任。作为一种留人的手段，服务期制度主要来源于《劳动合同法》第 22 条第 1 款。依据该款规定，用人单位为劳动者提供专项培训费用，对其进行专业技术培训的，可以与该劳动者订立协议，约定服务期。

据此，企业与劳动者约定服务期，一般应以劳动者参加了其提供的专业技术培训为前提。但由于当前法律未对专业技术培训的内涵和外延明确界定，结合实践案例来看，企业需要将其与一般的基础职业技能培训加以准确区分。

➲ 合规实务要点 17：如何准确认定企业培训是否属于专业技术培训

典型案例：〔2017〕津 01 民终 1529 号

王某为某银行员工，2015 年 7 月 6 日至 7 月 31 日，其参加了由银行组织的新员工封闭培训。为此，银行与王某签订了培训协议书一份。根据该协议，银行为王某支付培训费用 9871 元，王某为银行服务一年十一个月，服务期内如王某离职，应按协议约定承担违约金。2016 年 1 月 26 日王某主动离职。最终，双方因违约金支付问题产生争议，遂引发仲裁和诉讼。

裁判结果：

案涉封闭培训的对象为2015年新入职员工，培训内容为企业文化、规章制度和员工日常工作必需的知识和技能，因此其明显不具有专业技术培训的专业性。综上，银行与王某约定违约金违反了法律强制性规定，应属无效。

律师分析：

《劳动法》第68条规定："用人单位应当建立职业培训制度，按照国家规定提取和使用职业培训经费，根据本单位实际，有计划地对劳动者进行职业培训。从事技术工种的劳动者，上岗前必须经过培训。"据此，用人单位有计划地对劳动者进行定期的岗前和在岗职业培训是其应尽的法定义务。但实践中，企业对该类培训易陷入误区，将其等同于《劳动合同法》第22条第1款规定中的专业技术培训，并据此与劳动者约定服务期。实际上，该类培训作为用人单位承担的法定义务，其与服务期制度中所涉及的专业技术培训存在本质性区别，两者无论在培训深度和成本上，还是在培训对象的范围上，差别都很大。

就本案而言，银行与王某约定的服务期及违约金条款之所以无效，主要原因在于王某参加的封闭培训仅是普通的入职培训，并不符合专业技术培训的基本特征，无法使王某胜任更高层次或更加专业的工作。

合规建议：

为了避免各方对服务期效力产生争议，企业计划与接受培训的员工约定服务期时，应综合考虑培训的对象、内容、目标、费用和受培训员工的获益程度等对培训的性质做出准确认定。

首先，关于培训的对象、内容与目标。实践中，一般的职业培训，如岗前培训、转岗培训及劳动安全卫生培训等，其培训的对象涵盖了全体员工，培训内容为一些基本岗位知识，主要目标是让广大员工满足企业基本的生产要求。对于可以约定服务期的专业技术培训，其往往针对专门岗位的特定员工，培训的内容是有一定深度的专业知识，目标则主要是弥补企业在某方面急需补足的短板，从而提升企业的竞争力。

其次，关于培训费用，实践中涉及专业技术培训的项目，其培训费数额都较大，而且往往支付给第三方培训机构或教育机构。

最后，关于受培训员工的获益程度。实践中，如果员工在接受培训后，其薪资涨幅较大、职务得到提升、在就业市场中的竞争优势明显增强，则该类培训属于专业技术培训的可能性就较大。

➲ 合规实务要点 18：企业能否就特殊福利待遇与员工约定服务期

典型案例：〔2018〕沪 01 民终 9337 号

2013 年 6 月 24 日，某医院与冯某签署协议书一份，约定：医院为冯某提供优惠配套商品房，若冯某在医院开张后 5 年内离开，医院有权收回住房，并按照优惠配套商品房购房原价退还给冯某钱款。2016 年 5 月 4 日，冯某选择了主动离职。医院以冯某工作未满 5 年违反协议约定为由要求其退还房屋。冯某则认为，其与医院签订的有关退回涉案房屋的协议违反了法律规定，应属无效。本案的争议焦点在于医院与冯某签署的服务期协议究竟是否有效。

裁判结果：

案涉协议书未违反我国法律及行政法规的相关规定，应属合法有效。冯某自医院开张之日起工作未满 5 年就离职，违反了约定，理应按协议约定承担相应责任。现考虑系争房屋的特殊性，且冯某也不愿意返还，客观上无法履行退房义务，但冯某的违约行为确系给医院造成了损失，故医院要求冯某赔偿损失符合法律规定。关于损失的标准，参考冯某离职时的房屋市场价格及工作期限等因素，酌情确定为 880 000 元。

律师分析：

本案中，医院与冯某签署服务期协议主要是基于其为冯某提供了配套优惠住房购买资格的福利待遇。现实中，由于此类服务期协议不符合《劳动合同法》第 22 条规定的因提供专业技术培训而约定服务期的法定情形，因此其效力不无争议。但从司法实践来看，企业如果能证明其为员工提供相关福利待遇确实耗费了一定物力、财力，员工从中获得了额外收益，违反协议会给企业造成相关利益损失，不少法院基于诚实信用原则考虑，会支持该类服务期协议的效力。

但需要注意，考虑到《劳动合同法》第 25 条明确规定，除《劳动合同法》第 22 条（专业技术培训）和第 23 条（竞业限制）规定的情形外，用人单位不得与劳动者约定由劳动者承担违约金，所以企业不得向违反此类服务期协议的员工主张违约金赔偿。但就司法裁判案例来看，不少法院认可企业可以要求员工通过退还福利或者折价补偿的方式承担责任。

比如，《上海市高级人民法院关于适用〈劳动合同法〉若干问题的意见》规定："用人单位向劳动者支付报酬，劳动者付出相应的劳动，是劳动合同双方当事人的基本合同义务。用人单位给予劳动者价值较高的财务，如汽车、房屋或住房补贴等特殊待遇的，属于预付性质。劳动者未按照约定期限付出劳动的，属于不完全履行合同。根据合同履行的对等原则，对劳动者未履行的部分，用人单位可以拒绝给付；已经给付的，也可以要求相应返还。因此，用人单位以劳动者未完全履行劳动合同为由，要求劳动者按照相应比例返还的，可以支持。"又比如，此次最新公布的《最高人民法院关于审理劳动争议案件适用法律问题的解释（二）（征求意见稿）》第 26 条也明确："用人单位除向劳动者支付正常劳动报酬外，与劳动者约定服务期限并提供住房等特殊待遇，劳动者违反劳动合同约定提前解除劳动合同且不符合劳动合同法第三十八条规定情形时，用人单位请求劳动者折价补偿服务期限尚未履行部分应分摊费用或者赔偿造成的损失的，人民法院可以判令劳动者承担相应责任。"

就本案而言，考虑到冯某提前离职确实导致医院丧失以优惠购房条件吸引人才加入的机会，法院基于诚信原则认可了服务期协议的效力。但基于案涉房屋的特殊性质，且冯某拒绝返还，退还房屋具有一定的实际操作难度，法院最终做出了冯某赔偿相应损失的判决。

合规建议：

在就特殊福利待遇与员工约定服务期时，首先，为了增强服务期设定的合理性，建议企业将特殊待遇的福利属性和企业为之付出的成本在相关协议中进行特别明确。其次，为了保证在员工违反服务期协议后企业能够顺利维权，建议企业对员工违反服务期协议所需承担的责任进行明确约定。实践中，企业可以结合自身所投入的物力、财力及员工已履行的服务期协议情况，与员工约定按一定比例返还福利或者折价补偿。

第二节 服务期的确定

一、期限及起算点

关于服务期期限，由于当前法律法规对其没有明文规定，因此实践中，企业主要结合培训周期及费用支出，与员工自主协商确定。结合现实案例来看，通常3～5年为宜。关于服务期的起算点，企业合理的做法是将培训结束，员工取得相应的合格证书之日作为起算点。

二、服务期与劳动合同期限的协调

企业在与劳动者约定服务期时，通常会碰到服务期晚于劳动合同到期的情况。对此，《劳动合同法实施条例》第17条规定："劳动合同期满，但是用人单位与劳动者依照劳动合同法第二十二条的规定约定的服务期尚未到期的，劳动合同应当续延至服务期满；双方另有约定的，从其约定。"据此，如果出现服务期长于现有劳动合同期限的情况，企业与员工可以特别约定两个期限冲突的处理规则，如未做约定，则企业依法有权向劳动者主张劳动合同期限续延至服务期满。

➲ 合规实务要点19：企业应如何通过条款的约定协调服务期与劳动合同期限之间的冲突

典型案例：北京市人力资源和社会保障局2016年发布本市劳动争议十大典型案例之案例四

刘某为某公司员工，根据双方签订的《培训协议》，公司将刘某送到国外接受专项技术培训2个月，刘某培训结束后至少再为公司服务5年，如刘某违反服务期约定，须向公司支付违约金。2015年4月底，公司告知刘某，因公司业务调整，其与刘某所订立的劳动合同到期后不再延续，刘某无须继续履行《培训协议》中约定的剩余服务期。刘某认为劳动合同期限应当延续至服务期届满，公司提前终止劳动合同的行为属于违法终止，故要求公司支付违法终止劳动合同赔偿金。

裁判结果：

仲裁委经审理驳回了刘某的请求。

律师分析：

面对服务期长于现有劳动合同期限的情况，出于业务调整，或者是劳动者具备的知识技能已不再重要等原因，企业可能会主动选择放弃剩余服务期而在原劳动合同到期时终止双方劳动关系，本案即属于此类情况。对于该行为，在未做特别约定时，由于《劳动合同实施条例》第 17 条仅规定劳动合同应当延续至服务期满，未对劳动合同到期后企业是否有权拒绝续延做出规定，因此实践中，企业能否有权随意到期终止劳动合同不无争议。但从实践案例来看，目前多数法院认为是否续延劳动合同至服务期届满是用人单位的权利而非义务。《劳动合同法实施条例》第 17 条主要是在劳动合同期满情况下对劳动者离职的限制性规定，是对用人单位基于服务期的期待利益的保护。

就本案而言，仲裁委同样持此观点，认为公司有权在服务期内以劳动合同期满为由终止原劳动合同，最终驳回了刘某的诉请。

合规建议：

为保证企业在劳动合同期满后对是否要求员工继续履行服务期有一定的灵活性，企业可以在培训服务期协议中明确约定："服务期内劳动合同延续至服务期届满，但是企业有权放弃续延并终止双方的劳动合同关系。"相反，企业切忌在服务期协议中约定"劳动合同期满终止后，不影响剩余服务期的履行"等条款。

第三节　违反服务期约定的认定及法律责任承担

劳动者违反服务期约定需要依法向企业承担违约责任。对此，企业需要把握两点：一是何种情形可视为违反服务期约定；二是违约责任的承担方式。

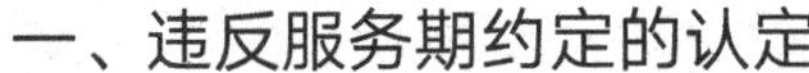

一、违反服务期约定的认定

劳动者在服务期内离职通常是触发违约的前提。但需要注意，劳动者提前离职并不代表其一定违反服务期约定。现实中，如果离职原因不可归责于劳动者，劳动者并不构成违约。

➲ 合规实务要点 20：劳动者在何种情形下提前离职不属于违反服务期约定

典型案例：〔2020〕辽 04 民终 509 号

李某在某公司担任飞行员，根据双方签订的《飞行员入职培训服务协议》，公司同意出资送李某参加专业技能培训，但李某培训结束后，需要为公司服务满 15 年，至 2029 年 10 月 1 日止。李某如提前离职，应向公司返还全部培训费用。2017 年 3 月 1 日，因公司延付工资和未缴社保，李某以此为由向公司提交了解除劳动关系通知书。公司提起仲裁及诉讼，要求李某按约定退还培训费用。

裁判结果：

根据《劳动合同法》第 38 条的规定，李某以公司延付工资、未缴社保为由解除劳动合同属被迫辞职，应不受双方当事人签订的《飞行员入职培训服务协议》中关于“乙方至少在甲方工作满 15 年或至法定退休年龄，如乙方在 15 年内提出离职，乙方除应向甲方返还按本协议为乙方支付的全部培训费用外，还应赔偿甲方对乙方改装、年检、升级等培训费用”条款的限制，故李某无须承担违约责任。

律师分析：

实践中，如果劳动者离职系因企业的违法用工行为，企业通常无法向其主张违反服务期约定的违约责任。根据《劳动合同法》第 38 条的规定，用人单位有下列情形之一的，劳动者可以解除劳动合同：未按照劳动合同约定提供劳动保护或者劳动条件的；未及时足额支付劳动报酬的；未依法为劳动者缴纳社会保险费的；用人单位的规章制度违反法律、法规的规定，损害劳动者权益的；因《劳动合同法》第 26 条第 1 款规定的情形致使劳动合同无效的；用人单位以暴力、威胁或者非法限制人身自由的手段强迫劳动者劳动的，或者用人单位违章指挥、强令冒险作业危及劳动者人身安全的。

但同时，劳动者离职系因自身原因，即使是企业主动辞退的，劳动者也应承担违反服务期约定的违约责任。具体而言，《劳动合同法实施条例》第 26 条规定，有下列情形之一，用人单位与劳动者解除约定服务期的劳动合同的，劳动者应当按照劳动合同的约定向用人单位支付违约金：劳动者严重违反用人单位的规章制度的；劳动者严重失职，营私舞弊，给用人单位造成重大损害的；劳动者同时与其他用人单位建立劳动关系，对完成本单位的工作任务造成严重影响，或者经用人单位提出，拒不改正的；劳动者以欺诈、胁迫的手段或者乘人之危，使用人单位在违背真实意思的情况下订立或者变更劳动合同的；劳动者被依法追究刑事责任的。

本案中，法院之所以未判令李某承担违约责任，主要在于李某提前主动离职的原因是企业存在未及时足额支付劳动报酬和未依法缴纳社保两种过错行为。

合规建议：

实践中，企业必须严格遵守《劳动法》及《劳动合同法》的相关规定，坚决杜绝《劳动合同法》第 38 条规定的几种过错行为，否则其即使与员工约定了培训服务协议，但最终该协议对员工的约束力也会大打折扣。但同时，如果员工存在上述《劳动合同法实施条例》第 26 条规定的几种过错行为，企业可以在单方解除双方劳动合同的同时，依法向员工主张违反服务期约定的违约责任。

二、违约责任的承担

关于违反服务期约定的责任承担方式，如果企业与劳动者之间对违约金有约定的，企业可以依约向劳动者主张违约金，否则其可以依据自身损失直接主张违约损害赔偿。但无论通过何种方式，企业向员工主张的赔偿数额必须基于其实际损失。

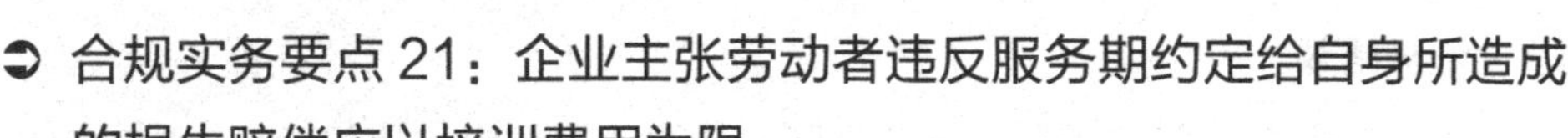

合规实务要点 21：企业主张劳动者违反服务期约定给自身所造成的损失赔偿应以培训费用为限

典型案例：〔2021〕鲁 08 民终 2948 号

郑某为某公司员工，工作岗位为医疗服务岗。2016 年 8 月 22 日，公司与郑某签订了《外派规培医师培训协议书》，该协议书约定：公司同意郑某到外院进行住院医师规范化培训，时间为 3 年。但规培结束后，如郑某因本人原因工作年限不满 5 年，公司有权向其收取所发生的规培学习直接、间接费用和因此而影响工作所造成的损失。直接费用包括住宿费、差旅费和补助等，间接费用包括公司支付的规培期间工资、福利、社会保险费用和公司为联系规培所发生的费用等。后由于郑某提前离职，公司以其违反服务期约定为由要求分摊规培期间的社会保险费、住房公积金、离退休住房补贴和工资，共计 124 151.29 元。

裁判结果：

在劳动合同存续期间，公司为郑某缴纳或者支付的社会保险费、住房公积金、住房补贴、工资，是用人单位依法应当承担的法定义务或者合同义务，不应属于培训费用，故即使违反服务期约定，郑某也无须分摊上述费用。

律师分析：

根据《劳动合同法》第 22 条第 2 款的规定，劳动者违反服务期约定的，应当按照约定向用人单位支付违约金。违约金的数额不得超过用人单位提供的培训费用。用人单位要求劳动者支付的违约金不得超过服务期尚未履行部分所应分摊的培训费用。据此，劳动者违反服务期约定，企业向其主张违约金或者违约损害赔偿，应当遵循两点原则：一是劳动者承担的赔偿数额上限不得超过培训费用；二是最终的赔偿数额应当结合服务期已履行和未履行情况，通过分派培训费用来确定。根据《劳动合同法实施条例》第 16 条的规定，培训费用主要包括用人单位为了对劳动者进行专业技术培训而支付的有凭证的培训费用、培训期间的差旅费用，以及因培训产生的用于该劳动者的其他直接费用。

就本案而言，由于公司要求郑某承担的社会保险费、住房公积金、工资等费用并不属于直接的培训费用，因此法院并未支持公司的请求。

合规建议：

为了确保企业能够顺利向员工主张违反服务期约定的违约责任，同时也为了更有力地证明相关培训确实属于专业技术培训，针对专项技术培训中所直接涉及的培训费、差旅费等相关费用，首先，企业应当在服务期协议中尽可能约定清楚；其次，企业在协议履行过程中必须保留好相关费用的发票、收据、支付记录及报销单据等证据材料。后期一旦因劳动者违反服务期约定发生纠纷，这些证据往往是确保企业维权成功的重要依据。

第五章 保密与竞业限制

商业秘密作为企业重要的无形资产，对维持企业的市场竞争优势具有重要意义。然而，现实中，商业秘密被企业内部员工泄露及非法利用的情形并不少见。因此，如何有效防止员工泄露和非法利用商业秘密，以及在商业秘密被泄露和非法使用之后如何挽回损失，便成为企业人力资源管理工作中的重要内容。对此，企业应重视商业秘密的保护工作。

第一节 商业秘密概述

一、商业秘密的权利属性

《民法典》第123条规定：“民事主体依法享有知识产权。知识产权是权利人依法就下列客体享有的专有的权利：（一）作品；（二）发明、实用新型、外观设计；（三）商标；（四）地理标志；（五）商业秘密；（六）集成电路布图设计；（七）植物新品种；（八）法律规定的其他客体。”据此，从民事权利属性上看，商业秘密属于一种受法律保护的知识产权。但与其他知识产权相比，商业秘密具有一些独有的特征。

第一个特征是内容的非公开性。与此相对，诸如专利、实用新型等知识产权，其具体内容均可以通过公开渠道加以查询。

第二个特征是非排他性。相较于专利技术必须经授权许可，他人方可使用，商业秘密可以为多个主体分别合法享有，不具有独占性。现实中，竞争对手可以通过反向工程合法取得对方的商业技术秘密。

第三个特征是没有保护期的限制。不同于专利等知识产权的法定保护期限制，只要商业秘密未被公开，权利人可以永久享受商业秘密所带来的商业价值。

二、商业秘密的表现形式

《中华人民共和国反不正当竞争法》（以下简称《反不正当竞争法》）第 9 条第 4 款规定："本法所称的商业秘密，是指不为公众所知悉、具有商业价值并经权利人采取相应保密措施的技术信息、经营信息等商业信息。" 据此，商业秘密的表现形式主要包括技术信息和经营信息两大类商业信息。

1. 技术信息

《最高人民法院关于审理侵犯商业秘密民事案件适用法律若干问题的规定》第 1 条第 1 款规定："与技术有关的结构、原料、组分、配方、材料、样品、样式、植物新品种繁殖材料、工艺、方法或其步骤、算法、数据、计算机程序及其有关文档等信息，人民法院可以认定构成反不正当竞争法第九条第四款所称的技术信息。"

2. 经营信息

相较于技术信息通常仅涉及生产技术和方法，经营信息的范围则相当宽泛。《最高人民法院关于审理侵犯商业秘密民事案件适用法律若干问题的规定》第 1 条第 2 款规定："与经营活动有关的创意、管理、销售、财务、计划、样本、招投标材料、客户信息、数据等信息，人民法院可以认定构成反不正当竞争法第九条第四款所称的经营信息。"

三、商业秘密的构成条件

根据《反不正当竞争法》第 9 条第 4 款的规定，实践中，判断技术信息、经营信息等商业信息是否构成商业秘密，关键在于其是否符合不为公众所知悉、具有商业价值、经权利人采取相应的保密措施这三项条件。

1. 不为公众所知悉

商业信息构成商业秘密，其必须具备的第一个条件是不为公众所知悉。根据《最高人民法院关于审理侵犯商业秘密民事案件适用法律若干问题的规定》第 4 条的规定，具有下列情形之一的，人民法院可以认定有关信息为公众所知悉：该信息在所属领域属于一般常识或者行业惯例的；该信息仅涉及产品的尺寸、结构、材料、部件的简单组合等内容，所属领域的相关人员通过观察上市产品即可直接获得的；该信息已经在公开出版物或者其他媒体上公开披露的；该信息已通过公开的报告会、展览等方式公开的；所属领域的相关人员从其他公开渠道可以获得该信息的。

2. 具有商业价值

商业信息构成商业秘密的第二个必备条件是具有商业价值。实践中，这种商业价值主要指商业秘密能够给权利人带来一定的经济利益和竞争优势，其通常体现为企业为商业秘密投入的各种财力、物力、时间成本及商业秘密对企业营收的贡献。

3. 经权利人采取相应的保密措施

商业信息构成商业秘密的第三个必备条件是经权利人采取了相应保密措施。根据《最高人民法院关于审理侵犯商业秘密民事案件适用法律若干问题的规定》第6条的规定，具有下列情形之一，在正常情况下足以防止商业秘密泄露的，人民法院应当认定权利人采取了相应保密措施：签订保密协议或者在合同中约定保密义务的；通过章程、培训、规章制度、书面告知等方式，对能够接触、获取商业秘密的员工、前员工、供应商、客户、来访者等提出保密要求的；对涉密的厂房、车间等生产经营场所限制来访者或者进行区分管理的；以标记、分类、隔离、加密、封存、限制能够接触或者获取的人员范围等方式，对商业秘密及其载体进行区分和管理的；对能够接触、获取商业秘密的计算机设备、电子设备、网络设备、存储设备、软件等，采取禁止或者限制使用、访问、存储、复制等措施的；要求离职员工登记、返还、清除、销毁其接触或者获取的商业秘密及其载体，继续承担保密义务的；采取其他合理保密措施的。

➲ 合规实务要点 22：客户名单是否属于商业秘密

典型案例：〔2018〕沪73民终79号

A公司主营业务为计算机软件开发，岳某于2007年入职该公司，担任服务部经理。在职期间，岳某曾创办B公司并担任法定代表人，该公司经营范围与A公司相同。岳某离职后，A公司由于发现B公司与自己的诸多客户存在同类型业务交易，遂以岳某、B 公司侵犯其商业秘密也即客户名单信息为由提起诉讼，要求岳某、B 公司立即停止侵权并赔偿损失。诉讼中，岳某和 B 公司主张 A 公司的客户名单不构成商业秘密。首先，A 公司没有建立保密措施，也没有保密要求；其次，这些客户名单不具有“不为公众所知悉”的性质，可以通过其他途径获取。本案的争议焦点在于案涉客户名单是否属于商业秘密。

裁判结果：

案涉客户名单符合构成商业秘密的三项条件，属于商业秘密。

首先，案涉客户名单系 A 公司从众多公司中发展而来，已从不特定的公司中分离出来，且包含软件产品交易的加密狗号、版本、历史版本、标准价、折扣率、成本、毛利等深度客户信息，信息量较大，不可能通过简单搜索或联想即可获得，应为公众所不知悉。

其次，案涉客户名单中的客户信息可供 A 公司联络案涉客户并进行针对性的服务，故案涉客户名单能够帮助 A 公司强化竞争优势以获取经济利益，具有商业价值。

最后，A 公司在载有案涉客户名单的服务通软件系统中给工作人员账号设置了不同权限，并在内部管理中对客户信息有保密要求，可见 A 公司有保护案涉客户名单的意愿，并且采取了限定涉密信息的知悉范围、提出保密规范等与其商业价值相适应的合理保密措施。

律师分析：

客户名单是否构成商业秘密，主要取决于两点，一是是否不为公众所知悉，二是是否采取了保密措施，至于是否具有商业价值一般不存在争议。

关于是否不为公众所知悉，法院主要从客户名单信息的特有性及获取客户名单信息的难易程度两个角度加以考察。实践中，如果客户名单信息是权利人经过一定的人、财、物和时间的投入才获取的，并且包含了客户的深度交易习惯及内容，如客户需求特征、报价信息、利润分析、交付期限等内容，而不仅是罗列的名称、联系方式和地址，则可以视为不为公众所知悉。

关于是否采取了保密措施，法院主要考察权利人是否对客户名单的信息载体做了相应加密设置及是否设定了查阅调取权限。如果企业对此有相应措施，则可以视为权利人已经采取了合理的保密措施。

就本案而言，由于案涉客户名单包含了客户的深度信息，加之公司也采取了保密措施，法院最终认定案涉客户名单构成商业秘密。

合规建议：

实践中，不少企业主张的客户名单未构成商业秘密，原因主要有两点，一是客户名单所包含的内容仅是罗列的名称和联系方式等简单信息，可以通过公开渠道获取；二是企业未采取严格的保密措施，任何员工可以随意查阅并获取客户信息。因此，为了保证客户信息能够被纳入商业秘密的保护范畴，首先，企业务必做好客户信息的深度整理与规范保存工作。对此，企业可以要求销售岗位员工定期将潜在客户的各类信息进行深度分析、整理并录入专门的客户管理系统中。其次，企业应对客户管理系统设置登录密码及查阅权限。最后，针对业务合同文本，企业应当建立文本保管和查阅申请登记制度。

四、侵犯商业秘密的行为认定及法律责任承担

1. 侵犯商业秘密行为的认定

《反不正当竞争法》第 9 条规定："经营者不得实施下列侵犯商业秘密的行为：（一）以盗窃、贿赂、欺诈、胁迫、电子侵入或者其他不正当手段获取权利人的商业秘密；（二）披露、使用或者允许他人使用以前项手段获取的权利人的商业秘密；（三）违反保密义务或者违反权利人有关保守商业秘密的要求，披露、使用或者允许他人使用其所掌握的商业秘密；（四）教唆、引诱、帮助他人违反保密义务或者违反权利人有关保守商业秘密的要求，获取、披露、使用或者允许他人使用权利人的商业秘密。经营者以外的其他自然人、法人和非法人组织实施前款所列违法行为的，视为侵犯商业秘密。第三人明知或者应知商业秘密权利人的员工、前员工或者其他单位、个人实施本条第一款所列违法行为，仍获取、披露、使用或者允许他人使用该商业秘密的，视为侵犯商业秘密。"据此，针对侵犯商业秘密的行为，侵权人既包括法人、非法人组织等同业竞争者，也包括商业秘密权利人的员工及前员工等；行为方式既包括非法获取，也包括擅自披露、使用、允许他人使用等各种方式。

但面对侵犯商业秘密的各类违法行为，实践中，权利人维权却面临很大困难。其重要原因是此类纠纷中权利人的举证门槛较高。首先，权利人需要证明存在被侵犯的客观商业秘密；其次，权利人还需要证明侵权人存在非法获取、披露、使用或允许他人使用该商业秘密的行为。

➲ 合规实务要点 23：商业秘密侵权纠纷中权利人如何有效证明商业秘密客观存在

典型案例：〔2020〕沪 0104 民初 4146 号

2018 年 8 月，朱某入职 A 公司从事产品设计开发工作，其与 A 公司签订了一份《保密协议》。2019 年 3 月 19 日，朱某离职后入职由其妻子担任法定代表人的 B 公司，该公司与 A 公司经营范围存在重合。2020 年，A 公司认为其《2018-03 版价目表》被朱某用来制作 B 公司的价目表并寄送给 A 公司相关客户。为此，A 公司提起诉讼，要求朱某和 B 公司立即停止侵害商业秘密行为并赔偿损失 75 万元。朱某和 B 公司辩称，原告 A 公司未对其主张的价目表采取保密措施，该价目表属于不特定人员可以获得的报价文件，不属于商业秘密。

裁判结果：

A 公司主张的商业秘密信息包括《2018-03 版价目表》的产品价格信息和客户信息。对于前者，A 公司并未就采取了相关保密措施举证。对于后者，A 公司无法说明客户企业名称，故无法证明经营信息的客观存在。因此，A 公司主张的前述商业信息均不构成商业秘密，朱某及 B 公司不构成对其商业秘密的侵犯。

律师分析：

司法实践中，权利人在就商业秘密进行维权时，首先要解决的问题是证明被侵犯的商业秘密客观存在。为了证明该事实，结合商业秘密的构成条件，法院一般会要求权利人承担三项举证责任：一是举证证明存在秘密点，即涉密信息具体包含哪些内容；二是举证证明涉密信息存在价值，这一点比较好认定，实践中不会有太多争议；三是举证证明对涉密信息采取了保密措施。实践中，众多权利人维权失败，大多由于其无法完成上述三项举证责任中的一项或者多项。

就本案而言，原告 A 公司之所以败诉，主要在于其没有尽到相应的举证义务。

对于价目表中的产品价格信息，其无法提供证据证明采取了保密措施；对于客户名单，其无法提供证据明确具体涉密信息包含哪些内容。

合规建议：

实践中，为了能够有效证明商业秘密客观存在，企业应当重点从两个方面加以举证。首先，企业应当证明商业秘密具体包含哪些内容，常见的证据主要是承载各种秘密点的纸质或者电子形式的文件载体，如涉及工艺方法的原始试验记录、设备图纸参数、客户管理系统的原始客户数据、涉密合同文本等。其次，企业应当证明其采取了保密措施，常见的证据包括与涉密信息相关的企业保密制度、保密协议、经过保密字样标记的涉密文本、采取加密措施管理的管理软件系统等。

➲ 合规实务要点 24：企业如何证明商业秘密遭受侵犯

典型案例：〔2019〕沪 0110 民初 1662 号

朱某为 A 公司销售，凭借该职务，其掌握了 A 公司大量客户名单信息。B 公司为朱某所实际控制，主要经营范围与 A 公司高度重合。2017 年 10 月，A 公司发现朱某离职后协助 B 公司抢夺其客户。A 公司遂以朱某和 B 公司侵犯其商业秘密为由提起诉讼，要求其承担侵权责任。为此，A 公司提交了朱某全日制劳动合同书、公司保密制度、承诺书、保密协议、发票、送货单、快递单、微信聊天记录、业务管理软件系统的客户数据、客户证明、B 公司工商登记材料等证据材料。

朱某和 B 公司则提出抗辩，其均系正常经营，客户是基于对朱某的信任，自主选择与朱某进行业务交易。因此，朱某和 B 公司没有主动抢夺 A 公司的客户，A 公司的客户信息并未遭遇不正当侵犯。本案的争议焦点在于朱某和 B 公司是否侵害了原告 A 公司的客户信息这一商业秘密。

裁判结果：

朱某在实际接触到案涉客户名单信息的情况下，违反与 A 公司的保密约定，向 B 公司披露并使用了上述客户名单信息，该行为构成对 A 公司享有的商业秘密的侵犯。B 公司明知或应知朱某的上述违法行为，仍然使用该经营信息，与 A 公司开展直接竞争行为，以此获利，亦构成对 A 公司享有的商业秘密的侵犯。

律师分析：

关于侵犯商业秘密行为的认定，从当前司法实践来看，法院主要采取：接触+相同或实质相同—合法来源的认定规则。在这一规则下，首先，法院会审查相关人员，如员工、前员工等是否有渠道或者机会获取权利人的商业秘密。对此，根据《最高人民法院关于审理侵犯商业秘密民事案件适用法律若干问题的规定》第12条的规定，下列因素通常会被考虑：职务、职责、权限；承担的本职工作或者单位分配的任务；参与和商业秘密有关的生产经营活动的具体情形；是否保管、使用、存储、复制、控制或者以其他方式接触、获取商业秘密及其载体；需要考虑的其他因素。

其次，法院会进一步审查被诉侵权信息与商业秘密信息是否实质相同。对此，根据《最高人民法院关于审理侵犯商业秘密民事案件适用法律若干问题的规定》第13条的规定，以下因素会被重点加以考虑：被诉侵权信息与商业秘密的异同程度；所属领域的相关人员在被诉侵权行为发生时是否容易想到被诉侵权信息与商业秘密的区别；被诉侵权信息与商业秘密的用途、使用方式、目的、效果等是否具有实质性差异；公有领域中与商业秘密相关信息的情况；需要考虑的其他因素。

最后，法院会审查行为人获取和使用的被诉侵权信息是否存在合法来源。实践中，这种合法来源一般包括通过反向工程取得、权利人授权取得等。

就本案而言，法院认定朱某与B公司存在侵犯A公司商业秘密的行为的主要原因如下。首先，朱某基于岗位职责确实能够接触并取得A公司大量的客户名单信息。其次，被告B公司与原告A公司所主张的客户名单中的客户确实发生了业务交易，且业务类型与A公司相同。最后，虽然朱某和B公司援引《最高人民法院关于审理侵犯商业秘密民事案件适用法律若干问题的规定》第2条规定的合法来源事由，即“客户基于对员工个人的信赖而与该员工所在单位进行交易”加以抗辩，但是法院并未采纳，原因是朱某系因A公司所提供的物质和其他条件才获得了与客户进行联络和交易的机会。

合规建议：

在商业秘密合法成立的基础上，为了证明相关员工及其关联企业确实存在侵权行为，首先，权利人应当通过岗位说明书、员工工作原始记录、保密协议等证据材料证明相关员工确实接触到了商业秘密；其次，权利人需要进一步证明涉密员工存在擅自向同业竞争者披露，以及同业竞争者使用相同涉密信息的事实。对于向外披露的事实，权利人可以通过调取员工的企业微信和邮箱沟通记录、工作计算机等方式查找相关泄密线索，或者跟踪其离职后的具体就业去向；对于使用相同涉密信息的事实，权利人可以通过调取侵权人工商档案、官网上展示的产品信息，或者主动向客户询证等方式，搜集商业秘密被侵犯的证据线索。

2. 侵犯商业秘密法律责任的承担

侵权人侵犯权利人的商业秘密，根据我国法律规定，将会承担民事赔偿责任及行政处罚责任，情节严重的还将承担刑事责任。据此，面对侵犯商业秘密的行为，权利人的维权路径，既包括向法院提起民事诉讼，也包括向行政执法部门投诉，由相关部门责令停止违法行为，没收违法所得并处罚款。在达到刑事追诉门槛时，权利人也可以向公安机关报案，请求进行刑事立案。

（1）民事赔偿责任

《劳动法》第 102 条规定："劳动者违反本法规定的条件解除劳动合同或者违反劳动合同中约定的保密事项，对用人单位造成经济损失的，应当依法承担赔偿责任。"《反不正当竞争法》第 17 条第 1 款至第 3 款规定："经营者违反本法规定，给他人造成损害的，应当依法承担民事责任。经营者的合法权益受到不正当竞争行为损害的，可以向人民法院提起诉讼。因不正当竞争行为受到损害的经营者的赔偿数额，按照其因被侵权所受到的实际损失确定；实际损失难以计算的，按照侵权人因侵权所获得的利益确定。经营者恶意实施侵犯商业秘密行为，情节严重的，可以在按照上述方法确定数额的一倍以上五倍以下确定赔偿数额。赔偿数额还应当包括经营者为制止侵权行为所支付的合理开支。"

（2）行政处罚责任

《反不正当竞争法》第 21 条规定："经营者以及其他自然人、法人和非法人组织违反本法第九条规定侵犯商业秘密的，由监督检查部门责令停止违法行为，没收违法所得，处十万元以上一百万元以下的罚款；情节严重的，处五十万元以上五百万元以下的罚款。"

（3）刑事责任

根据《中华人民共和国刑法》（以下简称《刑法》）第 219 条的规定："有下列

侵犯商业秘密行为之一，情节严重的，处三年以下有期徒刑，并处或者单处罚金；情节特别严重的，处三年以上十年以下有期徒刑，并处罚金：（一）以盗窃、贿赂、欺诈、胁迫、电子侵入或者其他不正当手段获取权利人的商业秘密的；（二）披露、使用或者允许他人使用以前项手段获取的权利人的商业秘密的；（三）违反保密义务或者违反权利人有关保守商业秘密的要求，披露、使用或者允许他人使用其所掌握的商业秘密的。明知前款所列行为，获取、披露、使用或者允许他人使用该商业秘密的，以侵犯商业秘密论。

第二节 商业秘密管理机制

企业对商业秘密开展保护，必须在内部建立起一套完善的商业秘密管理机制。该项机制包括三方面的内容，分别是企业保密组织的搭建、商业秘密信息的识别与定级、保密方案的制定。

一、企业保密组织的搭建

商业秘密产生于企业日常经营，同时又为企业各个部门所使用，所以商业秘密的保护会涉及企业各个部门。实践中，为了确保保密工作的统一推进和严格落实，企业可以设立保密委员会，委员会的成员应当包括企业各个核心部门的负责人员，保密委员会的主要职能包括确定保密方针、调整和划定商业秘密的保护范围和级别、搭建保密制度、监督保密工作的落实情况等。在保密委员会之下，每个部门应当专门指定本部门范围内的保密责任人员，负责日常保密工作的具体落实。

二、商业秘密信息的识别与定级

企业对商业秘密信息的准确识别是开展商业秘密保护工作的前提。在进行信息识别时，企业应当结合相关商业信息公开是否会对其竞争优势和营收造成影响、获取该信息的成本投入、该信息被竞争对手获取的难易程度等因素加以权衡，进而决定是否将其作为商业秘密加以保护。针对需要保密的信息，企业应当根据其重要程度设定不同的秘密等级，从而为保密方案的制定和知晓人员范围的划定提供依据。

三、保密方案的制定

在识别出需要保护的商业秘密信息后，企业应当结合自身业务开展的全流程要素，制定一整套行之有效的保密方案。实践中，该类方案的重点是涉密信息载体和涉密人员的管理。

1. 涉密信息载体的管理

针对涉密信息载体的管理，企业的主要工作是采取各种措施建立起一套防止外部人员随意查看、阅览及复制的物理隔离方案。对于电子数据信息，企业可以通过设置登录密码、阻断外网和外部存储设备接入等方式进行保护。对于纸质涉密信息载体，企业可以通过设立规范的档案保管和查阅制度、在文本档案上标注密级的方式加以保护。对于保密性场地，企业可以通过设置出入人员审核登记制度等方式加以保护。

2. 涉密人员的管理

由于商业秘密的泄露多数是因为内部员工泄露和非法利用，因此企业在劳动人事管理工作中必须重视对内部员工，尤其是对重点涉密人员的管理。在招聘和录用环节，企业应当通过岗位说明书明确其是否属于涉密岗位，并与涉密员工有针对性地签订保密协议。在日常用工管理环节，企业应当定期对涉密员工进行保密教育培训，增强其保密意识。在离职环节，企业应当针对涉密员工建立规范的涉密材料交接及销毁程序，同时视情况决定与涉密员工签订竞业限制协议。

第三节　竞业限制协议约定及履行

竞业限制协议是企业保护商业秘密和维持自身竞争力的重要手段。企业一旦与涉密员工签订了类似协议，该员工在离职后一段时间便无法到同业竞争单位任职或者自营与本单位产生竞争关系的业务。实践中，为了确保竞业限制协议发挥应有的功能：首先，企业应当严格遵守法律对竞业限制协议约定的各种限制性规定；其次，针对违反竞业限制协议的员工，企业应当掌握一定的取证能力，确保能够向其追究违约责任。

一、竞业限制协议约定的法律限制

考虑到竞业限制协议会限制员工离职后的正常就业权利，当前法律对竞业限制的对象、范围、期限和补偿金支付等均做了严格的规定。企业对此须严格遵守，否则，双方就协议的效力就会产生争议。

1. 竞业限制协议的签订对象

《劳动合同法》第 24 条第 1 款规定，竞业限制的人员限于用人单位的高级管理人员、高级技术人员和其他负有保密义务的人员。对于上述三类人员，参照《公司法》的规定，高级管理人员主要是指公司的经理、副经理、财务负责人，上市公司董事会秘书和公司章程规定的其他人员。高级技术人员主要是指获得高级技术职称的专业技术人员，如高级工程师、三级总监理工程师等，普通技术人员通常并不是法定的竞业限制对象。对于其他负有保密义务的人员，实践中，企业需要提供证据证明其确实能够接触到企业的商业秘密，否则，企业与之签订的竞业限制协议应属无效。

2. 竞业限制的范围和期限

根据《劳动合同法》第 24 条第 2 款的规定，在解除或者终止劳动合同后，签署竞业限制的人员到与本单位生产或者经营同类产品、从事同类业务的有竞争关系的其他用人单位，或者自己开业生产或者经营同类产品、从事同类业务的竞业限制

期限，不得超过两年。据此，竞业限制的范围一般仅限于同本企业产品或者业务相同的行业，超出合理范围的竞业限制将被认定无效。竞业限制的期限应当自劳动合同解除或终止开始起算，最长不得超过两年，超出的部分属于无效约定。

3. 竞业限制补偿金

《劳动合同法》第23条第2款规定，对负有保密义务的劳动者，用人单位可以在劳动合同或者保密协议中与劳动者约定竞业限制条款，并约定在解除或者终止劳动合同后，在竞业限制期限内按月给予劳动者经济补偿。实践中，竞业限制补偿金作为对竞业限制员工的补偿，其约定及支付是否规范，会对竞业限制协议的效力产生影响。竞业限制补偿金在约定及支付方面容易出现的问题主要包括：未做约定或者约定不明晰、约定的标准过低、支付形式不合规。

对于补偿金未做约定或者约定不明的，关于竞业限制协议的效力，目前存在争议，但多数法院倾向于不直接否认其效力。即使对补偿金未做约定，依据《最高人民法院关于审理劳动争议案件适用法律问题的解释（一）》第36条的规定，在劳动者履行了竞业限制义务的情况下，其依旧可以要求用人单位按照劳动者在劳动合同解除或者终止前十二个月平均工资的30%按月支付经济补偿。如果月平均工资的30%低于劳动合同履行地最低工资标准，按照劳动合同履行地最低工资标准支付。

对于补偿金的约定标准，由于目前全国层面的法律并未对其做详细规定，因此实践中对支付标准下限的认定存在争议。但企业支付补偿金不应低于当地最低工资标准，否则就有被要求补足差额的风险。另考虑到有些地区，如深圳和江苏对补偿金的下限设定有明确的标准，所以在这些地区，企业应严格遵守当地规定。

最后，对于补偿金支付的形式，实践中，不合规的常见行为是企业将补偿金连同工资按月一起发放，而非离职后按月给予补偿。在这种情况下，如果企业未有协议将其定性为竞业限制补偿，也未将每月发放的数额与工资进行详细区分，则企业存在被认定为未依法支付补偿金的风险。《最高人民法院关于审理劳动争议案件适用法律问题的解释（一）》第38条规定，当事人在劳动合同或者保密协议中约定了竞业限制和经济补偿，劳动合同解除或者终止后，因用人单位的原因导致三个月未支付经济补偿，劳动者请求解除竞业限制约定的，人民法院应予支持。

二、违反竞业限制义务行为的认定及违约责任承担

《劳动合同法》第23条第2款规定，劳动者违反竞业限制约定的，应当按照约定向用人单位支付违约金。据此，企业一旦发现涉密离职员工存在违反竞业限制义务，其有权向员工主张违约金等违约责任。实践中，企业对此应关注两点：一是何种情形可视为违反竞业限制义务；二是违约责任的具体承担方式。

1. 违反竞业限制义务行为的认定

涉密离职员工违反竞业限制义务，主要体现为离职之后在竞业限制期内入职同业竞争单位或者自营相关竞争业务。针对该行为，虽然较商业秘密侵权行为，企业的举证门槛有所降低，但考虑涉密离职员工隐蔽就职的现实情况，实践中，企业证明员工存在违约行为仍存在一定难度。对此，企业需要掌握一定的取证技巧。

➲ 合规实务要点25：如何证明离职员工存在违反竞业限制义务的行为

典型案例：〔2022〕京0108民初14581号

胡某为某互联网公司员工。离职后，公司与其签订了一份《保密及竞业限制义务告知书》，根据该告知书，胡某的竞业限制期限为2021年1月13日至2022年1月12日。在此期间，公司向胡某发放补偿金20 327元/月。后公司认为胡某离职后存在违约行为，遂提起仲裁，要求胡某继续履行竞业限制义务，并退还已支付的补偿金和支付违约金。为此，公司提交了竞争公司的工商登记信息和官方网站截图、胡某在竞争公司办公地点出入的视频影像，证明胡某离职后入职了同业竞争公司。

对此，胡某认为，虽然两家公司工商登记经营范围存在重合，但具体开展的业务并不相同；关于视频影像，由于视频拍摄过程系多次偷拍、跟拍，内容包含了其样貌、体貌、行踪路线等个人敏感信息，故属于严重侵犯其隐私，不能作为定案依据，应当予以排除。

裁判结果：

关于两家公司是否存在同业竞争关系。作为知名互联网企业，两家公司工商登

记的经营范围、相应产品与服务的范围均存在多项重合，且其中部分产品与服务均为公众所熟知与使用。胡某签字同意的《保密及竞业限制义务告知书》中，亦明确列明竞争公司及其关联公司为竞争单位，故两家公司存在竞争关系。

关于视频影像是否予以排除。一方面，从证据本身来看，视频影像确未取得胡某的同意，损害了其合法权益，但从情节上审视，尚未达到严重侵害胡某合法权益的程度，不存在违反法律禁止性规定或者严重违背公序良俗的情形；另一方面，从取证方式上看，取证方式的违法性对胡某权益的损害明显弱于忽略违法性所能够保护的利益，故秉承利益衡量理念予以考量，案涉视频影像可以作为认定案件事实的根据。

综上，鉴于胡某未提交相反证据用以推翻现有证据所显示的内容，亦未对其行为做出合理解释，故胡某离职后存在在竞业限制期内在竞争公司工作这一违约行为。

律师分析：

实践中，法院认定离职员工是否违反竞业限制义务，通常会从两个方面加以考虑：一是企业与其所主张的竞争公司是否存在同业竞争关系；二是涉密离职员工是否在竞争公司上班或自营同类业务。

关于同业竞争关系的认定，法院会从两个方面加以考察：一是两家公司工商登记的经营范围是否存在重合；二是在工商登记经营范围重合的基础上，两家公司的实际经营内容及客户是否真正构成竞争关系。

关于涉密离职员工入职竞争公司或自营竞争业务行为的认定，实践中主要取决于企业的举证能力。常见的证据包括：涉事员工在竞争公司办公地点来回出入的视频录像，假扮客户向涉事员工进行业务咨询的通话录音，涉事员工在竞争单位的快递签收记录，与竞争单位有关的涉事员工微信朋友圈相关讯息，自营公司的股东、高管工商登记信息，等等。

就本案而言，法院从上述两个方面进行考量，由于两家公司实际经营内容确实存在竞争关系，加之胡某对公司提交的在竞争公司办公地点多次出入的视频录像无法做出合理解释，法院认定胡某存在违反竞业限制义务的行为。

合规建议：

企业如果想证明涉密离职人员违反了竞业限制义务，应当从以下方面入手。

首先，应当在竞业限制协议中从竞业限制的业务、产品、技术和具体竞业企业名单两个方面对竞业限制的范围进行详细约定。

其次，应当在竞业限制协议中约定清楚企业对涉密离职员工的监督手段。比如，企业可以在竞业限制协议中为员工设置定期报告自身就业情况的义务，同时将其作为补偿金的支付条件加以约定。据此，实践中，一旦发现员工未履行报告义务，企业可以及时获取该员工违反竞业限制义务的线索，从而帮助推进下一步的取证工作。

最后，应掌握各种取证方式。常见的方式包括在工作日通过录像设备记录员工在竞争公司上下班的活动轨迹、假扮客户向员工进行业务咨询等，但在这个过程中，企业应注意取证的合法性，避免侵犯个人隐私。

2. 违约责任的承担

涉密离职员工违反竞业限制义务的，需要承担违约责任。如果竞业限制协议中对违约金有约定，企业可以要求员工支付违约金；如果未做约定，企业可以直接主张违约损害赔偿。至于赔偿数额，法院一般会结合涉密离职员工的违约行为、过错程度、获益情况和企业的实际损失等因素综合确定。考虑到实践中证明损失的难度及维权的便利性，企业应当明确约定涉密离职员工违反竞业限制义务的违约责任承担方式。

➲ 合规实务要点 26：企业在竞业限制协议中应当如何约定违约责任的承担方式

典型案例 1：〔2020〕沪 01 民终 13532 号

方某为某公司员工，入职时双方签订的劳动合同约定，方某在离职后两年内需承担竞业限制义务，如违反此义务，需向公司支付 20 万元违约金。在竞业限制的有效期内，方某有权按月获得补偿金。根据上述约定，在方某离职后，自 2018 年 8 月 9 日起，公司便逐月向方某支付竞业限制补偿金。2020 年 1 月 3 日，因发现方某存在违反竞业限制义务的行为，公司向仲裁委提起申请，要求方某继续履行竞业限制义务和支付违约金 200 000 元。对此，方某认为违约金数额过高，应予以调整。

裁判结果：

关于违约金的数额，综合考量方某在公司的岗位及收入水平、主观违约恶意及客观违约行为、竞业限制补偿金数额等因素，酌定将双方约定的违约金数额200 000元调整至160 000元。

典型案例2：〔2020〕沪02民终10680号

刘某为某公司员工，双方签订了一份《保密、知识产权保护暨竞业禁止合同》。根据该合同，刘某在公司任职期间及离职后需承担竞业限制义务，否则需按其离职前当年月平均收入的24倍支付违约金；若公司所受损失大于该数额，刘某应按实际损失赔偿。2019年7月4日，刘某从公司离职。离职后，公司自2019年8月起按每月9000元标准向刘某支付竞业限制补偿金。2019年12月9日，因刘某违反竞业限制义务，公司提起仲裁，要求刘某支付违约金。刘某则认为违约金过高，应予以调整。

裁判结果：

鉴于刘某任职岗位的关键性，以及在职期间即入职同业竞争公司，且带领下属集体离职的恶劣行为性质，综合考虑公司经营业务的利润模式及刘某在第三方公司的在职期限和收入水平、公司商业秘密的市场价值，公司与刘某约定的违约金数额在合理范围内，刘某应支付24倍月平均收入的违约金1 009 184.16元。

律师分析：

根据《劳动合同法》第23条第2款的规定，企业在竞业限制协议中可以对劳动者违反竞业限制义务需要承担的违约金数额进行约定。对于违约金数额，如果劳动者以标准过高为由要求调整，法院和仲裁委通常会根据劳动者任职岗位的重要程度、违反竞业限制义务的主观恶意程度、劳动者的工资收入与违约金的适配性、给公司带来的损失大小、补偿金的支付数额等情况，综合确定最终是否对违约金数额进行调整，以及调整的幅度。

就案例1而言，法院在综合考量方某的岗位及收入水平、主观违约恶意及客观违约行为、竞业限制补偿金数额等因素后，酌定将双方约定的违约金数额200 000元调整至160 000元。就案例2而言，法院综合考虑刘某违反竞业限制义务的过错程度、主观恶意性、刘某在公司的关键岗位职务和工资水平、对公司业务收入的影响、商业秘密的价值等因素，对违约金并未进行任何调整。

合规建议：

实践中，企业在竞业限制协议中与员工约定违约责任时，应当注意三点。

首先，应当注意违约金具体数额的公平性。实践中，违约金数额的高低应当与相关涉密员工岗位的重要性、在职期间收入状况、违反义务可能给公司造成的损失相适应，不可约定过低，也不可约定畸高。

其次，关于已付补偿金，企业应约定违反竞业限制义务的涉密离职人员予以返还。

最后，考虑可能产生的维权成本，企业可以在竞业限制协议中明确约定，因追究涉密离职人员违反竞业限制义务的违约责任所产生的调查费、律师费等费用由涉密离职员工承担。对此，实践中，部分法院认可该条款的效力，另一部分法院虽然不直接认可该条款的效力，但也会将其作为判断违约金数额是否合理的重要参考依据。

第六章 工作时间与休息休假

工作时间与休息休假同劳动者的休息权利密切相关。目前，《劳动法》等法律法规对此从两个方面进行了规定：一是通过设置法定工时及加班制度，限制用人单位随意延长劳动者的工作时间；二是为劳动者直接设置了各类法定的休息休假权利。本章将对这两个方面进行详细介绍与分析。

第一节 法定工时与加班

工作时间，主要是指劳动者受用人单位支配，并从事由其所安排的工作或者生产的时间。为了保证劳动者的休息权，《劳动法》对工作时间有着严格的规定，并为此分别设置了标准工时制、综合工时制和不定时工时制三种法定工时制度。实践中，企业安排劳动者工作如果超出了法定工时，必须按照加班处理。

一、标准工时制

关于标准工时，《劳动法》第36条规定，国家实行劳动者每日工作时间不超过8小时、平均每周工作时间不超过44小时的工时制度。同时，《劳动法》第38条规定，用人单位应当保证劳动者每周至少休息一日。

对于标准工时的认定，企业需要注意现行法律规定上的一个矛盾点，即《劳动法》与《国务院关于职工工作时间的规定》对平均每周工作时间的规定存在差异。与《劳动法》规定的平均每周工作时间不超过44小时相比，《国务院关于职工工作时间的规定》第3条规定，职工每日工作8小时、每周工作40小时。尽管存在矛盾，从目前实务操作及政府部门的认定口径来看，主流观点认为应当按照一周40小时的工作时间执行。

二、特殊工时制

特殊工时制是相对于标准工时制的一种工作时间制度，该制度主要源于《劳动法》第 39 条。依据该条的规定，企业因生产特点不能实行标准工时的，经劳动行政部门批准，可以实行其他工作和休息办法。在此基础上，原劳动部（现人力资源和社会保障部）于 1995 年颁布的《关于企业实行不定时工作制和综合计算工时工作制的审批办法》（以下简称《审批办法》）进一步明确了特殊工时的两种类型，即综合计算工时和不定时工时。实践中，特殊工时制的最大意义在于，企业能够凭借该制度对一些特定岗位的工作时间进行更加弹性化的安排，从而在保证劳动者休息权的同时，提高用工效率，降低加班时长的认定比例。

1. 综合计算工时

综合计算工时，主要是指用人单位由于岗位生产特点无法执行标准工时，而采用以周、月、季、年等为周期综合计算工作时间的一种工时制度。在该工时制度下，劳动者工作日（或者周）的工作时间可以超过法定标准工时 8 小时（或 40 小时），且不用作为加班时长，但在综合计算工作时间的周期内，其平均日工作时间或者周工作时间仍应当与法定标准工时基本相同，否则超出部分的时间就属于加班时长。实践中，关于综合计算工时制，按照每年 250 天（扣除双休日、法定节假日）的实际工作天数计算，以年、季、月为周期，其法定工作时间分别为 250×8=2000（小时 / 年）、62.5×8=500（小时 / 季）、20.83×8=166.64（小时 / 月）。

实践中，适合综合计算工时制的岗位主要包括因岗位性质和季节等因素需要连续作业的岗位。《审批办法》第 5 条规定，企业对符合下列条件之一的职工，可实行综合计算工时工作制：交通、铁路、邮电、水运、航空、渔业等行业中因工作性质特殊，需连续作业的职工；地质及资源勘探、建筑、制盐、制糖、旅游等受季节和自然条件限制的行业的部分职工；其他适合实行综合计算工时工作制的职工。

2. 不定时工时

不定时工时，主要是指没有固定上下班时间限制的工作时间制度。对于实施该工时制度的岗位，企业一般不对其执行严格的考勤管理。正因此，该类岗位通常并不存在加班情形。

实践中，适用不定时工时制的岗位主要包括机动作业岗位和无法以标准工作时间衡量的高管岗位。《审批办法》第 4 条规定，企业对符合下列条件之一的职工，可以实行不定时工作制：企业中的高级管理人员、外勤人员、推销人员、部分值班人员和其他因工作无法按标准工作时间衡量的职工；企业中的长途运输人员、出租汽车司机和铁路、港口、仓库的部分装卸人员及因工作性质特殊，需机动作业的职工；其他因生产特点、工作特殊需要或职责范围的关系，适合实行不定时工作制的职工。

➲ 合规实务要点 27：企业应当如何规范管理实行特殊工时制的岗位

典型案例 1：〔2021〕津 01 民终 9173 号

李某为某公司员工，工作内容为垃圾清运。根据双方签订的《劳动合同》，李某实行不定时工时制。公司不对李某进行考勤管理。2020 年，李某离职后，其先后提起仲裁及诉讼，要求公司支付加班工资。公司抗辩认为双方在劳动合同中明确约定李某的工作采用不定时工时制，因此无须支付加班费。李某则认为不定时工时制未经审批，双方约定应属无效。

裁判结果：

尽管案涉不定时工时制未获得劳动行政主管部门的批准，但该审批程序属于行政管理范畴，因此还应结合岗位性质及实际工作时间情况确认双方所履行工时制度。结合李某工作岗位的机动性及不设考勤的特殊性，其工作岗位应属于不定时工时制。

典型案例 2：〔2021〕兵 0102 民初 21 号

2020 年 4 月 7 日，阚某与某公司签订了一份《半挂车驾驶员聘用合同书》，该合同书约定公司聘用阚某为汽车驾驶员。2020 年 9 月 26 日，阚某离开公司后，先后向仲裁委和法院提起仲裁和诉讼，要求公司支付加班工资。公司认为阚某在公司从事的是运输司机工作，其工作性质决定了不能按照一般企业的工作时间标准来衡量其工作时间，公司对其实行的是不定时工作制，故无须支付加班费。

裁判结果：

本案中，阚某与公司虽然均默认实行的是不定时工作制，但由于公司未向劳

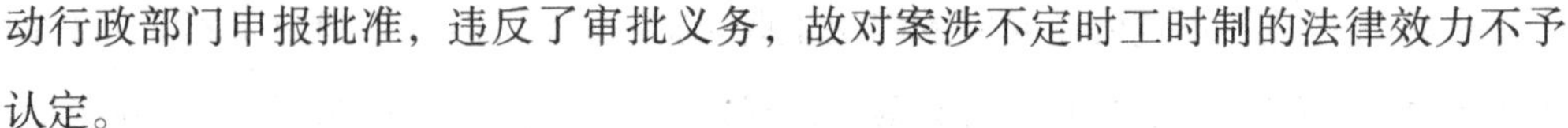

动行政部门申报批准，违反了审批义务，故对案涉不定时工时制的法律效力不予认定。

律师分析：

根据《审批办法》，企业拟对相关岗位实行特殊工时制度，必须经过劳动行政部门审批。由于缺乏审批意识等原因，实践中经常存在企业未经审批即对相关岗位实行特殊工时制的情况。在这种情况下，企业对相关岗位实行的特殊工时制是否有效，目前司法实践中存在争议。

一种观点认为，《劳动法》设置特殊工时审批制的目的是避免企业滥用权利损害劳动者的休息权。基于这一目的考量，企业未经审批自行与劳动者约定特殊工时制，违反了法律的效力性强制规定，应属无效。另一种观点则认为，特殊工时的审批属于管理性规定，而非效力性的强制规定，因此即使未经审批，双方自行约定的工时制并非无效，具体应当结合岗位特性及实际工作时间安排情况进行确定。

就案例 1 而言，法院采纳的便是第二种观点，对于具体岗位工时制度的认定，即使未进行审批，也可以结合劳动合同约定及实际履行情况加以认定。就案例 2 而言，法院采纳的则是第一种观点，只要未经行政审批，即使岗位适合实行特殊工时制，双方自行约定也属无效。

合规建议：

实践中，为了避免就相关岗位的工时制认定产生争议，企业应当注意以下两点。

首先，在对相关岗位采取特殊工时制前，应当积极获取劳动行政部门的审批。关于审批程序，根据《审批办法》，中央直属企业实行不定时工作制和综合计算工时工作制等其他工作和休息办法的，经国务院行业主管部门审核，报国务院劳动行政部门批准。地方企业实行不定时工作制和综合计算工时工作制等其他工作和休息办法的审批办法，由各省、自治区、直辖市人民政府劳动行政部门制定，报国务院劳动行政部门备案。因此，对大多数的各地非中央直属企业而言，其在申请特殊工时制的过程中需要特别关注当地审批办法的具体要求。

其次，在相关岗位实行特殊工时制获得审批后，企业应当注意其岗位工时约定、实际工作时间安排和考勤管理同获得审批的岗位工时制保持一致。否则，实践中很容易引发各方对岗位工时制认定的争议。

三、加班

在保障劳动者休息权的同时，为了兼顾企业生产经营的需要，《劳动法》在法定工作时间之外设置了加班制度。对于该制度，企业应当把握法律对加班时长和加班费标准的相关规定。

1. 加班时长

关于加班时长，目前《劳动法》对此有着严格的限制性规定。针对采取标准工时制的岗位，《劳动法》第 42 条规定："有下列情形之一的，延长工作时间不受本法第四十一条规定的限制：（一）发生自然灾害、事故或者因其他原因，威胁劳动者生命健康和财产安全，需要紧急处理的；（二）生产设备、交通运输线路、公共设施发生故障，影响生产和公众利益，必须及时抢修的；（三）法律、行政法规规定的其他情形。"第 41 条规定："用人单位由于生产经营需要，经与工会和劳动者协商后可以延长工作时间，一般每日不得超过一小时；因特殊原因需要延长工作时间的，在保障劳动者身体健康的条件下延长工作时间每日不得超过三小时，但是每月不得超过三十六小时。"

针对采取不定时工时制及综合计算工时制的岗位，根据《审批办法》第 6 条的规定，企业应根据《劳动法》第一章、第四章有关规定，在保障职工身体健康并充分听取职工意见的基础上，采用集中工作、集中休息、轮休调休、弹性工作时间等适当方式，确保职工的休息休假权利和生产、工作任务的完成。

2. 加班费支付标准

关于加班费的支付标准，《劳动法》第 44 条规定，有下列情形之一的，用人单位应当按照下列标准支付高于劳动者正常工作时间工资的工资报酬：安排劳动者延长工作时间的，支付不低于工资的百分之一百五十的工资报酬；休息日安排劳动者工作又不能安排补休的，支付不低于工资的百分之二百的工资报酬；法定休假日安排劳动者工作的，支付不低于工资的百分之三百的工资报酬。

实务中，企业还需要注意加班费计算基数的确定问题。由于全国层面并无统一规定，因此目前各地法院对其基数的认定标准存在差异。但总体来看，主要有两类观点：一类是基数可由当事人自主约定，但不得低于当地最低工资标准，如广东、江苏等地；另一类是基数以法定工作时间内正常出勤的固定收入工资为准，通常并不包括非固定性、风险性的收入和福利性补贴等费用，如上海、浙江等地。

不同工时制度下的加班时长认定及加班费计算方式如表 6-1 所示。

表 6-1　不同工时制度下的加班时长认定及加班费计算方式

工时制度	工作日延时加班	休息日加班	法定节假日加班
法定标准工时	工作日超出 8 小时，按工资的 150% 支付加班费	休息日上班，无法安排调休的，按工资的 200% 支付加班费	按工资的 300% 支付加班费
综合计算工时	不存在工作日延时加班和休息日加班。超出固定周期内综合法定工作时间［250×8=2000（小时 / 年）；62.5×8=500（小时 / 季）；20.83×8=166.64（小时 / 月）］的工时，按工资的 150% 支付加班费		按工资的 300% 支付加班费
不定时工时	不存在加班		根据地方规定执行，上海、厦门、南京、深圳、湖南地区需要按工资的 300% 支付加班费

➲ 合规实务要点 28：企业应从哪些方面规范加班管理

典型案例：〔2021〕沪 01 民终 13406 号

年某为某公司员工，离职后，以公司未足额支付加班工资为由提起了仲裁，要求公司支付 2019 年 1 月 1 日至 2020 年 12 月 31 日的工作日延时加班工资。为此，年某提交了钉钉考勤记录，证明自己存在超过法定工作时间加班的事实。公司辩称，根据《劳动合同》第 3 条，如需加班，须经主管上级批准，但年某未提交证据证明自身存在被公司安排加班的事实。本案的争议焦点在于案涉考勤记录能否证明年某在 2019 年 1 月 1 日至 2020 年 12 月 31 日期间存在相应加班。

裁判结果：

不予支持年某要求公司支付 2019 年 1 月 1 日至 2020 年 12 月 31 日期间工作日延时加班工资的请求。

律师分析：

本案是一起典型的因为追索加班工资而引发的纠纷。实践中，该类纠纷的争议焦点往往集中在对加班事实的认定及对加班费计算基数的确定上。本案的争议焦点主要集中在对加班事实的认定上。对于加班事实，根据《最高人民法院关于审理劳动争议案件适用法律问题的解释（一）》第 42 条的规定，其举证责任一般由劳动者承担，但考虑到劳动者在举证上的弱势地位，如果劳动者有初步证据证明用人单位掌握了与加班相关的证据材料，则此时举证责任就转移到企业一方。

在这种举证规则下，站在劳动者的角度，为了证明加班事实存在，实践中可以作为证据提交的材料，主要包括加班审批单、考勤记录、加班打车，以及加班餐食费用报销单、排班表、微信聊天记录、会议纪要、通话录音及企业安排加班的其他证据材料。从证明力角度来看，在这些材料中，加班审批单是最直接的证据，因为其经过了单位的正式确认。至于其他材料，如考勤记录、微信聊天记录等，如果劳动者将其作为证据单独提交，则存在比较大的风险。实践中，这些材料往往需要与其他材料共同形成完整的证据链才可以证明加班事实存在。

若劳动者提供了确实可能证明存在加班事实的初步证据材料，如经单位认可的部分考勤记录。此时，企业如果未提交其掌握的完整考勤记录、加班审批制度等材料加以说明及抗辩，则裁判机构极有可能推定劳动者存在其所主张的加班事实。

再回到本案中，年某之所以败诉，主要原因就在于在用人单位存在加班审批制度的情况下，其仅提供考勤记录，没有提供相应的加班审批材料，法院认为年某无法证明其延时考勤系单位安排加班所致。

合规建议：

实践中，为了规范加班管理，减少加班事实认定和加班费支付争议，同时合理降低加班费支出成本，企业应当注意以下几点。

首先，应当严格遵守《劳动法》规定，控制加班时长，确保不超过法定标准。其次，应当结合内部各岗位特点，主动采取多元的工时制度，高效安排工作时间，降低加班时长的认定比例。再次，应当制定并严格落实好考勤和加班审批管理制度。实践中，规范考勤及加班审批是企业防止与员工就加班事实认定产生争议的重要手段。最后，应注意安排员工适时调休和合理确定加班工资计算基数。实践中，这两种方式均能够有效且合法地降低加班工资支付成本。

第二节　休息休假

除了法定工时及加班制度，为了保证劳动者的正常休息时间，《劳动法》规定劳动者享有休息休假的权利。依据该规定，员工常见的休息休假包括休息日、法定节假日、带薪年休假、病假、产假、婚丧假、探亲假、社会活动假、事假等。上述休息休假，除了休息日和事假以外，其他均为法定计薪日，除了产假放在本书第九章进行介绍，笔者接下来将逐一对其他休息休假进行解读与分析。

一、休息日

休息日，主要指劳动者工作满一周后的休息时间，也称公休日，其制度依据来源于《劳动法》第38条。根据该条规定，用人单位应当保证劳动者每周至少休息一日。关于休息日的具体安排，根据《国务院关于修改〈国务院关于职工工作时间的规定〉的决定》（国务院令第174号），国家机关、事业单位实行统一的工作时间，星期六和星期日为周休息日；企业和不能实行国家规定的统一工作时间的事业单位，可以根据实际情况灵活安排周休息日。

关于休息日，需要特别注意的是，其不属于法定计薪日。企业安排员工在休息日加班的，应当安排补休；如果不能安排补休，应当按照不低于个人工资的200%的标准支付加班工资。

二、法定节假日

法定节假日，主要是由法律、法规统一规定的用以开展纪念、庆祝活动的休息时间，其属于劳动者休息时间。目前，我国的法定节假日主要包括三类。

1. 全体公民放假的节日

新年，放假1天（1月1日）；春节，放假3天（农历正月初一、初二、初三）；清明节，放假1天（农历清明当日）；劳动节，放假1天（5月1日）；端午节，放假1天（农历端午当日）；中秋节，放假1天（农历中秋当日）；国庆节，放假3天（10月1日、2日、3日）。

2. 部分公民放假的节日及纪念日

妇女节（3月8日），妇女放假半天；青年节（5月4日），14周岁以上的青年放假半天；儿童节（6月1日），不满14周岁的少年儿童放假1天；中国人民解放军建军纪念日（8月1日），现役军人放假半天。

3. 少数民族习惯的节日

由各少数民族聚居地区的地方人民政府，按照民族习惯，规定放假日期。

关于法定节假日，需要特别注意的是，其属于法定计薪时间。对于全体公民放假的节日，企业安排劳动者上班的，应当按照个人工资的300%支付加班工资。

三、带薪年休假

关于带薪年休假，目前与之相关的基础规定是国务院于2007年12月颁布并于2008年1月开始生效的《职工带薪年休假条例》。该条例共10条内容，其对职工享受带薪年休假的条件、天数、除外情形等均进行了详细规定。在此基础上，人力资源和社会保障部制定并颁布了《企业职工带薪年休假实施办法》。

1. 职工享受带薪年休假的条件

《职工带薪年休假条例》第2条规定："机关、团体、企业、事业单位、民办非企业单位、有雇工的个体工商户等单位的职工连续工作1年以上的，享受带薪年休假（以下简称年休假）。单位应当保证职工享受年休假。职工在年休假期间享受与正常工作期间相同的工资收入。"据此，职工享受带薪年休假，其前提是属于各类劳动关系用工主体的正式员工，且连续工作1年以上。

实践中，关于享受年休假主体资格的判定，容易产生的争议是对"连续工作1年以上"的理解。

争议1：连续工作1年以上，是否仅限于在同一用人单位连续工作？

就该问题，目前主流观点认为既包括劳动者在本单位的工作时间，也包括在以前单位工作的时间。但需要指出的是，在广东省，职工连续工作时间满 12 个月以上，明确是指职工在同一个用人单位连续工作满 12 个月以上。

争议 2：连续性是否指劳动者在变更工作单位时必须无缝衔接？

就该问题，由于目前国家层面并无明确规定，因此各地规定及司法态度也存在不同。比如，深圳、上海地区，法院从严格意义上加以理解，认为“连续”应当毫不间断。但也有地方，比如，重庆地区对此理解就稍显宽松。《重庆市劳动和社会保障局关于贯彻〈企业职工带薪年休假实施办法〉有关问题的通知》第 2 条规定：“《办法》第三条中‘职工连续工作满 12 个月以上’可以是在同一单位或者不同单位连续工作的时间，但其中在同一单位或者不同单位间的工作时间不得间断超过一个月以上。超过的，其连续工作时间重新计算。”

争议 3：连续工作 1 年以上是指曾经连续工作 1 年以上还是必须在年休假享受之前连续工作 1 年以上？

就该问题，目前各地存在不同观点，但总结起来主要有两类：第一类观点认为，只要劳动者满足曾经连续工作 12 个月以上的工作经历要求，即使中间存在中断，则劳动者入职新单位也可以直接享受当年带薪年休假；第二类观点则认为，员工享受带薪年休假之前必须满足连续工作 12 个月以上的工作经历要求。因此，对于该问题，实践中需要具体结合各地的规定及司法态度加以判定。

2. 职工享受带薪年休假的天数

关于带薪年休假的天数，《职工带薪年休假条例》第 3 条规定：“职工累计工作已满 1 年不满 10 年的，年休假 5 天；已满 10 年不满 20 年的，年休假 10 天；已满 20 年的，年休假 15 天。国家法定休假日、休息日不计入年休假的假期。”

据此，劳动者可以享受的年休假天数与其累计工作年限密切相关。关于累计工作年限，实践中，用人单位可以通过职工的人事档案记载记录、社会保险缴费记录、劳动合同和其他具有法律效力的证明材料予以核定。

关于年休假享受天数的核算，企业还需要注意两种特殊员工，一种是新入职员工，另一种是离职员工。

针对新入职员工，根据《企业职工带薪年休假实施办法》第 5 条的规定，职工新进用人单位且符合曾经连续工作满 12 个月以上这一规定的，当年度年休假天数，按照在本单位剩余日历天数折算确定，折算后不足1整天的部分不享受年休假。具体折算方法为：（当年度在本单位剩余日历天数 ÷365天）× 职工本人全年应当享受的年休假天数。

针对离职员工，根据《企业职工带薪年休假实施办法》第12条的规定，用人单位与职工解除或者终止劳动合同时，当年度未安排职工休满应休年休假天数的，应当按照职工当年已工作时间折算应休未休年休假天数并支付未休年休假工资报酬，但折算后不足1整天的部分不支付未休年休假工资报酬。具体折算方法为：（当年度在本单位已过日历天数 ÷365天）× 职工本人全年应当享受的年休假天数 – 当年度已安排年休假天数。用人单位当年已安排职工年休假的，多于折算应休年休假的天数不再扣回。

3. 职工享受带薪年休假的除外情形

企业在安排带薪年休假时，还应当注意当年度可以排除员工享受带薪年休假的情形。《职工带薪年休假条例》第4条规定，职工有下列情形之一的，不享受当年的年休假：职工依法享受寒暑假，其休假天数多于年休假天数的；职工请事假累计20天以上且单位按照规定不扣工资的；累计工作满1年不满10年的职工，请病假累计2个月以上的；累计工作满10年不满20年的职工，请病假累计3个月以上的；累计工作满20年以上的职工，请病假累计4个月以上的。

4. 未依法安排带薪年休假的法律后果

用人单位未依法为职工安排带薪年休假，需要承担相应的法律后果。《职工带薪年休假条例》第5条第3款规定："单位确因工作需要不能安排职工休年休假的，经职工本人同意，可以不安排职工休年休假。对职工应休未休的年休假天数，单位应当按照该职工日工资收入的300%支付年休假工资报酬。"

➲ 合规实务要点29：企业安排带薪年休假不应以员工主动申请为必要条件

典型案例：〔2020〕鲁01民终4789号

2019年，赵某以公司拖欠奖金为由被迫辞职，随后便向仲裁委提起仲裁，要求公司支付欠付的奖金和2014年10月至2018年年底应休未休年休假工资。其中，关于未休年休假工资，公司认为根据《员工考勤与假期管理办法》中“本公司实行员工年休假申请休假制度，员工在当年度内未递交年休假的休假申请的，视为自动放弃”的规定，因赵某未在2017年和2018年提起相关年休假申请，故应视为其放弃享受当年度年休假的权利。

裁判结果：

公司关于年休假申请的规定于法无据，应属无效规定，对员工不产生法律约束力。公司应支付赵某2017年和2018年未休年休假工资报酬。

律师分析：

关于年休假的安排方式，《职工带薪年休假条例》第5条规定：“单位根据生产、工作的具体情况，并考虑职工本人意愿，统筹安排职工年休假。年休假在1个年度内可以集中安排，也可以分段安排，一般不跨年度安排。单位因生产、工作特点确有必要跨年度安排职工年休假的，可以跨1个年度安排。单位确因工作需要不能安排职工休年休假的，经职工本人同意，可以不安排职工休年休假。对职工应休未休的年休假天数，单位应当按照该职工日工资收入的300%支付年休假工资报酬。”

因此，在法律规定的年度周期内，企业主动安排员工享受年休假是其应尽的法定义务。即使经职工本人同意不安排带薪年休假，企业也应当按照该职工日工资收入的300%支付年休假工资报酬。就本案而言，企业在规章制度中设置“年休假申请及未申请即视为放弃的制度”明显与企业须主动安排年休假的法定义务相违背，侵犯了劳动者的休息权利。

合规建议：

为了避免就年休假问题产生争议，首先，无论员工是否申请了年休假，企业均应当结合自身的生产安排，主动与员工协商确定当年度的年休假安排事宜，并保留相关的证据材料。其次，当企业因生产经营原因无法安排员工享受当年度年休假时，可以跨1个年度安排，或者在取得员工同意的基础上，依照员工日工资收入的300%依法向其支付应休未休年休假工资报酬。在支付的过程中，企业应当在“支付摘要”一栏备注清楚为年休假工资，以免事后因年休假工资是否支付产生争议。

四、病假

劳动者因病无法正常工作，向用人单位请假休养属于人之常情。目前，与病假相关的重要法律制度主要包括医疗期制度和病假工资支付制度。实践中，这两项制度对保护病休员工这一弱势群体的生存权利，具有非常重要的意义，企业对此需要严格遵守。

1. 医疗期

（1）医疗期的概念

《企业职工患病或非因工负伤医疗期规定》第 2 条规定，医疗期是指企业职工因患病或非因工负伤停止工作治病休息不得解除劳动合同的时限。但作为限制劳动关系解除的一项法定时限，许多人会将医疗期与病假混淆。为了对两者进行准确区分，笔者在这里做了相应的对比，具体如表 6-2 所示。

表 6-2　病假与医疗期的对比

项目	病假	医疗期
原因	患病或非因工负伤，身体需要休养	法律对病休员工进行解雇保护
性质	生理概念，劳动者因病需要休养的时间	法律概念，企业辞退病休员工的一种期限保护
天数	根据病情确定	法定标准

（2）医疗期的计算

关于医疗期的计算方式，目前在全国层面，其主要与劳动者的累计工龄和本单位连续工龄密切相关，具体如表 6-3 所示。根据《企业职工患病或非因工负伤医疗期规定》第 3 条的规定，实际工作年限 10 年以下的，在本单位工作年限 5 年以下的为 3 个月；5 年以上的为 6 个月。实际工作年限 10 年以上的，在本单位工作年限 5 年以下的为 6 个月；5 年以上 10 年以下的为 9 个月；10 年以上 15 年以下的为 12 个月；15 年以上 20 年以下的为 18 个月；20 年以上的为 24 个月。

表 6-3 医疗期的计算方式

实际工作年限	10 年以下		10 年以上				
本单位工作年限	5 年以下	5 年以上	5 年以下	5 ~ 10 年	10 ~ 15 年	15 ~ 20 年	20 年以上
医疗期月数	3	6	6	9	12	18	24

但需要注意的是，与全国层面的医疗期计算方式不同，上海地区主要依据员工在本单位的工作年限来确定。上海市人民政府颁布的《关于本市劳动者在履行劳动合同期间患病或者非因工负伤的医疗期标准的规定》第 2 条规定："医疗期按劳动者在本用人单位的工作年限设置。劳动者在本单位工作第 1 年，医疗期为 3 个月；以后工作每满 1 年，医疗期增加 1 个月，但不超过 24 个月。"

（3）医疗期满后的劳动关系处理

医疗期满后，如果员工因病仍无法正常上班，根据不同的患病情况，企业在处理与病休员工的劳动关系时存在差异。

针对一般性疾病，根据《劳动合同法》第 40 条的规定，劳动者患病或者非因工负伤，在规定的医疗期满后不能从事原工作，也不能从事由用人单位另行安排的工作的，用人单位提前三十日以书面形式通知劳动者本人或者额外支付劳动者一个月工资后，可以解除劳动合同。同时，依据《劳动合同法》第 46 条的规定，在这种情况下，企业应当向劳动者支付经济补偿。

针对可能导致伤残的疾病和非因工负伤，《企业职工患病或非因工负伤医疗期规定》第 7 条规定："企业职工非因工致残和经医生或医疗机构认定患有难以治疗的疾病，医疗期满，应当由劳动鉴定委员会参照工伤与职业病致残程度鉴定标准进行劳动能力的鉴定。被鉴定为一至四级的，应当退出劳动岗位，解除劳动关系，并办理退休、退职手续，享受退休、退职待遇。"

2. 病假工资支付

关于病假工资，目前全国层面主要规定了一个框架性的支付标准。根据《关于贯彻执行〈中华人民共和国劳动法〉若干问题的意见》（劳部发〔1995〕309 号），职工患病或非因工负伤治疗期间，在规定的医疗期内由企业按有关规定支付其病假工资或疾病救济费，病假工资或疾病救济费可以低于当地最低工资标准支付，但不

能低于最低工资标准的 80%。

在此基础上，从各地区的实际操作来看，病假工资发放模式有三种：第一种模式是根据职工的工龄和工资，按一定比例支付，此种模式以上海、浙江为代表；第二种模式是直接根据职工的工资按一定比例支付，此种模式以深圳为代表；第三种模式是按照劳动合同、集体合同的约定支付，此种模式以北京、广东、江苏、辽宁为代表。

➲ 合规实务要点 30：企业如何预防员工“泡病假”

典型案例：〔2021〕沪 01 民终 10394 号

某公司员工手册针对病假请休流程明确规定：病休员工须提供二级甲等以上医院出具的病假单、病历卡和检查单等证明资料（医院出具的病假相关证明资料需在病假开始一周内提供，否则视为旷工）；病假超过一周，公司有权要求员工至指定医院复检，员工无正当理由在限期内不接受上述安排视为严重违反公司的规章制度，公司可以解除与员工之间的劳动合同并不承担任何经济赔偿责任。针对上述手册，董某作为该公司员工，在入职时予以了签收，确认知晓该手册内容。

在职期间，由于对调岗不满，董某并未遵守上述病假请休流程。其曾先后以月经不规律、骨关节软组织疾患、双膝关节炎等多种疾病为由申请连续病假超过 7 天，但始终拒绝配合公司的病情复查要求。最终，公司以董某严重违反病假请休制度为由解除了双方的劳动关系。董某认为公司属于违法解除，遂先后提起仲裁和诉讼，要求恢复并继续履行双方之间的劳动关系。

裁判结果：

根据董某提交的病史资料，其罹患疾病均不属于急性、恶性疾病，董某配合公司到医院对疾病进行复查并不会导致病情恶化。董某短时间内连续以多个病因请病假，且对公司人事员工多次陪同复查的要求置若罔闻，显然属于不服从公司合理管理的行为，亦有违公司的规章制度，故公司以董某严重违反规章制度为由解除双方的劳动关系合法。

律师分析：

为了对抗用人单位的用工管理，现实中不排除少部分员工会通过虚构或夸大病情的方式拒绝履行劳动者一方的义务。此时，为了保证正常的用工管理秩序，企业有必要对员工病假申请的真实性、合理性进行严格审核，并视审核情况决定是否予以批准。实践中，常见的核查方式有三种：第一种，要求病休员工提供医院出具的完整病休证明材料；第二种，去病休员工家中或者医院现场核实；第三种，要求员工去指定第三方医院进行复查。但在审核的过程中需要特别注意，用人单位如果不考虑员工本身病情的紧急性，审核方式及核查范围不当，非常容易侵犯劳动者正常病休的权利。在这种情况下，若单位拒批病假并认定员工旷工违纪，则存在较大法律风险。

就本案而言，法院之所以认定董某拒不配合公司复查要求的行为构成严重违纪，主要原因在于公司自身建立起了一套规范的病假审核制度并予以了严格落实，而董某在自身病情允许的情况下，拒不配合公司的复查要求，严重违反了公司的规章制度。

合规建议：

实践中，企业为了防范员工“泡病假”的行为，应当建立一套规范的病假管理制度并予以严格落实。

首先，应当规范病假申请所需要提交的证明材料种类及形式，证明材料主要包括挂号发票、病历记录本、医药费单据、检查报告、病假证明等，证明材料的形式应当以原件为准。

其次，应当确立病假复查制度。在员工提供的证明材料不齐全、真实性存疑的情况下，企业有权通过书面通知的方式要求员工到指定第三方医院进行复查，员工无正当理由不得拒绝。

再次，对于长期病假，企业应当建立长期病假探望制度，此举既能体现企业对员工的关怀，也能对员工病假请休的实际情况起到一定监控作用。

最后，应当规定相应的惩处制度约束员工的“泡病假”行为。针对确属虚假病假的，可以直接规定按照旷工处理；针对拒不配合公司病假审核的，如不按要求提供材料的，不按要求配合复查的，可以按照严重违纪处理。

五、婚丧假

关于婚丧假，目前与之相关的法律规范主要包括《关于国营企业职工请婚丧假和路程假问题的通知》《劳动法》及其相关解释说明等。实践中，作为法定的计薪假期，企业应当着重从婚丧假的天数标准、适用婚丧假的劳动者及婚丧假的请假流程等方面加以把握。

1. 婚丧假的天数标准

对于婚丧假的请假天数，首先，从全国层面来看，目前最主要的规范是原国家劳动总局、财政部于 1980 年颁布的《关于国营企业职工请婚丧假和路程假问题的通知》(以下简称《通知》)。根据《通知》，符合婚丧假请休条件的国营职工，由本单位行政领导批准，酌情给予一至三天的婚丧假。同时，对于职工结婚时双方不在一地工作的；职工在外地的直系亲属死亡时需要职工本人去外地料理丧事的，都可以根据路程远近，另给予路程假。

其次，从各地的实践操作来看，无论适用婚丧假的劳动者范围还是假期天数，均对上述通知有所突破。关于适用婚丧假的劳动者范围，各地通常不再局限于国有企业，而是扩大到了所有的用人单位。关于婚丧假天数，各地通常以 3 天为基础标准。具体到婚假，目前在 3 天的基础标准之上，不少地方会额外设置一定天数的地方性婚假。据此，实践中全国各地区的婚假一般从 3 天到 30 天不等。

2. 适用婚丧假的劳动者

根据《关于〈中华人民共和国劳动法〉若干条文的说明》第 51 条的规定，婚丧假，是指劳动者本人结婚以及其直系亲属死亡时依法享受的假期。据此，适用婚假的劳动者，主要是指在职期间依法办理结婚登记的在职人员。适用丧假的劳动者，主要是指直系亲属（父母、配偶、子女）死亡的在职人员。

3. 婚丧假的请假流程

针对婚假，实践中为了方便用工管理，企业可以设置法定期限内依申请协商确定的制度。在此制度下，依员工申请，企业可以结合自身的生产安排，就婚假的请休事宜与员工进行协商确定。针对丧假，由于所涉事情的突发性，同时基于人伦道德考虑，只要符合条件，企业依申请均应当予以及时批准。

六、探亲假

探亲假，主要是为了适当地解决职工同亲属长期远居两地的探亲问题而设置的假期，其主要来源于 1981 年国务院发布的《关于职工探亲待遇的规定》(以下简称《规定》)。

根据《规定》第 2 条的规定，凡在国家机关、人民团体和全民所有制企业、事业单位工作满一年的固定职工，与配偶不住在一起，又不能在公休假日团聚的，可以享受本规定探望配偶的待遇；与父亲、母亲都不住在一起，又不能在公休假日团聚的，可以享受本规定探望父母的待遇。但是，职工与父亲或与母亲一方能够在公休假日团聚的，不能享受本规定探望父母的待遇。

根据《规定》第 3 条的规定，职工探望配偶的，每年给予一方探亲假一次，假期为三十天。未婚职工探望父母，原则上每年给假一次，假期为二十天。如果因为工作需要，本单位当年不能给予假期，或者职工自愿两年探亲一次的，可以两年给假一次，假期为四十五天。已婚职工探望父母的，每四年给假一次，假期为二十天。

基于上述规定，实践中可以依法享受探亲假的劳动者，通常仅限于在国家机关、人民团体和全民所有制企业、事业单位工作的职工。随着我国非公有制企业在职人员数量比例的大幅提高、公休日天数的调整、带薪年休假制度的出台及交通条件的改善，目前的探亲假制度与实践存在较大的不适应性，因此不少专家学者对探亲假制度提出了修改建议。

七、社会活动假

社会活动假，主要是指劳动者在法定工作时间依法参加社会活动所享受的假期。关于此处依法参加的社会活动，其主要是指行使选举权；当选代表，出席政府、党派、工会、青年团、妇女联合会等组织召开的会议；担任人民法庭的人民陪审员、证明人、辩护人；出席劳动模范、先进工作者大会；《中华人民共和国工会法》规定的不脱产工会基层委员会委员因工会活动占用的生产时间等。

实践中，为保障劳动者履行各类法定义务，企业应当依法批准劳动者的社会活动假。同时，依据《劳动法》第51条的规定，劳动者在依法参加社会活动期间，用人单位应当依法支付工资。

八、事假

排除上述各类法定休假，劳动者因为私事向用人单位请假被称为事假。事假与休息日一样，并不属于法定计薪日。实践中，员工请事假，虽然不会给企业带来假期工资支出，但是也会对企业的正常生产经营造成一定影响。因此，企业在实际用工中有必要做好事假的管理工作，严格落实事假的申请与批准制度。

➲ 合规实务要点31：企业如何做好事假管理？有权拒批事假吗

典型案例：〔2022〕粤01民终11518号

林某为某公司员工，因参加升学考试需要，其提前三周向直属领导递交了请假申请，请假日期为2021年4月6日至9日。针对此申请，该领导并未明确表示拒批，也未表示同意申请，但在此期间一直与林某就工作临时交接事宜进行沟通。为此，林某事先订购了车票、酒店客房等并如期前往考试。2021年4月16日，公司最终以林某请假三天，未经过部门经理批准，构成旷工违纪为由，解除了劳动合同。林某认为公司构成违法解除，遂提起仲裁，要求公司支付违法解除赔偿金。庭审中，公司为证明其辞退合法，提交了规章制度等证据材料，证明公司已明确规定："三天以内的请假需要部门经理批准，三天以上的请假需要部门经理及总经理批准。"

裁判结果：

公司以林某旷工超过三天为由解除双方之间劳动合同，应属违法，应向林某支付违法解除劳动合同赔偿金。

律师分析：

与病假的审批主要依据医院开具的病休证明不同，事假的审批并没有较为客观的标准。因此，实践中，企业对批不批事假享有很大的裁量权。但如果企业强行拒批员工的事假申请，员工又擅自离岗，此时势必会引发旷工行为的认定争议。对此，从实践案例来看，如果员工申请事假的事实依据符合正当性、合理性和必要性的要求，且履行了正常申请流程，则企业拒批事假申请，认定员工离岗行为属于旷工就存在很大的风险。

就本案而言，公司认为林某旷工，主要理由在于林某请事假没有相关的事实证明材料且未获得有权领导的审批，但法院最终未予以认可。至于具体理由，首先，公司未举证证明涉案规章制度已向林某送达并被林某知悉。其次，公司未在合理期限内对事假申请给予答复。再次，林某的上级在其请假问题上，给予了林某关于公司同意其请假申请的合理信赖，基于该信赖，林某已经预订了车票、酒店客房等。最后，退一步讲，即使公司认为林某存在旷工超过三天的情况，公司亦未举证证明其有向林某催促返岗。

合规建议：

在事假的管理问题上，企业应当注意建立规范的事假审批制度并严格落实。

首先，企业应当设置规范的事假申请流程，对事假申请的方式、期限和证据材料进行明确规定。

其次，企业应当明确指定有权审批事假的相关人员。实践中，切忌事假审批权限的随意性，否则容易使得整个制度流于形式。

最后，企业审批事假应当结合员工请假事实依据的正当性、合理性和必要性进行实质性判断，同时应保证及时做出审批。实践中，企业审批事假一旦拖延，极易使员工合理信赖企业已同意其事假申请，从而引发争议。

第七章 工资制度

工资，是指用人单位依据国家有关规定或劳动合同约定，以货币形式直接支付给本单位劳动者的劳动报酬。实践中，企业要想从法律角度全面、准确理解工资制度，应当注意两点：一是要熟悉工资的组成；二是要了解与工资支付相关的基础法律制度。

第一节 工资组成

关于工资组成的认定，目前多数法院参考的依据是国家统计局于1990年颁布的《关于工资总额组成的规定》中对工资总额组成项目的规定。《关于工资总额组成的规定》第3条规定，工资总额是指各单位在一定时期内直接支付给本单位全部职工的劳动报酬总额。第4条规定，工资总额由下列6个部分组成：①计时工资；②计件工资；③奖金；④津贴和补贴；⑤加班加点工资；⑥特殊情况下支付的工资。据此，上述6项是常见的工资组成项目。

一、常见的工资组成项目

1. 计时工资

根据《关于工资总额组成的规定》第5条的规定，计时工资是指按计时工资标准（包括地区生活费补贴）和工作时间支付给个人的劳动报酬，包括：对已做工作按计时工资标准支付的工资；实行结构工资制的单位支付给职工的基础工资和职务（岗位）工资；新参加工作职工的见习工资（学徒的生活费）；运动员体育津贴。据此，计时工资主要以员工的劳动行为、岗位职责和工作时间为对价，数额较为固定。在企业工资组成上，计时工资经常表现为岗位工资、基础工资、固定工资等项目。

2. 计件工资

根据《关于工资总额组成的规定》第 6 条的规定，计件工资是指对已做工作按计件单价支付的劳动报酬，包括：实行超额累进计件、直接无限计件、限额计件、超定额计件等工资制，按劳动部门或主管部门批准的定额和计件单价支付给个人的工资；按工作任务包干方法支付给个人的工资；按营业额提成或利润提成办法支付给个人的工资。据此，计件工资主要以工作成果及行为表现为对价，具有明显的激励作用，其发放通常需要依赖企业内部规范的绩效考评机制。在企业工资组成上，计件工资经常表现为绩效工资、提成等项目。

3. 奖金

根据《关于工资总额组成的规定》第 7 条的规定，奖金是指支付给职工的超额劳动报酬和增收节支的劳动报酬，包括：生产奖；节约奖；劳动竞赛奖；机关、事业单位的奖励工资；其他奖金。据此，奖金的发放主要与企业的整体盈利状况或者某个业务板块的整体业绩水平相关，充满了不确定性。在企业工资组成上，奖金经常表现为年终奖、季度奖、业务创新奖等项目。

4. 津贴和补贴

根据《关于工资总额组成的规定》第 8 条的规定，津贴和补贴是指为了补偿职工特殊或额外的劳动消耗和因其他特殊原因支付给职工的津贴，以及为了保证职工工资水平不受物价影响支付给职工的物价补贴。津贴包括：补偿职工特殊或额外劳动消耗的津贴，保健性津贴，技术性津贴，年功性津贴及其他津贴。物价补贴包括：为保证职工工资水平不受物价上涨或变动影响而支付的各种补贴。

5. 加班加点工资

根据《关于工资总额组成的规定》第 9 条的规定，加班加点工资是指按规定支付的加班工资和加点工资。关于加班加点工资的发放方式与标准，根据《劳动法》第 44 条的规定，安排劳动者延长工作时间的，支付不低于工资的百分之一百五十的工资报酬；休息日安排劳动者工作又不能安排补休的，支付不低于工资的百分之二百的工资报酬；法定休假日安排劳动者工作的，支付不低于工资的百分之三百的工资报酬。

6. 特殊情况下支付的工资

根据《关于工资总额组成的规定》第10条的规定，特殊情况下支付的工资，包括：根据国家法律、法规和政策规定，因病、工伤、产假、计划生育假、婚丧假、事假、探亲假、定期休假、停工学习、执行国家或社会义务等原因按计时工资标准或计时工资标准的一定比例支付的工资；附加工资、保留工资。

➲ 合规实务要点32：企业应当如何规范设计年终奖发放制度

典型案例：〔2021〕沪02民终11137号

石某为某银行员工，2020年11月23日向银行提出辞职，于当年12月31日正式离职。离职后，石某以银行未发放2020年度的年度绩效工资为由提起仲裁，要求其支付该部分工资250 000元。银行辩称：双方签订的劳动合同中明确约定银行的各类奖金的发放范围均为实际发放日仍然在册的员工，且石某在职期间，银行每年都会向包括石某在内的员工发放邮件，明确声明奖金的领取条件，必须是奖金正式发放日在册的员工。石某于2020年11月提出辞职，应当知晓辞职之后是无法领取年度奖金的。本案的争议焦点在于石某于2020年年底离职后能否主张当年度的年度绩效工资。

裁判结果：

依据银行《绩效管理暂行办法》的规定，员工的年度绩效考核周期为本年12月下旬至次年1月上旬，石某在12月前提出离职，银行依规未对石某进行当年绩效考核，并拒绝支付2020年度的两笔年终奖金，并无不当。

律师分析：

年终奖金，是指用人单位以一个年度为周期向员工发放的奖金。其通常在年末或者年初发放，发放条件和数额一般与公司的年度经营业绩和员工的年度工作表现相关联。作为奖金的一种类型，根据《关于工资总额组成的规定》，年终奖应当属于工资组成的一部分。实践中，与年终奖发放相关的争议主要包括两类：一是企业是否有义务每年发放年终奖，二是离职员工能否享受当年度的年终奖。

针对第一类争议，实践中，只要用人单位未在劳动合同或者规章制度中明确规定年底双薪之类的固定数额年终奖，其有权依据劳动合同和规章制度中的发放条件、标准、时间等，基于企业全年经营业绩和员工年度绩效考核结果，自主决定是否向员工发放年终奖及年终奖的发放方式。

针对第二类争议，根据最高人民法院发布的183号指导案例中的裁判要点，目前主流观点认为，年终奖发放前离职的劳动者主张用人单位支付年终奖的，应当结合劳动者的离职原因、离职时间、工作表现，以及对单位的贡献程度等因素进行综合考量。尽管用人单位的规章制度规定年终奖发放前离职的劳动者不能享有年终奖，但劳动合同的解除非因劳动者单方过失或主动辞职，且劳动者已经完成年度工作任务，用人单位不能证明劳动者的工作业绩及表现不符合年终奖发放标准，年终奖发放前离职的劳动者主张用人单位支付年终奖的应予以支持。

就本案而言，其所涉及的争议即属于第二类。法院之所以认为银行无须向石某支付2020年度的年终奖，主要基于以下理由。首先，石某对银行年终奖金发放的条件是明确知晓的。其次，出于激励员工在下一年努力工作的目的，银行规定发放日仍在册的员工方能享受年度绩效工资符合客观情况。最后，石某自行提前离职，理应预见该决定带来的相应后果。

合规建议：

实践中，为了避免就年终奖发放问题与劳动者产生争议，企业在制定年终奖发放制度时应当注意规范性。首先，企业应当在规章制度或劳动合同中对年终奖的发放对象、条件、时间、标准和不得领取年终奖的情形进行明确规定，并确保员工知晓。其次，为了保证年终奖发放的合理性与公平性，企业应当建立一整套与年终奖发放相匹配的绩效考核体系，并在实践中予以严格落实。

二、不计入工资组成的项目

为了准确认定工资的组成范围，实践中，企业需注意哪些费用不属于工资组成项目。

《关于工资总额组成的规定》第11条规定：“下列各项不列入工资总额的范围：（一）根据国务院发布的有关规定颁发的发明创造奖、自然科学奖、科学技术进步奖和支付的合理化建议和技术改进奖以及支付给运动员、教练员的奖金；（二）有关劳动保险和职工福利方面的各项费用；（三）有关离休、退休、退职人员待遇的各项支出；（四）劳动保护的各项支出；（五）稿费、讲课费及其他专门工作报酬；（六）出差伙食补助费、误餐补助、调动工作的旅费和安家费；（七）对自带工具、牲畜来企业工作职工所支付的工具、牲畜等的补偿费用；（八）实行租赁经营单位的承租人的风险性补偿收入；（九）对购买本企业股票和债券的职工所支付的股息（包括股金分红）和利息；（十）劳动合同制职工解除劳动合同时由企业支付的医疗补助费、生活补助费等；（十一）因录用临时工而在工资以外向提供劳动力单位支付的手续费或管理费；（十二）支付给家庭工人的加工费和按加工订货办法支付给承包单位的发包费用；（十三）支付给参加企业劳动的在校学生的补贴；（十四）计划生育独生子女补贴。"

三、合理设置工资组成的意义

企业合理设置工资组成通常可以实现两个目的：一是稳定和激励员工队伍；二是控制用工成本。

1. 稳定和激励员工队伍

不同的工资组成项目往往具有不同的价值。固定基础工资，能够保障员工的基本生存权利。年功性津贴，能够彰显企业对老员工的关怀。技术性津贴，能够彰显企业对技术员工的重视。绩效浮动工资，能够激励员工更好地提高自身业绩。因此，实践中，企业结合生产经营特点，通过对工资组成的精细化设计，往往能够更好地稳定和激励员工队伍。

2. 控制用工成本

在当前司法实践中，由于部分地区明确各类假期工资、加班工资的计算基数可以扣除掉福利性补贴、津贴和非固定的风险性工资收入，因此在这些地区企业通过工资组成的合理设置，往往可以合法降低假期和加班期间的工资成本支出。例如，《上海市企业工资支付办法》第 9 条第 2 款规定，加班工资和假期工资的计算基数为劳动者所在岗位相对应的正常出勤月工资，不包括年终奖，上下班交通补贴、工作餐补贴、住房补贴，中夜班津贴、夏季高温津贴、加班工资等特殊情况下支付的工资。

另外，相较于单一的固定工资，企业在工资组成中设置一定比例的绩效浮动工资，通常可以帮助其在薪资管理中对员工的工资水平进行更加灵活的调整。

➲ 合规实务要点 33：企业应当如何规范设置工资组成

典型案例：〔2022〕沪 01 民终 5223 号

金某为上海某公司员工。根据双方约定，金某加班工资的计算基数为正常工作时间的基本工资。在职期间，金某的工资单载明，其月工资由基本工资、月度绩效奖（2020 年 10 月及其之前均固定为 1525 元）、加班费、本月通信补贴、夜班补贴等构成。2021 年 6 月 18 日，金某从公司离职。离职后，其以加班工资计算基数未包含“月度绩效工资”为由提起仲裁，要求公司支付自 2011 年 1 月 1 日至 2020 年 12 月 31 日期间的加班工资差额。

公司辩称，月工资单中所载的“月度绩效奖”不应作为加班工资的计算基数。首先，双方签订的劳动合同及金某签署的《员工工资调整申请函》中明确约定，加班费的计算基数为基本工资，不包括绩效、奖金等。其次，月工资单中所载的“月度绩效奖”具有不确定性，不属于正常出勤月工资，不应作为加班工资的计算基数。

裁判结果：

2020 年 10 月及其之前，考虑到金某的月度绩效奖始终为 1525 元，且公司无法提供相应的绩效考核制度，故在前述期间，月度绩效奖应视为正常出勤月工资纳入加班工资的计算基数。至于 2020 年 11 月之后，根据金某已签字确认《员工工资调整申请函》《月度绩效奖——基础奖考核制度》中明确“月度考核奖”与考核结果相关联，其后该规章制度也确实施行，故月度绩效奖不应再纳入加班工资的计算基数。

律师分析：

本案是发生在上海地区的一则案例，根据当地法院的认定口径，加班工资的计算基数以劳动者正常出勤月工资为准，并不包括上下班交通补贴、工作餐补贴、住房补贴，中夜班津贴、夏季高温津贴、加班工资、年终奖等特殊情况下支付的工资。

就本案所涉争议，关于绩效奖金是否纳入加班工资计算基数，上海地区的法院在案件审理中通常会从以下角度考虑。一是公司是否存在与绩效奖金发放相匹配的绩效考核制度，以及该制度是否得到了严格落实。如果奖金数额根据绩效考核结果确实存在浮动，则极大可能被认定为属于风险性项目，不予纳入加班工资计算基数。二是绩效奖金在工资总额中占比是否合理。如绩效奖金占比明显过高，则该部分可能会被直接计入工资总额，最终统一按照工资总额的 70% 确定加班工资计算基数。

就本案而言，考虑到 11 月之后公司对金某确实存在月度绩效考核，绩效奖金存在浮动，而 10 月及其之前的奖金收入并无任何考核且金额固定。因此，法院最终认定 10 月及其之前的奖金收入属于固定性收入，需要纳入加班工资的计算基数，而 11 月之后则不需要。

合规建议：

实践中，企业在设置工资组成时应当注意以下几点。

首先，企业应当注意形式的合规性。为避免就工资组成的认定产生争议，企业应当在劳动合同及规章制度中明确工资组成，并在每月的员工工资单中列明。

其次，企业须注意工资组成的实质合理性。实践中，企业不可单纯出于降低用工成本的目的而恶意拆分工资，否则工资的各个组成项目便无法体现其对应的用工管理价值。对于奖金及绩效工资部分，企业应当建立配套的绩效考核制度并严格落实。在固定工资与浮动工资、奖金、补贴、津贴的占比上，企业应合理设置，保证不悬殊。

第二节　工资支付基础法律制度

在全国层面，与工资支付有关的法律法规主要包括《劳动法》《劳动合同法》《工资支付暂行规定》《最低工资规定》等。与此同时，各地政府结合自身实际情况也出台了一些更加细化的规定。比如，北京市颁布了《北京市工资支付规定》，上海市颁布了《上海市企业工资支付办法》，山东省则颁布了《山东省企业工资支付规定》。因此，对于工资支付的具体标准，诸如加班费计算基数、病假工资待遇、停产停业后的工资支付数额等，实践中各地存在一些差异。鉴于本章内容所限，笔者此处仅对一些工资支付的基础制度进行介绍，加班工资、假期工资等特殊工资的支付问题可参考第六章、第九章等的相关内容。

一、工资支付标准的法定下限

《劳动法》第 48 条规定："国家实行最低工资保障制度。最低工资的具体标准由省、自治区、直辖市人民政府规定，报国务院备案。用人单位支付劳动者的工资不得低于当地最低工资标准。"第 49 条规定，确定和调整最低工资标准应当综合参考下列因素：劳动者本人及平均赡养人口的最低生活费用；社会平均工资水平；劳动生产率；就业状况；地区之间经济发展水平的差异。据此，实践中，企业发放工资应遵守当地政府颁布的最低工资标准。目前，最低工资标准的形式包括两类：一是月最低工资标准，二是小时最低工资标准。在这两类标准之下，每个省、自治区、直辖市又会针对辖区内不同地区经济发展状况，划分不同的档次。

实践中，关于最低工资标准的认定，通常存在两类争议：一是最低工资是否包括加班工资、津贴；二是最低工资是否包括个人应缴纳的社会保险费、住房公积金。

针对第一类争议，《最低工资规定》第 12 条明确规定，在劳动者提供正常劳动的情况下，用人单位应支付给劳动者的工资在剔除下列各项以后，不得低于当地最低工资标准：延长工作时间的工资；中班、夜班、高温、低温、井下、有毒有害等特殊工作环境、条件下的津贴；法律、法规和国家规定的劳动者福利待遇等。

针对第二类争议，目前各地存在不同的规定。比如，在北京、上海、安徽等地区，两者都不包括，所以这些地区的最低工资标准相对高；在江苏地区，最低工资不包含住房公积金；在四川、山东、浙江、河北、内蒙古、贵州、云南、新疆等地，最低工资包括个人应缴纳的社会保险费和住房公积金。

二、工资支付的方式、形式及周期要求

关于工资支付，目前《工资支付暂行规定》对支付的方式、形式及周期均有强制性规定。

首先，关于工资支付的方式，《工资支付暂行规定》第 5 条规定：“工资应当以法定货币支付。不得以实物及有价证券替代货币支付。”

其次，关于工资支付的形式，《工资支付暂行规定》第 6 条第 3 款规定：“用人单位必须书面记录支付劳动者工资的数额、时间、领取者的姓名以及签字，并保存两年以上备查。用人单位在支付工资时应向劳动者提供一份其个人的工资清单。”对于上述要求，实践中，企业必须予以重视，如果形式不规范，就会很容易因工资是否足额支付这一问题与劳动者产生争议。

最后，关于工资支付的周期，《工资支付暂行规定》第 7 条规定：“工资必须在用人单位与劳动者约定的日期支付。如遇节假日或休息日，则应提前在最近的工作日支付。工资至少每月支付一次，实行周、日、小时工资制的可按周、日、小时支付工资。”

➲ 合规实务要点 34：企业发放工资应当注意形式的规范性

典型案例：〔2016〕沪 02 民终 7597 号

付某曾为某公司员工，离职后，其于 2015 年 12 月 1 日申请仲裁，要求该公司支付 2012 年 12 月 10 日至 2015 年 11 月 30 日周末的加班工资。对于该主张，公司认为已经支付了上述期间的加班费，故不予认可。本案的争议焦点在于公司是否足额支付了上述期间的周末加班工资。

裁判结果：

根据规定，用人单位负有保存两年以内工资支付记录及考勤记录的义务，现公司已无义务提供付某 2013 年 12 月之前的考勤记录及工资支付记录，而付某亦未能提供证据证明其在此期间的加班情况，故付某关于该期间休息日加班工资的诉讼请求，不予支持。公司作为用人单位未提供付某 2013 年 12 月至 2014 年 12 月期间的考勤记录及工资发放记录，应承担举证不能的不利后果。根据公平合理原则，按照

付某2015年1月至2015年11月期间已经认定的12天休息日加班时间推算，付某2013年12月至2014年12月期间休息日加班13天。据此，付某2013年12月至2015年11月期间休息日加班共计25天，公司应支付对应的加班工资。

律师分析：

《工资支付暂行规定》第6条第3款规定："用人单位必须书面记录支付劳动者工资的数额、时间、领取者的姓名以及签字，并保存两年以上备查。用人单位在支付工资时应向劳动者提供一份其个人的工资清单。"据此，在司法实践中，如果企业无法提交两年内的工资支付记录证明工资发放的实际情况，就需要承担不利的举证后果。需要注意的是，在深圳地区，根据2022年颁布的《深圳市员工工资支付条例》第15条的规定，工资发放的书面记录保存时间由2年延长到了3年。

就本案而言，由于付某在2015年12月1日提起仲裁，故对于付某2013年12月之前的工资支付及考勤记录，其自身有义务提供，2013年12月及其之后的记录，公司有义务提供。最终，由于双方各自未尽到这一举证义务，法院根据公平合理原则，按照付某2015年1月至2015年11月期间的12天休息日加班时间，推算出了付某在2013年12月至2015年11月总计存在25天的休息日加班。

合规建议：

实践中，为了避免因工资是否按时足额发放产生争议，企业一定要规范工资发放行为。

首先，企业应规范制作全体员工每月工资的书面发放记录。记录中应载明劳动者工资的数额、时间、领取者的姓名，并取得劳动者的签字确认。

其次，企业应当保留经员工签字确认的书面工资发放记录至少2年时间，用以备查。深圳地区的企业应当保存3年。

三、未依法支付工资的法律责任

企业依法支付工资报酬是其应尽的劳动法律义务，若未依法支付，就需要承担相应的法律责任。实践中，这种责任包括行政责任、民事责任、刑事责任。

1. 行政责任

《劳动合同法》第 85 条规定，用人单位有下列情形之一的，由劳动行政部门责令限期支付劳动报酬、加班费或者经济补偿；劳动报酬低于当地最低工资标准的，应当支付其差额部分；逾期不支付的，责令用人单位按应付金额百分之五十以上百分之一百以下的标准向劳动者加付赔偿金：未按照劳动合同的约定或者国家规定及时足额支付劳动者劳动报酬的；低于当地最低工资标准支付劳动者工资的；安排加班不支付加班费的；解除或者终止劳动合同，未依照本法规定向劳动者支付经济补偿的。

2. 民事责任

根据《劳动合同法》第 38 条的规定，用人单位未及时足额支付劳动报酬的，劳动者可以解除劳动合同。同时，根据《劳动合同法》第 46 条的规定，此种情形下，劳动者有权要求用人单位支付经济补偿。但需要注意的是，如果企业是由于非主观恶意因素才导致的工资拖欠，劳动者通常并不能以此为由被迫辞职并主张经济补偿。

3. 刑事责任

用人单位拒不支付劳动报酬性质严重的，会涉嫌构成拒不支付劳动报酬罪。《刑法》第 276 条之 1 规定："以转移财产、逃匿等方法逃避支付劳动者的劳动报酬或者有能力支付而不支付劳动者的劳动报酬，数额较大，经政府有关部门责令支付仍不支付的，处三年以下有期徒刑或者拘役，并处或者单处罚金；造成严重后果的，处三年以上七年以下有期徒刑，并处罚金。单位犯前款罪的，对单位判处罚金，并对其直接负责的主管人员和其他直接责任人员，依照前款的规定处罚。有前两款行为，尚未造成严重后果，在提起公诉前支付劳动者的劳动报酬，并依法承担相应赔偿责任的，可以减轻或者免除处罚。"

据此，用人单位构成拒不支付劳动报酬罪，应当符合三项条件：一是存在恶意拒绝支付的行为，主要包括以转移财产、逃匿等方法逃避支付劳动者的劳动报酬，或者有能力支付而不支付劳动者的劳动报酬；二是数额较大；三是经过政府有关部门责令支付仍不支付。对于数额较大的认定，实践中可以参考《最高人民法院关于审理拒不支付劳动报酬刑事案件适用法律若干问题的解释》的相关规定。根据该解释第 3 条，数额较大主要包括两种情形：一是拒不支付一名劳动者三个月以上的劳动报酬且数额在五千元至二万元以上的；二是拒不支付十名以上劳动者的劳动报酬且数额累计在三万元至十万元以上的。在上述数额幅度内，具体的数额标准由各省、自治区、直辖市高级人民法院根据本地区经济社会发展状况研究确定。

➲ 合规实务要点 35：企业应如何避免恶意拖欠工资行为

典型案例 1：〔2021〕沪 02 民终 8048 号

自 2020 年 3 月 25 日起，上海某公司多次向员工发布通知，受疫情影响，公司持续处于亏损状态，在全面恢复生产前，需对高级管理人员工资进行调整，待公司实现盈利后补发。2020 年 7 月 31 日，殷某以公司自 2 月起至今未足额支付工资为由，根据《劳动合同法》第 38 条的规定，向公司提出了离职。离职后，殷某提起仲裁，要求公司支付拖欠的工资及经济补偿。公司辩称不需要支付经济补偿，主要理由是自身不存在恶意拖欠工资的情形。本案的争议焦点在于公司未及时足额支付工资是否属于恶意拖欠。

裁判结果：

公司虽无证据证实降薪措施征得员工一致同意，但并不表明公司存在拖欠劳动报酬的主观恶意，故殷某无权要求公司支付经济补偿。

典型案例 2：〔2021〕沪 02 民终 7089 号

刘某为某公司员工，从事焊工岗位工作。2020 年 9 月 17 日，刘某以公司未足额支付工资等为由向公司提出了辞职。离职后，刘某提起仲裁，要求公司支付拖欠的工资差额及经济补偿。公司辩称：双方系因培训学习期间的工资差额、事假工资差额的性质、工资标准及计算方式存在争议，故不存在拖欠工资的恶意，刘某要求支付经济补偿没有事实及法律依据。本案的争议焦点在于刘某能否以公司拖欠工资报酬为由解除劳动合同并要求公司支付经济补偿。

裁判结果：

公司扣发工资及罚款虽有不当之处，但系因双方对培训期间出勤的性质及公司是否具有罚款权限存在争议，同时公司在仲裁裁决后亦已积极履行，故公司不存在拖欠工资的恶意，刘某无权要求公司支付经济补偿。

律师分析：

根据《劳动合同法》第38条及第46条的规定，用人单位如果未及时足额支付劳动报酬，劳动者可以以此为由被迫辞职并要求用人单位支付经济补偿。但需要注意的是，在司法实践中，如果企业未及时足额支付劳动报酬属于非主观恶意，法院一般不会支持劳动者关于经济补偿的主张。对于非主观恶意，常见的有三种情形：一是存在不可抗力；二是取得了本单位工会的同意，且延长时间未超过最长限制；三是由于客观原因导致计算标准不清。

就案例1而言，法院之所以未支持劳动者的经济补偿主张，主要原因在于法院认为自2020年3月起，公司降薪主要是因为受疫情冲击影响，而且已经发通知承诺待公司实现盈利后补发工资，上述事实足以表明公司并不属于恶意拖欠工资。就案例2而言，法院之所以未支持劳动者的经济补偿主张，主要原因在于公司未足额支付工资是因双方对培训期间的工资性质认定不清引发争议，并非公司恶意拖欠。

合规建议：

为了避免被认定为恶意拖欠员工工资，实践中，企业应当注意以下几点。

首先，如果确实因为资金短缺原因暂时无法支付，企业应当履行民主协商程序，积极取得本单位工会的同意，确保延长工资发放的时间在合理期限内。

其次，出于控制用工成本的考虑，企业在对员工工资水平进行调整时，应当通过民主协商方式取得员工的书面同意。

最后，企业不得随意克扣员工工资。《工资支付暂行规定》第15条规定："用人单位不得克扣劳动者工资。有下列情况之一的，用人单位可以代扣劳动者工资：用人单位代扣代缴的个人所得税；用人单位代扣代缴的应由劳动者个人负担的各项社会保险费用；法院判决、裁定中要求代扣的抚养费、赡养费；法律、法规规定可以从劳动者工资中扣除的其他费用。"第16条规定："因劳动者本人原因给用人单位造成经济损失的，用人单位可按照劳动合同的约定要求其赔偿经济损失。经济损失的赔偿，可从劳动者本人的工资中扣除。但每月扣除的部分不得超过劳动者当月工资的20%。若扣除后的剩余工资部分低于当地月最低工资标准，则按最低工资标准支付。"

第八章 福利保障制度

福利保障制度作为工资制度的补充，不仅能够帮助员工提高生活水平，同时还能够彰显企业对员工的关怀。因此，企业的福利保障制度如果设置合理，往往可以增强员工对企业的归属感。依据不同的标准，目前福利保障的类型存在多样性。在本章，笔者将以是否源于法律规定为标准对福利进行划分，并在此基础上对其进行详细介绍。

第一节 法定员工福利

法定员工福利，是指国家或地方政府为了保障员工的利益，通过立法的形式强制实施的员工福利政策。实践中，常见的法定福利主要包括了社会保险、住房公积金和休假制度这几类。由于休假制度在前述章节已做介绍，本章不再做过多解读。

一、社会保险

作为一项法定福利，社会保险是我国通过立法，由整个社会集中建立基金，以使劳动者在因年老、患病、因工负伤、失业、生育而减少劳动收入的情况下能够获得国家和社会补偿和帮助的一种社会保障制度。根据《中华人民共和国社会保险法》(以下简称《社会保险法》)第4条的规定，中华人民共和国境内的用人单位和个人依法缴纳社会保险费，有权查询缴费记录、个人权益记录，要求社会保险经办机构提供社会保险咨询等相关服务。个人依法享受社会保险待遇，有权监督本单位为其缴费的情况。

1. 社会保险的种类和缴费主体

关于社会保险的种类，目前主要包括养老保险、医疗保险、生育保险、工伤保险、失业保险五类险种，也就是我们常说的“五险”。针对上述五类险种，养老保险、医疗保险和失业保险由用人单位和劳动者按法定比例共同承担缴费责任，工伤保险和生育保险由用人单位按法定比例单独承担缴费责任。

2. 社会保险的缴费基数及比例

关于社会保险的缴费基数，目前用人单位以本单位职工工资总额作为缴费基数，劳动者以包括基本工资、奖金、加班费等在内的上年度实际月平均工资收入作为缴费基数。在此基础上，为了平衡社会保险缴费成本，目前各地对缴费基数的上限和下限均做出了规定，上限一般是本地区上年度全口径城镇单位就业人员平均工资的 300%，下限是平均工资的 60%。

关于社会保险中每个险种的缴费比例，目前各地结合自身实际情况，存在一定差异，并且处于随时可能调整的状态。以上海地区为例，2022 年 11 月，单位缴纳社保的比例为：养老保险 16%；医疗保险 10%（含生育保险）；失业保险 0.5%；工伤保险基础费率 0.16% ~ 1.52%。职工缴纳社保的比例为：养老保险 8%；医疗保险 2%；失业保险 0.5%。工伤和生育保险费，个人不缴纳。

➲ 合规实务要点 36：社会保险缴纳不规范的常见形式及可能后果

典型案例 1:〔2017〕皖 01 民终 5004 号

胡某于 2011 年 4 月 28 日入职某公司。在职期间，公司没有为胡某办理社会保险，而是每月向其直接发放社会保险补贴 122 元。2016 年 7 月 14 日，胡某因怀孕向公司请假，2016 年 7 月 15 日起未再上班。2016 年 11 月 16 日，胡某提起仲裁申请，请求裁决：①解除与公司之间的劳动关系；②公司补缴 2011 年 4 月至 2016 年 11 月期间的各项社保险费；③公司支付经济补偿金 18 525.6 元及相应生育津贴等费用。

裁判结果：

公司未为胡某办理社会保险、缴纳社会保险费，依法应予办理并缴费。公司未为胡某缴纳社会保险费，胡某要求解除劳动关系并支付经济补偿，符合法律规定，应予支持。

典型案例 2:〔2018〕鄂 01 民终 3245 号

乔某于 2014 年 9 月 1 日入职武汉某公司，工作地点在北京市。在职期间，乔某的社保由武汉公司委托北京的第三方公司向北京市社保部门缴纳。2015 年 12 月 25

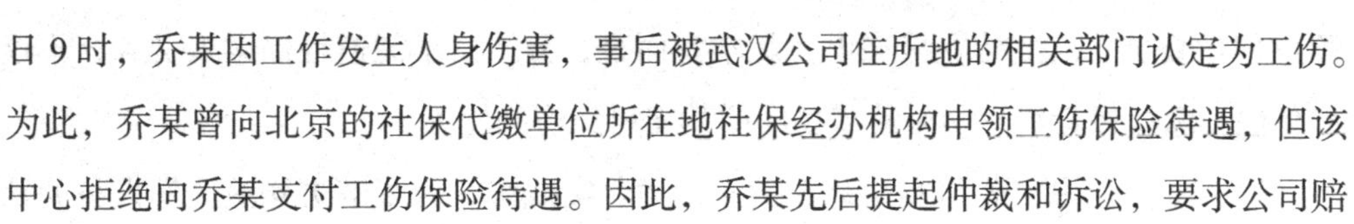

日 9 时，乔某因工作发生人身伤害，事后被武汉公司住所地的相关部门认定为工伤。为此，乔某曾向北京的社保代缴单位所在地社保经办机构申领工伤保险待遇，但该中心拒绝向乔某支付工伤保险待遇。因此，乔某先后提起仲裁和诉讼，要求公司赔偿所有的工伤待遇损失。

裁判结果：

武汉公司委托北京公司为乔某代缴工伤保险，而社保代缴单位所在地社保经办机构未向乔某支付工伤保险待遇，乔某所享受的工伤保险待遇损失应由用人单位武汉公司承担。

典型案例 3：〔2016〕渝 01 民终 4424 号

石某为重庆某公司员工，在职期间，公司为其缴纳了工伤保险，但缴费基数均低于实际工资发放标准。2014 年 8 月 28 日，石某在工作中受伤，事后被认定为工伤，并被鉴定为九级伤残。2015 年 4 月 22 日，当地社保经办部门向石某发放了一次性伤残补助金 22 959 元（2551 元 ×9 个月）。2015 年 9 月 17 日，石某以公司未依法足额缴纳社会保险费，导致工伤待遇损失为由，提起劳动仲裁，请求裁决公司支付一次性伤残补助金差额 25 641 元。

裁判结果：

公司未足额缴纳社保，导致石某应当享受的一次性伤残补助金金额与实际所得的一次性伤残补助金存在差额，故该差额部分应由公司承担补足责任。

律师分析：

上述三则案例分别反映了当前社会保险缴纳不规范的几种常见情形。

第一则案例中，公司与员工协商一致以发放补贴的形式规避社会保险的缴纳义务。对于该行为，由于社会保险缴纳属于强制性法律义务，因此即使取得员工同意，该类协议也应属无效。如果事后员工要求补缴，则企业仍有义务承担补缴责任，同时还需要承担滞纳金的支付义务。《社会保险法》第 86 条规定，用人单位未按时足额缴纳社会保险费的，由社会保险费征收机构责令限期缴纳或者补足，并自欠缴之日起，按日加收万分之五的滞纳金；逾期仍不缴纳的，由有关行政部门处欠缴数额一倍以上三倍以下的罚款。

同时，在这种情况下，依据《劳动合同法》第 38 条和第 46 条的规定，员工以企业未缴纳社会保险为由被迫辞职并主张经济补偿的，目前部分地区的法院和劳动争议仲裁委员会对此持支持态度。就本案而言，公司由于规避社保缴纳义务，不仅要依法补缴社保费用，同时还需要向胡某支付经济补偿。

第二则案例中，公司实施社保代缴行为。实践中，为了解决异地工作人员的社保缴纳问题或者单纯出于降低缴费成本的考虑，不少企业会采取这种方式。但社保代缴行为并不符合《社会保险法》的规定。

《社会保险法》第 58 条规定，用人单位应当自用工之日起三十日内为其职工向社会保险经办机构申请办理社会保险登记。未办理社会保险登记的，由社会保险经办机构核定其应当缴纳的社会保险费。据此，实践中，企业为员工办理社会保险登记实行属地管理，开户和缴费单位均应当是与员工建立劳动关系的用人单位。如果企业擅自委托第三方代缴社保，会面临行政处罚及被要求补缴、工伤理赔无法正常进行等风险。

就本案而言，由于乔某的社会保险由武汉公司委托北京公司代缴，北京社保经办机构并未向乔某支付工伤待遇，法院最终判决由武汉公司向乔某承担工伤待遇无法赔付造成的损失。

第三则案例中，职工社保缴费基数低于实际收入标准。关于职工社保缴费基数，根据《关于规范社会保险缴费基数有关问题的通知》（劳社险中心函〔2006〕60 号）的规定，列入缴费基数的工资组成项目应当包括计时工资、计件工资、奖金、津贴、补贴、加班加点工资、其他工资（如附加工资、保留工资及调整工资补发的上年工资等）、特殊项目构成的工资等。但实践中，部分企业为了降低社保缴费的成本，会故意少报缴费基数。这种行为明显违背缴费基数的法定标准要求，将会对职工的工伤赔付待遇、未来的养老保险待遇等产生不利影响。职工对此有权要求企业补足。

就本案而言，公司未按照石某的实际工资收入足额缴纳社会保险，导致石某无法足额享受工伤保险赔付待遇，法院最终判决公司须承担工伤保险赔付的差额损失部分。

合规建议：

在实际操作中，企业应当依法依规足额为职工缴纳社会保险。如果涉及异地用工，用人单位确实无法为相关员工在单位注册所在地进行社保缴纳的，则此时企业可以通过设置分支机构、将相关用工改为业务外包用工或者采取劳务派遣用工等模式进行异地缴纳，避免直接委托第三方进行社保缴纳。

二、住房公积金

住房公积金，是指国家机关、国有企业、城镇集体企业、外商投资企业、城镇私营企业及其他城镇企业、事业单位、民办非企业单位、社会团体及其在职职工缴存的长期住房储金。关于住房公积金的提取与使用，《住房公积金管理条例》第24条规定，职工有下列情形之一的，可以提取职工住房公积金账户内的存储余额：购买、建造、翻建、大修自住住房的；离休、退休的；完全丧失劳动能力，并与单位终止劳动关系的；出境定居的；偿还购房贷款本息的；房租超出家庭工资收入的规定比例的。

实践中，住房公积金的缴纳与社保类似，属于职工与企业的共同法律义务，具有强制性。因此，企业应按照法定标准为员工缴纳住房公积金。

第二节　企业自主福利

企业自主福利，是企业根据自身特点自主决定的，有目的、有针对性地向员工提供的符合其实际需求的福利项目。与法定福利相比，此类福利的发放条件、发放形式、发放标准存在很大的灵活性，企业可以自主决定。

一、自主福利的常见类型

以不同项目划分，自主福利包括免费的工作餐、交通服务和补贴、住房福利、购车福利、补充养老保险、带薪福利假期、医疗保健福利、文娱体育设施福利、教育福利、休闲旅游福利、员工持股计划等。

以是否具有弹性为标准划分，自主福利分为固定福利和弹性福利。固定福利即

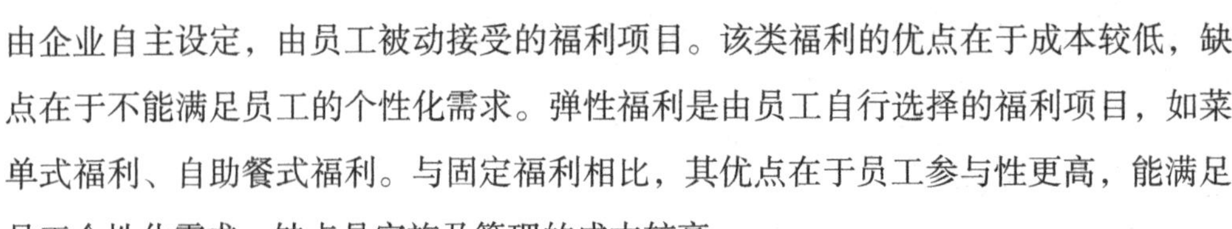
由企业自主设定，由员工被动接受的福利项目。该类福利的优点在于成本较低，缺点在于不能满足员工的个性化需求。弹性福利是由员工自行选择的福利项目，如菜单式福利、自助餐式福利。与固定福利相比，其优点在于员工参与性更高，能满足员工个性化需求；缺点是实施及管理的成本较高。

二、与自主福利相关的法律纠纷

企业在搭建自主福利制度的过程中，应当注意规避相应的法律风险。如果福利的给付条件和返还条件约定得不够规范，通常会引发各方争议。实践中，与福利待遇有关的纠纷主要包括劳动者向用人单位主张福利待遇和用人单位向劳动者主张返还福利待遇两种类型。

➲ 合规实务要点 37：企业应当如何规范约定自主福利待遇

典型案例：〔2020〕沪 01 民终 1278 号

江某为某公司员工，在职期间，公司曾向其银行账户打入 48 万元作为定期存款。对于该存款，公司认为根据“定存优惠方案”，其属于给员工的福利费用。现由于江某未达到领取该存款的条件，即未达到规定的工作年限，应予返还。为此，公司提供了江某担任总经理助理时发给同事的电子邮件及附件，证明公司为激励员工，曾推行了“定存优惠方案”。江某辩称不同意公司的请求。首先，公司没有证据证明“定存优惠方案”存在并实施。案涉邮件自己不知情，即便邮件真实，亦无法证明双方就福利费有过协商同意在职工作一年或两年方可领取的事实。其次，公司的主张已过一年的仲裁时效。

裁判结果：

关于仲裁时效是否已过。双方签订的劳动合同于 2017 年 8 月 11 日解除，公司于 2019 年 2 月 21 日才要求江某返还涉案款项，确已超过一年的劳动争议仲裁时效期间。

关于公司主张的“定存优惠方案”对江某是否有约束力，即使公司提供的江某发给同事的电子邮件是真实的，根据该电子邮件，也须员工另行签署承诺函，即只有在双方对涉案款项的返还条件达成合意后，方能对江某产生约束力。本案中，公司并未要求江某签署承诺函或提供双方就返还条件达成合意的其他证据。综合上述两点，对公司的请求不予支持。

律师分析：

就本案而言，其系一起典型的因公司向离职员工主张返还福利待遇而引发的纠纷。实践中，该类纠纷的争议焦点通常主要集中在对仲裁时效、福利费用的性质及返还条件的认定上。

就时效而言，由于福利待遇纠纷属于劳动争议的一种类型，因此其适用劳动争议仲裁时效的一般规定。《中华人民共和国劳动争议调解仲裁法》（以下简称《劳动争议调解仲裁法》）第 27 条规定，劳动争议申请仲裁的时效期间为一年，仲裁时效期间从当事人知道或者应当知道其权利被侵害之日起计算。具体到本案，鉴于双方于 2017 年 8 月 11 日解除劳动关系，公司从该日就应当知道自己的权利遭受损害，故法院认定本案劳动仲裁的一年时效应从该日起算，公司于 2019 年 2 月 21 日才向江某主张权利，要求返还案涉款项，显然已过仲裁时效。

就福利待遇的性质和返还条件，法院会重点审查企业有无通过合法有效的规章制度或者双方协议等方式加以明确。聚焦到本案，由于公司提供的电子邮件中载明“定存优惠方案”须员工另行签署承诺函，方能对双方产生约束力，而公司并未要求江某签署承诺函或提供双方就返还条件达成合意的其他证据。因此，法院认定公司无法证明其已经和江某约定好以工作年限作为存款取得的条件。

合规建议：

对企业而言，为了避免引发相关福利待遇争议，首先，其在福利待遇领取和返还的条件、方式及期限设定上应当尽可能规范。常见的诸如工作绩效、岗位职级等福利待遇领取条件，以及违反服务期约定的返还条件、方式及期限应当足够明晰，具有可操作性。其次，由于福利待遇纠纷属于劳动争议纠纷的一类，企业在要求员工返还福利待遇时，应当注意一年的仲裁时效。关于此类时效的起算点，如果双方对福利待遇返还的期限有约定的，则从约定的期限届满之日起算；如果没有约定的，一般从员工离职之日等企业应当知道权利遭受损害之日起算。

第九章 “三期”女职工与工伤员工管理

作为就业市场中的弱势群体，“三期”女职工与工伤员工目前均受到法律的特别保护。这种保护涉及劳动条件、福利待遇、休息休假、解雇限制等各个方面。因此，企业在管理“三期”女职工和工伤员工时，须依法严格保障其权益，否则极易引发劳动纠纷。

第一节 “三期”女职工管理

“三期”女职工，主要是指处于孕期、产期及哺乳期的女性职工。考虑到在此期间，其生理的特殊性，包括《劳动法》《劳动合同法》《中华人民共和国妇女权益保障法》《女职工劳动保护特别规定》等在内的法律法规均对其权益保护有特殊规定。实践中，这种保护主要体现在三个方面，分别是劳动强度及工时保护、假期及其生育津贴保障、劳动关系解除与终止限制。

一、劳动强度及工时保护

1. 孕期的劳动强度及工时保护

《劳动法》第 61 条规定：“不得安排女职工在怀孕期间从事国家规定的第三级体力劳动强度的劳动和孕期禁忌从事的劳动。对怀孕七个月以上的女职工，不得安排其延长工作时间和夜班劳动。”

《女职工劳动保护特别规定》第 6 条第 1 款和第 2 款规定：“女职工在孕期不能适应原劳动的，用人单位应根据医疗机构的证明，予以减轻劳动量或者安排其他能够适应的劳动。”“对怀孕 7 个月以上的女职工，用人单位不得延长劳动时间或者安排夜班劳动，并应当在劳动时间内安排一定的休息时间。”

2. 哺乳期的劳动强度及工时保护

《劳动法》第 63 条规定："不得安排女职工在哺乳未满一周岁的婴儿期间从事国家规定的第三级体力劳动强度的劳动和哺乳期禁忌从事的其他劳动，不得安排其延长工作时间和夜班劳动。"

综上，对于"三期"女职工，用人单位须严格遵守法律法规对工作强度、时长的规定。否则，依据《劳动法》第 95 条、《女职工劳动保护特别规定》第 13 条的规定，县级以上人民政府人力资源社会保障行政部门有权责令限期改正，并按照受侵害女职工每人 1000 元以上 5000 元以下的标准计算，处以罚款。

二、假期及其生育津贴保障

1. 假期

（1）产检假

产检假是指女职工因产检可以享受的假期。《女职工劳动保护特别规定》第 6 条第 3 款规定，怀孕女职工在劳动时间内进行产前检查，所需时间计入劳动时间。同时，不少地方对产检假也有相关规定。例如，《上海市女职工劳动保护办法》第 13 条规定，女职工妊娠期间在医疗保健机构约定的劳动时间内进行产前检查（包括妊娠十二周内的初查），应算作劳动时间。实践中，关于产检假的具体天数及时长，法律并无明文规定，其需要根据相关医疗规范，并结合女职工的身体情况确定。

（2）产前假

产前假是指女职工产前可以享受的假期。目前该假期并非全国各地均有设置，主要依据各地方性规定。例如，《上海市女职工劳动保护办法》第 12 条规定，女职工妊娠七个月以上（按二十八周计算），应给予每天工间休息一小时，不得安排夜班劳动。如工作许可，经本人申请，单位批准，可请产前假两个半月。

（3）产假及生育奖励假

产假是"三期"女职工有权享受的一种重要假期。《女职工劳动保护特别规定》第 7 条规定，女职工生育享受 98 天产假，其中产前可以休假 15 天；难产的，应增加产假 15 天；生育多胞胎的，每多生育 1 个婴儿，增加产假 15 天。女职工怀孕未满 4 个月流产的，享受 15 天产假；怀孕满 4 个月流产的，享受 42 天产假。

在上述基础上，针对符合法律法规生育的女职工，目前各地还规定了相应的生育奖励假，与产假一起使用。因此，目前各地女职工实际所能享受的产假远超过 98 天。例如，根据《上海市计划生育奖励与补助若干规定》，对于身处上海且符合法律法规生育的夫妻，女职工除享受国家规定的产假外，还可以再享受生育假 60 天。

（4）哺乳假

关于哺乳假，其与产前假类似，目前并非全国各地均有设置，主要依据各地方性规定。例如，《江苏省女职工劳动保护特别规定》第 17 条规定，经本人申请，用人单位批准，女职工可以休不超过 6 个月的哺乳假，待遇不得低于当地最低工资标准的 80%，超过 6 个月的，待遇由双方协商确定。《上海市女职工劳动保护办法》第 16 条规定，女职工生育后，若有困难且工作许可，由本人提出申请，经单位批准，可请哺乳假六个半月。第 18 条规定，哺乳假期间的工资按照本人原工资的百分之八十发给。

实践中，企业需要注意哺乳假与哺乳时间的区别。关于哺乳时间，《女职工劳动保护特别规定》第 9 条第 2 款规定，用人单位应当在每天的劳动时间内为哺乳期女职工安排 1 小时哺乳时间；女职工生育多胞胎的，每多哺乳 1 个婴儿，每天增加 1 小时哺乳时间。实践中，在哺乳时间内，企业需要全额发放工资。

2. 生育津贴保障

生育津贴属于生育保险待遇的重要内容，女职工在产假期间依法有权享受。《女职工劳动保护特别规定》第 8 条规定，女职工产假期间的生育津贴，对已经参加生育保险的，按照用人单位上年度职工月平均工资的标准由生育保险基金支付；对未参加生育保险的，按照女职工产假前工资的标准由用人单位支付。

但对于各地自行设置的生育奖励假，目前其生育津贴的支付主体，无论国家层面还是地区层面并无统一标准，企业和生育保险基金均有之。

实践中，还需要注意的是，为了尽可能保障高收入的女职工不因为生育而减少收入，不少地区规定生育津贴低于职工原工资标准的，差额部分由用人单位补足。

合规实务要点38：企业应当如何规范处理女职工产假期间岗位调整事宜

典型案例 1:〔2021〕沪 0110 民初 19378 号

吕某为某公司员工，职务为采购经理。在产假结束返岗后，由于其岗位被他人替代，公司明确要求其调岗，并言明工资随岗位变动会下降。后双方因调岗问题沟通未果，公司于 2021 年 5 月 20 日辞退了吕某。吕某对此不服，先后提起仲裁和诉讼，要求公司支付违法解除赔偿金。公司辩称：因采购经理职位系一人一岗，吕某请休产假期间，公司不得不特意另行安排他人从事该职务，现吕某返岗后要求回到原岗，于情于理都难以操作，且吕某拒绝新工作，不服从管理，公司因此解除劳动合同，合法合理，无须支付赔偿金。

裁判结果：

公司强行要求调岗、擅自降薪的行为实属不当，2021 年 3 月 25 日后扣减的工资应当补足。相应地，其解除劳动合同的理由不成立，属违法解除，应支付赔偿金。

典型案例 2:〔2019〕沪 0109 民初 8666 号

袁某为某邮轮公司员工，担任大客户经理职务。2017 年 10 月 9 日，袁某产假后重返公司工作。但由于原岗位已安排其他人员接替，公司遂安排袁某担任中小客户销售经理，对接客户由大旅行社变更为中小旅行社。除此之外，袁某的工作时间、地点、工资均未发生变化。但对于该工作岗位调整，袁某始终不同意并坚持要求重返原岗位。最终，在双方对工作岗位调整无法协商一致，袁某多次拒绝新工作安排的情况下，公司解除了与袁某的劳动关系。袁某对公司的解除行为不服，先后提起仲裁和诉讼，要求公司恢复劳动关系并支付在此期间的工资待遇。

裁判结果：

公司对袁某的调岗具有合理性，袁某拒绝服从公司的合理安排，扰乱了公司的经营自主管理。在这种情形下，公司多次告知提醒，袁某仍拒绝服从，袁某的行为已属于严重违反劳动纪律，公司在这种情况下通知其解除劳动合同于法有依据。

律师分析：

实践中，考虑到产假较长，为了保证工作的正常安排，多数企业会寻找他人顶替“三期”女职工的岗位。于是，这便会产生新的问题，即“三期”女职工产假结束之后返岗，该如何对其进行岗位安排。企业如果在这块操作不当，很容易引发争议。

就上述两则案例而言，公司与“三期”女职工之所以发生劳动纠纷，主要原因在于双方无法对新岗位的安排达成一致意见。虽然两家公司最终均以劳动者不服从工作安排为由与“三期”女职工解除了劳动关系，最终的裁判结果却大相径庭。第一则案例中，法院判定公司属于违法解除；第二则案例中，法院则判定属于合法解除。而之所以出现不同的判决结果，是因为公司重新安排工作的方式方法不同。相比于第二则案例，在第一则案例中，由于公司对女职工的岗位类型、薪资水准调整较大，对女职工非常不利，法院最终判定其不具有合理性，女职工拒绝服从安排有正当理由。

合规建议：

实践中，“三期”女职工产假结束后返岗的，如果其原岗位已被他人替代，且恢复难度较大，用人单位应当在岗位内容、薪资待遇变化不大的基础上尽量就岗位调整事宜与员工协商达成一致意见，避免相关争议。另外，如果条件允许，针女职工休产假的，笔者建议用人单位优先对“三期”女职工所在的岗位安排临时性顶岗，如此一来，既能解决岗位的用人需要，也省去了后续烦琐的调岗安排。

三、劳动关系解除与终止限制

为了保护“三期”女职工的就业权利，防止用人单位随意解除或者终止与其之间的劳动关系，目前《劳动合同法》对“三期”女职工劳动关系的解除和终止有着特殊的限制性规定。

1. 劳动合同解除的限制

根据《劳动合同法》第 42 条的规定，女职工在孕期、产期、哺乳期的，用人单位不得依据《劳动合同法》第 40 条（无过失性辞退）和第 41 条（经济性裁员）的规定解除劳动合同。

但需要注意的是，如果“三期”女职工出现下列情形，企业依然有权依据《劳动合同法》第39条的规定解除劳动合同：在试用期间被证明不符合录用条件的；严重违反用人单位的规章制度的；严重失职，营私舞弊，给用人单位造成重大损害的；劳动者同时与其他用人单位建立劳动关系，对完成本单位的工作任务造成严重影响，或者经用人单位提出，拒不改正的；因《劳动合同法》第26条第1款第1项规定的情形致使劳动合同无效的；被依法追究刑事责任的。

2. 劳动合同终止的限制

根据《劳动合同法》第45条的规定，劳动合同期满，女职工在孕期、产期和哺乳期的，劳动合同应当续延至“三期”届满时终止。据此，实践中，企业需要严格遵守该规定，不得随意以劳动合同期满为由终止与“三期”女职工的劳动关系，否则就属于违法终止。

第二节　工伤员工管理

工伤，主要是指劳动者在从事职业活动或者与职业责任有关的活动时所遭受的事故伤害和职业病伤害。对于该类伤害，目前我国施行工伤保险赔付制度，与之相关的法律规定主要是《工伤保险条例》。该条例对工伤保险缴纳、工伤认定、停工留薪期确定等事项均进行了详细规定。

一、工伤保险缴纳

1. 缴纳的义务主体及计取基数

作为分担企业工伤赔付风险的工具，工伤保险是我国社会保险的重要组成部分，其与养老保险、医疗保险、失业保险及生育保险共同组成了大家所熟知的“五险”。根据规定，工伤保险费用主要由用人单位承担缴纳义务，劳动者并不承担，计取基数主要为用人单位职工工资总额。

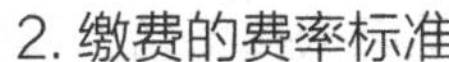

2. 缴费的费率标准

《工伤保险条例》第 8 条规定：“工伤保险费根据以支定收、收支平衡的原则，确定费率。国家根据不同行业的工伤风险程度确定行业的差别费率，并根据工伤保险费使用、工伤发生率等情况在每个行业内确定若干费率档次。行业差别费率及行业内费率档次由国务院社会保险行政部门制定，报国务院批准后公布施行。统筹地区经办机构根据用人单位工伤保险费使用、工伤发生率等情况，适用所属行业内相应的费率档次确定单位缴费费率。”据此，具体到每一家企业，其承担的工伤保险缴费费率每年可能都会有所变动。

3. 未依法缴纳工伤保险的法律后果

《工伤保险条例》第 62 条规定：“用人单位依照本条例规定应当参加工伤保险而未参加的，由社会保险行政部门责令限期参加，补缴应当缴纳的工伤保险费，并自欠缴之日起，按日加收万分之五的滞纳金；逾期仍不缴纳的，处欠缴数额 1 倍以上 3 倍以下的罚款。依照本条例规定应当参加工伤保险而未参加工伤保险的用人单位职工发生工伤的，由该用人单位按照本条例规定的工伤保险待遇项目和标准支付费用。用人单位参加工伤保险并补缴应当缴纳的工伤保险费、滞纳金后，由工伤保险基金和用人单位依照本条例的规定支付新发生的费用。”

➲ 合规实务要点 39：商业意外险能否转移工伤赔付风险

典型案例：〔2021〕粤 0607 民初 1924 号

甘某作为个体工商户，开办有某配件经营部，杨某为该经营部员工。2019 年 7 月 21 日，杨某根据甘某指示到第三方维修叉车，在维修过程中被叉车的铲斗压伤。事后，当地劳动行政部门认定此次事故伤害为工伤。后由于双方对工伤保险待遇赔付存在争议，杨某遂提起了仲裁和诉讼。诉讼中，甘某辩称，其为杨某购买了意外保险并支付了保险费，杨某及其家属报销了相关费用，已报销或可报销部分应在赔偿款中扣减。

裁判结果：

商业意外险与工伤保险的性质不同，虽然商业意外险由甘某出资，但只能视为其给予杨某的员工福利，因此通过商业意外险获得的赔偿不能抵扣工伤保险赔付待遇。

律师分析：

《工伤保险条例》第2条规定："中华人民共和国境内的企业、事业单位、社会团体、民办非企业单位、基金会、律师事务所、会计师事务所等组织和有雇工的个体工商户（以下称用人单位）应当依照本条例规定参加工伤保险，为本单位全部职工或者雇工（以下称职工）缴纳工伤保险费。中华人民共和国境内的企业、事业单位、社会团体、民办非企业单位、基金会、律师事务所、会计师事务所等组织的职工和个体工商户的雇工，均有依照本条例的规定享受工伤保险待遇的权利。"

据此，包括个体工商户在内的上述各类用工单位均属于工伤保险缴纳的义务主体。

但实践中，出于用工成本的考虑，不少用人单位可能会选择不给员工缴纳包括工伤保险在内的社会保险，而是试图通过为员工购买商业意外险，转移潜在的工伤赔付风险。但从司法实践来看，法院一般认为商业意外险并不能等同于工伤保险，其仅属于用人单位给员工的一项福利，无法转移其工伤待遇赔付责任。就本案而言，法院基于这一理由，未支持甘某关于在工伤待遇赔付款项中扣减商业意外险保险赔付款的主张。

合规建议：

用人单位应依法为员工足额缴纳工伤保险，不应当尝试通过为员工购买商业意外险的方式转移工伤赔付风险。实践中，如果用人单位只为员工购买了商业意外险而没有缴纳工伤保险，受伤员工在通过商业意外险获赔后，仍可依照法定标准向用人单位主张工伤赔付待遇。

二、工伤认定

工伤认定，主要是指劳动行政部门依据法律的授权对劳动者所受伤害是否属于工伤或者视同工伤给予定性的行政确认行为，其是劳动者享受工伤赔付待遇的前置程序，同时也是工伤救济的核心程序。实践中，企业可以从工伤认定的情形、工伤认定的申请和工伤认定的审查与作出等方面加以把握。

1. 工伤认定的情形

关于工伤认定的情形，在无过错的归责原则之下，我国《工伤保险条例》采用了列举的方式，规定了“应当认定工伤”“视同工伤”“不得认定工伤”三种情形。实践中，这三种情形是指导实务部门进行工伤认定的重要依据。

（1）应当认定工伤的情形

《工伤保险条例》第14条规定，职工有下列情形之一的，应当认定为工伤：（一）在工作时间和工作场所内，因工作原因受到事故伤害的；（二）工作时间前后在工作场所内，从事与工作有关的预备性或者收尾性工作受到事故伤害的；（三）在工作时间和工作场所内，因履行工作职责受到暴力等意外伤害的；（四）患职业病的；（五）因工外出期间，由于工作原因受到伤害或者发生事故下落不明的；（六）在上下班途中，受到非本人主要责任的交通事故或者城市轨道交通、客运轮渡、火车事故伤害的；（七）法律、行政法规规定应当认定为工伤的其他情形。

据此，在一般情况下，工伤事故的认定主要围绕“工作时间”“工作场所”“工作原因”三大要素进行。实践中，为了方便行政机关及司法机关对上述三大要素加以准确判定，最高人民法院曾专门出台了司法解释《最高人民法院关于审理工伤保险行政案件若干问题的规定》（以下简称“规定”）对上述第14条进行了详细阐述。

该规定第4条规定：“社会保险行政部门认定下列情形为工伤的，人民法院应予支持：（一）职工在工作时间和工作场所内受到伤害，用人单位或者社会保险行政部门没有证据证明是非工作原因导致的；（二）职工参加用人单位组织或者受用人单位指派参加其他单位组织的活动受到伤害的；（三）在工作时间内，职工来往于多个与其工作职责相关的工作场所之间的合理区域因工受到伤害的；（四）其他与履行工作职责相关，在工作时间及合理区域内受到伤害的。”

该规定第5条规定：“社会保险行政部门认定下列情形为‘因工外出期间’的，人民法院应予支持：（一）职工受用人单位指派或者因工作需要在工作场所以外从事与工作职责有关的活动期间；（二）职工受用人单位指派外出学习或者开会期间；（三）职工因工作需要的其他外出活动期间。职工因工外出期间从事与工作或者受用人单位指派外出学习、开会无关的个人活动受到伤害，社会保险行政部门不认定为工伤的，人民法院应予支持。

该规定第6条规定：“对社会保险行政部门认定下列情形为‘上下班途中’的，

人民法院应予支持：（一）在合理时间内往返于工作地与住所地、经常居住地、单位宿舍的合理路线的上下班途中；（二）在合理时间内往返于工作地与配偶、父母、子女居住地的合理路线的上下班途中；（三）从事属于日常工作生活所需要的活动，且在合理时间和合理路线的上下班途中；（四）在合理时间内其他合理路线的上下班途中。”

（2）视同工伤的情形

《工伤保险条例》第 15 条规定：“职工有下列情形之一的，视同工伤：（一）在工作时间和工作岗位，突发疾病死亡或者在 48 小时之内经抢救无效死亡的；（二）在抢险救灾等维护国家利益、公共利益活动中受到伤害的；（三）职工原在军队服役，因战、因公负伤致残，已取得革命伤残军人证，到用人单位后旧伤复发的。职工有前款第（一）项、第（二）项情形的，按照本条例的有关规定享受工伤保险待遇；职工有前款第（三）项情形的，按照本条例的有关规定享受除一次性伤残补助金以外的工伤保险待遇。”

（3）不得认定工伤的情形

《工伤保险条例》第 16 条规定：“职工符合本条例第十四条、第十五条的规定，但是有下列情形之一的，不得认定为工伤或者视同工伤：（一）故意犯罪的；（二）醉酒或者吸毒的；（三）自残或者自杀的。”

2. 工伤认定的申请

（1）申请的主体和时限

申请工伤认定的主体包括用人单位和劳动者两方。实践中，不同的申请主体所对应的申请工伤认定的时限存在差异。《工伤保险条例》第 17 条第 1 款规定：“职工发生事故伤害或者按照职业病防治法规定被诊断、鉴定为职业病，所在单位应当自事故伤害发生之日或者被诊断、鉴定为职业病之日起 30 日内，向统筹地区社会保险行政部门提出工伤认定申请。遇有特殊情况，经报社会保险行政部门同意，申请时限可以适当延长。”该条第 2 款规定：“用人单位未按前款规定提出工伤认定申请的，工伤职工或者其近亲属、工会组织在事故伤害发生之日或者被诊断、鉴定为职业病之日起 1 年内，可以直接向用人单位所在地统筹地区社会保险行政部门提出工伤认定申请。”

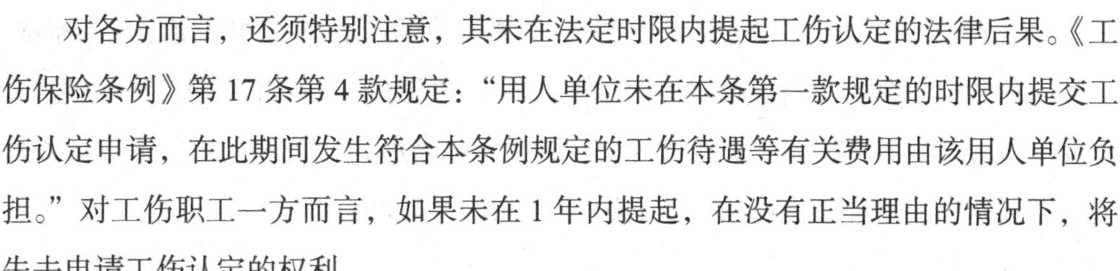

对各方而言，还须特别注意，其未在法定时限内提起工伤认定的法律后果。《工伤保险条例》第 17 条第 4 款规定：“用人单位未在本条第一款规定的时限内提交工伤认定申请，在此期间发生符合本条例规定的工伤待遇等有关费用由该用人单位负担。”对工伤职工一方而言，如果未在 1 年内提起，在没有正当理由的情况下，将失去申请工伤认定的权利。

（2）申请工伤认定所需要提交的材料

《工伤保险条例》第 18 条规定，提出工伤认定申请应当提交下列材料：工伤认定申请表；与用人单位存在劳动关系（包括事实劳动关系）的证明材料；医疗诊断证明或者职业病诊断证明书（或者职业病诊断鉴定书）。工伤认定申请表应当包括事故发生的时间、地点、原因及职工伤害程度等基本情况。

3. 工伤认定的审查与作出

实践中，劳动行政部门受理了用人单位或者其他主体的工伤认定申请后，认真核实并在法定期限内认定具体事故伤害是否属于工伤，既是其权利，又是其应尽的法律义务。

《工伤保险条例》第 19 条第 1 款规定，社会保险行政部门受理工伤认定申请后，根据审核需要可以对事故伤害进行调查核实，用人单位、职工、工会组织、医疗机构及有关部门应当予以协助。

《工伤保险条例》第 20 条规定，社会保险行政部门应当自受理工伤认定申请之日起 60 日内作出工伤认定的决定，并书面通知申请工伤认定的职工或者其近亲属和该职工所在单位。社会保险行政部门对受理的事实清楚、权利义务明确的工伤认定申请，应当在 15 日内作出工伤认定的决定。作出工伤认定决定需要以司法机关或者有关行政主管部门的结论为依据的，在司法机关或者有关行政主管部门尚未作出结论期间，作出工伤认定决定的时限中止。社会保险行政部门工作人员与工伤认定申请人有利害关系的，应当回避。

4. 对工伤认定申请不受理或认定结果不服的救济

《工伤保险条例》第 55 条规定，有下列情形之一的，有关单位或者个人可以依法申请行政复议，也可以依法向人民法院提起行政诉讼：（一）申请工伤认定的职工或者其近亲属、该职工所在单位对工伤认定申请不予受理的决定不服的；

（二）申请工伤认定的职工或者其近亲属、该职工所在单位对工伤认定结论不服的；（三）用人单位对经办机构确定的单位缴费费率不服的；（四）签订服务协议的医疗机构、辅助器具配置机构认为经办机构未履行有关协议或者规定的；（五）工伤职工或者其近亲属对经办机构核定的工伤保险待遇有异议的。

合规实务要点 40：企业应当在法定时间内为员工申请工伤认定

典型案例：〔2014〕奉民三（民）初字第 3363 号

邬某为某公司员工。2011 年 2 月 4 日，其在前往公司上班的路上不慎发生交通事故，致身体受伤。由于公司未在法定时限内申请工伤认定，2012 年 1 月 20 日邬某自行提起了工伤认定申请，该次事故最终被认定为工伤。后由于单位未及时申报工伤，前期医疗费无法获得工伤保险基金赔付，邬某遂提起仲裁，要求公司支付 2011 年 11 月 3 日至 2014 年 4 月 28 日的医药费。公司辩称，邬某未及时告知其在上班途中发生交通事故，从而导致其无法申报工伤，且邬某已经另案起诉侵权人主张医药费并获得判决支持，故无须承担医疗费。

裁判结果：

公司应支付邬某医疗费人民币 188 509.10 元。

律师分析：

根据《工伤保险条例》第 17 条第 4 款的规定，用人单位未在法定期间提交工伤认定申请，在此期间发生的符合《工伤保险条例》规定的工伤待遇等有关费用由该用人单位负担。据此，实践中，员工发生工伤事故后，用人单位未在 30 日内及时申报工伤，其前期产生的本应由工伤保险基金承担的医疗费就要由用人单位负担。

就本案而言，虽然公司提出了两点理由主张无须支付医疗费，但是法院并未认可。针对第一点理由，邬某未告知其在上班途中发生交通事故，法院认为，在邬某受伤后未继续工作的情况下，公司作为用人单位，应当履行其管理职责，主动、及时地向邬某了解未上班的原因，并做出相应的处理。因公司未尽到其管理义务，即使邬某未告知事故，相应的无法及时申报工伤的法律后果也由公司自行承担。

针对第二点理由，邬某通过另案起诉侵权人的方式已经获得包括医疗费在内的赔偿支持，法院认为，在处理工伤保险待遇纠纷案件中，如劳动者在侵权损害赔偿案件中已就相同并重复的赔偿项目按照就高原则获得足额赔偿，按照民事赔偿的填平原则，劳动者仍主张工伤保险待遇的，应不予支持。但本案中，由于侵权人无财产可供执行，邬某事实上并未在侵权损害赔偿案件中获得足额赔偿，故邬某仍可向公司主张工伤保险待遇。基于上述观点，法院最终改判了仲裁委的裁决，支持了邬某关于医疗费的请求。

合规建议：

为了防止未及时申报工伤而产生自担前期医疗费的风险，实践中，一旦员工发生工伤事故，企业应当第一时间查明情况，并自事故发生之日起30日内积极申请工伤认定。即使对于事故伤害是否属于工伤，双方存有争议，仍建议用人单位积极申请工伤认定。在申请工伤认定的过程中，用人单位可以在书面申请材料中保留自己的观点及意见。同时，围绕“工作时间”“工作场所”“工作原因”三方面因素，企业须提供充分的证据证明员工发生事故并不在工作时间、工作场所或者不是工作原因导致的，否则将承担不利举证后果。《工伤保险条例》第19条第2款规定，职工或者其近亲属认为是工伤，用人单位不认为是工伤的，由用人单位承担举证责任。

➲ 合规实务要点41：企业应积极建立员工健康档案，关注员工身体健康状况

典型案例：〔2021〕沪0115行初687号

薛某系某集装箱运输公司员工。2020年5月2日，薛某驾驶公司车辆至某处修补集装箱，当日14时，其突发心脏病当场死亡。薛某家属认为此次意外属于工伤，并据此申请了工伤认定。公司认为薛某发生意外的当天系法定节假日而非工作日，其当天修补集装箱的行为并非公司安排的工作行为，故本次意外不应认定为工伤。

裁判结果：

根据被告上海市宝山区人力资源和社会保障局（以下简称宝山人保局）提交的民事判决书、薛某病史资料、司法鉴定意见书、对相关当事人及证人制作的调查笔录、微信聊天记录等证据，可以证明薛某系根据公司指派至停车场修补集装箱，并在此过程中突发疾病死亡。故被告宝山人保局认定薛某的情形符合视同工伤条件，认定事实清楚，适用法律正确。

律师分析：

根据《工伤保险条例》第 15 条第 1 款第 1 项的规定，在工作时间和工作岗位，突发疾病死亡或者在 48 小时之内经抢救无效死亡的，视同工伤。实践中，针对此类视同工伤的情形，其争议焦点通常聚焦于对工作时间、工作岗位、突发疾病及 48 小时之内经抢救无效这些事实的认定。

对于工作时间和工作岗位，其判断的主要标准是看劳动者在这段时间内的活动内容是否符合岗位职责要求和受用人单位安排、管理及支配。其中，工作时间既包括了日常工作时间，也包括了出差时间和与工作有关的准备、收尾时间。工作岗位则不限于固定的工作地点，劳动者凡是在从事与工作职责、任务相关的活动，均应当视为在工作岗位。对于突发疾病和 48 小时之内经抢救无效死亡，实践中，其认定依据主要是医院的医学诊断证明。

就本案而言，由于薛某家属提供的微信聊天记录证据证明薛某确实是受公司安排才前往事发地修补集装箱的，因此，法院最终认定其突发疾病死亡的事实，符合视同工伤的情形。

合规建议：

为了防范员工突发疾病死亡带来的工伤赔付风险，企业应当积极建立员工健康档案管理制度。首先，企业应安排拟录用人员进行入职体检，对于一些存在健康隐患的员工，应当予以关注并妥当安排工作岗位。其次，在日常用工管理中，企业应当定期安排一些工作压力大、强度大、节奏紧张的岗位上的员工进行体检，关注员工身体健康。

三、停工留薪期确定

关于停工留薪，《工伤保险条例》第 33 条第 1 款规定，职工因工作遭受事故伤害或者患职业病需要暂停工作接受工伤医疗的，在停工留薪期内，原工资福利待遇不变，由所在单位按月支付。第 2 款规定，停工留薪期一般不超过 12 个月。伤情严重或者情况特殊，经设区的市级劳动能力鉴定委员会确认，可以适当延长，但延长不得超过 12 个月。工伤职工评定伤残等级后，停发原待遇，按照本章的有关规定享受伤残待遇。工伤职工在停工留薪期满后仍需治疗的，继续享受工伤医疗待遇。

在12个月的法定期限及延长后的24个月最长期限内，实践中，各地对停工留薪期具体天数的确定存在不同的标准，主要包括分类目录型、医疗机构出具证明型、医疗终结期鉴定型三种模式。

1. 分类目录型

分类目录模式主要是通过目录表单事先列明不同受伤部位及伤情程度所对应的具体停工期限，来解决停工留薪期天数的确定问题。目前采取这种模式确定停工留薪期的地区主要包括山西、山东、北京等。例如，《山西省工伤职工停工留薪期管理办法（试行）》第3条规定，工伤职工停工留薪期由劳动能力鉴定委员会根据《山西省工伤职工停工留薪期分类目录》与医疗机构出具的诊断证明确认。经劳动能力鉴定委员会确认的工伤职工停工留薪期应以书面形式通知工伤职工、用人单位和经办机构。《山东省工伤职工停工留薪期管理办法》第3条规定，工伤职工应及时将工伤医疗服务机构出具的诊断证明报送给所在单位，申请停工留薪。用人单位应当根据协议医疗机构出具的诊断证明，按照《山东省工伤职工停工留薪期分类目录》，确定其停工留薪期限，并书面通知工伤职工本人。

2. 医疗机构出具证明型

目前将医疗机构出具的诊断或休假证明作为确定停工留薪期主要依据的地区主要包括江苏、上海、浙江等。例如，《江苏省实施〈工伤保险条例〉办法》第25条规定，工伤职工的停工留薪期应当凭职工就诊的签订服务协议的医疗机构，或者签订服务协议的工伤康复机构出具的休假证明确定。停工留薪期超过12个月的，需经设区的市劳动能力鉴定委员会确认。设区的市劳动能力鉴定委员会确认的停工留薪期结论为最终结论。《上海市工伤保险实施办法》第37条第2款规定，停工留薪期一般不超过12个月，具体期限根据定点医疗机构出具的伤病情诊断意见确定。伤情严重或者情况特殊，经鉴定委员会确认，可以适当延长，但延长不得超过12个月。工伤人员评定伤残等级后，停发原待遇，按照本办法的有关规定享受伤残待遇。工伤人员停工留薪期满后仍需治疗的，继续享受工伤医疗待遇。

3. 医疗终结期鉴定型

目前将医疗终结期作为确定停工留薪期主要依据的地区，最为典型的是广东省。例如，《广东省工伤保险条例》第25条第1款规定，职工因工伤需要暂停工作接受工伤医疗的，在停工留薪期内，原工资福利待遇不变，由所在单位按月支付。停工留薪期根据医疗终结期确定，由劳动能力鉴定委员会确认，最长不超过二十四个月。

四、劳动能力鉴定

劳动能力鉴定主要是指工伤职工伤情稳定后，经用人单位、工伤职工或其近亲属提出申请，由劳动能力鉴定机构根据劳动者的伤、病情况进行劳动功能障碍程度和生活自理障碍程度鉴定并据此做出技术性结论的活动。劳动能力的鉴定结论是工伤保险待遇给付的重要依据。

1. 劳动能力鉴定的类型及标准

《工伤保险条例》第22条规定，劳动能力鉴定是指劳动功能障碍程度和生活自理障碍程度的等级鉴定。劳动功能障碍分为十个伤残等级，最重的为一级，最轻的为十级。生活自理障碍分为三个等级：生活完全不能自理、生活大部分不能自理和生活部分不能自理。劳动能力鉴定标准由国务院社会保险行政部门会同国务院卫生行政部门等部门制定。目前，劳动能力鉴定所依据的具体标准是《劳动能力鉴定　职工工伤与职业病致残等级》（GB/T16180—2014）。

2. 劳动能力鉴定程序

（1）提起鉴定申请的主体

《工伤保险条例》第23条规定，劳动能力鉴定由用人单位、工伤职工或者其近亲属向设区的市级劳动能力鉴定委员会提出申请，并提供工伤认定决定和职工工伤医疗的有关资料。

（2）鉴定结论做出的时间

《工伤保险条例》第25条第2款规定："设区的市级劳动能力鉴定委员会应当

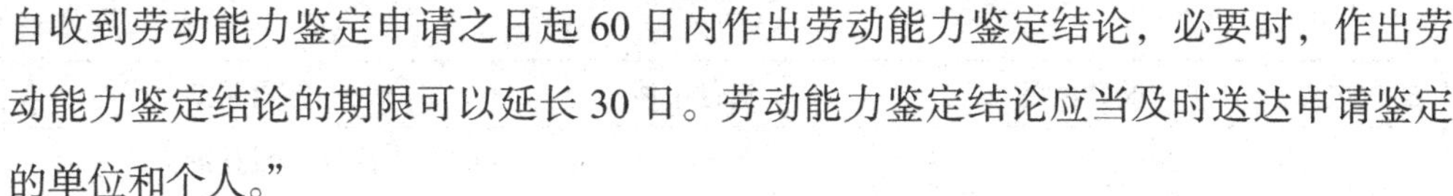

自收到劳动能力鉴定申请之日起60日内作出劳动能力鉴定结论，必要时，作出劳动能力鉴定结论的期限可以延长30日。劳动能力鉴定结论应当及时送达申请鉴定的单位和个人。”

（3）对鉴定结论不服的救济

《工伤保险条例》第26条规定：“申请鉴定的单位或者个人对设区的市级劳动能力鉴定委员会作出的鉴定结论不服的，可以在收到该鉴定结论之日起15日内向省、自治区、直辖市劳动能力鉴定委员会提出再次鉴定申请。省、自治区、直辖市劳动能力鉴定委员会作出的劳动能力鉴定结论为最终结论。”

（4）劳动能力的复查鉴定

《工伤保险条例》第28条规定：“自劳动能力鉴定结论作出之日起1年后，工伤职工或者其近亲属、所在单位或者经办机构认为伤残情况发生变化的，可以申请劳动能力复查鉴定。”

五、工伤保险待遇

工伤保险待遇，主要是指工伤职工、工亡职工近亲属依法可以享受的赔偿项目。依据《工伤保险条例》的规定，工伤保险待遇的赔偿项目主要包括医疗康复待遇、辅助器具费、伤残待遇、工亡待遇、停工留薪待遇、劳动关系解除或终止时的一次性医疗和就业补助等内容。针对上述赔付项目，基于不同类别，根据规定，工伤保险基金和用人单位须分别承担相应的赔付责任，具体如表9-1所示。

表9-1 工伤保险待遇支付明细

支付主体	赔偿项目	支付条件	待遇明细
工伤保险基金	医疗康复待遇	职工被依法认定为工伤	（1）治疗费用 （2）住院伙食补助费 （3）转外地治疗的交通、食宿费 （4）康复费用
	辅助器具费	工伤职工因日常生活或者就业需要，经劳动能力鉴定委员会确认	安装假肢、矫形器、假眼、假牙和配置轮椅等辅助器具，所需费用按照国家规定的标准从工伤保险基金支付

（续表）

支付主体	赔偿项目	支付条件	待遇明细
工伤保险基金	伤残待遇	经劳动能力鉴定委员会鉴定，职工因工致残	（1）一次性伤残补助金（一级至十级伤残） （2）伤残津贴（一级至四级伤残） （3）一次性工伤医疗补助金（一级至十级伤残） （4）生活护理费（构成护理依赖）
	工亡待遇	职工因工死亡	（1）丧葬补助金 （2）供养亲属抚恤金 （3）一次性工亡补助金
用人单位	停工留薪期内待遇	职工在停工留薪期内	（1）原工资福利待遇不变 （2）生活不能自理的工伤职工由所在单位负责护理
	五级、六级伤残职工的伤残津贴	职工经劳动能力鉴定委员会鉴定为五级、六级伤残，用人单位难以安排工作	五级伤残为职工工资的 70%，六级伤残为职工工资的 60%
	一次性伤残就业补助金	企业与五级至十级伤残职工终止或解除劳动合同时	用人单位与五级至十级伤残职工解除或终止劳动关系时，向该职工支付一次性伤残就业补助金

合规实务要点 42：超出诊疗报销目录的 工伤医疗费用如何负担

典型案例：〔2020〕沪 02 民终 1994 号

某公司因其职工杨某遭受工伤事故，在前期医治过程中垫付了大量医疗费，其中 109 035.17 元医疗费由于超出工伤保险赔付目录范围，工伤保险基金并未予以支付。围绕该部分医疗费究竟应由何方承担，双方产生争议。杨某认为应当由公司承担，公司认为该部分医疗费超出了工伤保险赔付目录范围，应由员工自行承担。

裁判结果：

杨某无须返还公司于 2018 年 2 月 26 日至 2018 年 6 月 25 日期间垫付的医疗费 109 035.17 元。

律师分析：

《工伤保险条例》第30条第3款规定，治疗工伤所需费用符合工伤保险诊疗项目目录、工伤保险药品目录、工伤保险住院服务标准的，从工伤保险基金支付。据此，对于超出上述三项目录及标准的工伤医疗费用，除非特殊情况下经医疗机构出具证明，社保机构审核同意，否则难以从工伤保险基金中得到赔付。但实践中，由于当事人病情、治疗方式的不可预见性和不可控制性，治疗费用又难免会超出工伤保险赔付范围。针对该部分超出的治疗费用，由于当前法律并无明确规定由谁承担，因此经常发生争议。对此，不同法院有不同观点。

但从实践来看，目前多数法院认为即使超出了工伤保险赔付范围，但只要该部分治疗费用是合理的且必要的，基于企业应当承担的用工主体责任，该部分费用依然应当由其承担。就本案而言，法院认为公司虽未签字同意采取相应治疗措施，但未对此提出异议，亦无证据证明上述费用的发生系明显超出诊疗必要限度所致，故公司仍应当承担因治疗工伤所产生的工伤保险无法赔付的医疗费用。

合规建议：

考虑到企业可能会面临承担工伤保险赔付范围外的治疗费用风险，因此企业应积极介入职工的工伤治疗，及时向医院告知职工治疗属于工伤治疗，同时积极与职工、医生协商在工伤保险赔付目录范围内确定治疗方案。

➲ 合规实务要点43：工伤赔付协议的效力认定

典型案例：〔2021〕湘0104民初3811号

某建筑公司职工袁某在2019年3月所受的伤害被认定为工伤。2019年9月12日，公司与袁某签订了一份《解除劳动关系及工伤赔偿协议》。根据该协议，公司须在本协议签订后7个工作日内一次性向袁某支付劳动关系解除及工伤待遇相关款项30 000元。协议签订后，公司依约支付了上述赔偿款。

2019年10月10日，袁某的伤情经鉴定被认定构成九级伤残。后袁某以案涉《解除劳动关系及工伤赔偿协议》系在劳动能力鉴定结果之前签署，且赔偿数额明显低于法定标准为由提起劳动仲裁，要求公司按照法定标准支付工伤保险待遇。

裁判结果：

公司应依照法定标准向袁某足额支付工伤保险待遇。

律师分析：

《最高人民法院关于审理劳动争议案件适用法律问题的解释（一）》第35条规定："劳动者与用人单位就解除或者终止劳动合同办理相关手续、支付工资报酬、加班费、经济补偿或者赔偿金等达成的协议，不违反法律、行政法规的强制性规定，且不存在欺诈、胁迫或者乘人之危情形的，应当认定有效。前款协议存在重大误解或者显失公平情形，当事人请求撤销的，人民法院应予支持。"据此，针对用人单位与受伤职工私下签订的工伤赔付协议，如果不存在欺诈、胁迫或者乘人之危，也不存在重大误解或显失公平，实践中，一般该类协议的效力法院会予以支持。

但需要注意的是，在签署工伤赔付协议时，如果劳动能力鉴定结论未做出，在这种情况下，劳动者基于对伤残等级的错误认识签署了协议，最终导致实际获得的赔偿金额与法定赔付标准悬殊，则签订的该类协议就存在重大误解或者显失公平。劳动者有权要求撤销该协议，并要求用人单位按照法定标准给予赔付。

就本案而言，法院认为，因案涉《解除劳动关系及工伤赔偿协议》系袁某伤残等级认定前签订，协议签订时袁某并未知晓其实际伤情，且协议约定的赔偿金额与袁某按照法定标准应得的金额存在明显差距，存在显失公平的情形，故公司仍应向袁某支付一次性伤残补助金、一次性工伤医疗补助金、一次性伤残就业补助金、停工留薪期工资等的差额。

合规建议：

实践中，员工一旦发生工伤事故，用人单位应当及时为其申请工伤认定及劳动能力鉴定，并按照工伤待遇的申领流程确保员工按照法定标准享受工伤待遇。在用人单位决定与劳动者签订工伤赔付协议的情况下，为保证协议的效力，避免产生争议，用人单位应当尽可能在工伤认定及劳动能力鉴定结果已出、法定工伤待遇赔付标准清晰的基础上与劳动者签订工伤赔付协议，确保最终赔付的金额对双方公平合理。

六、劳动关系解除与终止限制

针对工伤职工，《劳动合同法》《工伤保险条例》对劳动关系的解除与终止均有

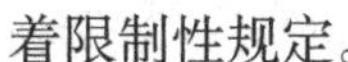

着限制性规定。

1. 劳动关系解除与终止的限制

根据《劳动合同法》第 42 条的规定，从事接触职业病危害作业的劳动者未进行离岗前职业健康检查，或者疑似职业病病人在诊断或者医学观察期间的，在本单位患职业病或者因工负伤并被确认丧失或者部分丧失劳动能力的，用人单位不得依照《劳动合同法》第 40 条（无过失性辞退）和第 41 条（经济性裁员）的规定解除劳动合同。

《劳动合同法》第 45 条规定：“劳动合同期满，有本法第四十二条规定情形之一的，劳动合同应当续延至相应的情形消失时终止。但是，本法第四十二条第二项规定丧失或者部分丧失劳动能力劳动者的劳动合同的终止，按照国家有关工伤保险的规定执行。”

2. 劳动关系的长久保留

根据《工伤保险条例》第 35 条的规定，职工因工致残被鉴定为一级至四级伤残的，保留劳动关系，退出工作岗位。根据《工伤保险条例》第 36 条的规定，职工因工致残被鉴定为五级、六级伤残的，保留与用人单位的劳动关系，由用人单位安排适当工作。难以安排工作的，由用人单位按月发给伤残津贴。

第十章 劳动合同变更、解除与终止

在用工管理过程中，由于自身经营状况发生变化、劳动者无法胜任工作等原因，企业对劳动合同的变更、解除与终止有着现实的需求。但由于其涉及员工的切身利益，因此《劳动合同法》对劳动合同变更、解除与终止的条件及经济补偿有着严格的规定。实践中，企业操作稍有不当，很容易就会引发纠纷。因此，企业在变更、解除与终止劳动合同时，必须严格遵循法律规定。

第一节　劳动合同变更

在劳动合同履行过程中，为了适应新情况，企业对劳动合同的变更有着现实的需求。实践中，变更的内容通常会涉及工作岗位、工作地点、薪资待遇等。依据变更的方式是否需要协商一致，劳动合同变更主要分为协商一致变更和企业单方变更两种方式。

一、协商一致变更

1. 书面协商变更

《劳动合同法》第 35 条规定，用人单位与劳动者协商一致，可以变更劳动合同约定的内容。变更劳动合同，应当采用书面形式。据此，就劳动合同的变更而言，《劳动合同法》确立的基本原则是书面协商一致。实践中，为了保证规范性，在协商时，企业应当保留充分的书面证据，证明其与员工已经就劳动合同内容的变更达成一致。实践中，最常见的证据材料便是双方达成的书面协议。

2. 口头协商变更

实践中，由于操作不规范，不少企业与员工协商变更劳动合同内容会采取口头协商的方式。针对这一方式的效力，《最高人民法院关于审理劳动争议案件适用法律问题的解释（一）》（以下简称《解释（一）》）第 43 条规定，用人单位与劳动者协商一致变更劳动合同，虽未采用书面形式，但已经实际履行了口头变更的劳动合同超过一个月，变更后的劳动合同内容不违反法律、行政法规且不违背公序良俗，当事人以未采用书面形式为由主张劳动合同变更无效的，人民法院不予支持。据此，以口头协商的方式变更劳动合同内容的，其只要符合上述条件要求，法院也认可其效力。但企业须注意的是，如果操作不当，此类协商方式很容易引发争议。

➲ 合规实务要点 44：企业采取口头协商方式变更劳动合同应当注意哪些问题

典型案例：〔2022〕京 03 民终 5272 号

李某为某公司员工，每月工资 22 000 元。2019 年 12 月 1 日起，公司将李某每月的工资降至 13 600 元。对于此次降薪结果，李某并不认可，其先后多次通过邮件向公司领导提出异议，但公司均未回复。最终，李某以公司未足额支付 2019 年 12 月 1 日至 2020 年 7 月 31 日的工资为由，于 2020 年 7 月 31 日离职。离职后，李某先后提起仲裁和诉讼，要求公司支付拖欠的工资及被迫离职的经济补偿。

公司认为此次降薪经过了宣讲会及内网公示的合法程序，职级薪酬调整前后亦与李某进行了充分协商，调整后的薪资已经履行了八个月，应当视为双方已就薪酬调整达成合意。

裁判结果：

结合李某在收到邮件后提出了异议这一情形，公司并未提交充分有效证据证明其曾就工资标准调整事宜与李某进行协商或达成一致意思表示。综上，公司应当支付李某 2019 年 12 月 1 日至 2020 年 7 月 31 日期间工资差额 67 200 元。

律师分析：

根据《解释（一）》第 43 条规定，以口头协商的方式变更劳动合同内容的，其协商变更的效力主要取决于三点：一是经口头协商变更劳动合同是否达成一致；二是是否实际履行口头变更的劳动合同超过了一个月；三是变更的内容是否违反法律法规以及公序良俗。对于这三点，实践中，最容易引发争议的是第一点，即经口头协商变更劳动合同达成一致的认定。对此，首先，法院通常会审查企业与劳动者有无进行口头协商，即企业有无将相关的变更内容向劳动者进行详细告知和说明。

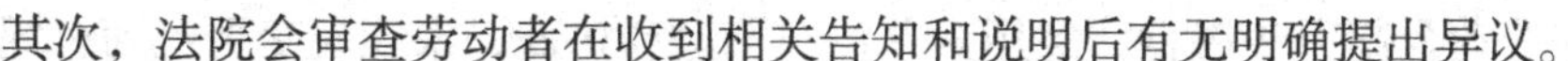

其次，法院会审查劳动者在收到相关告知和说明后有无明确提出异议。

就本案而言，公司之所以败诉，最主要的原因就在于李某对公司的薪资变更决定已经多次提出了异议，在这种情况下，法院认为双方并未就薪资变更达成一致意见。

合规建议：

企业如果计划与员工协商变更劳动合同内容，建议优先通过签订书面协议的方式与员工达成一致的意思表示。对于采取口头协商方式的，首先，企业需要注意保留好与员工口头协商一致的证据。如果涉及众多员工，应注意保留好员工参与民主协商讨论会的参会记录；如果针对员工个人，应保存好相关的协商沟通记录，如通话录音、书面函件、电子邮件等。其次，在协商时，如果员工对变更方案提出了异议，企业应当主动与员工进一步协商，直至达成一致意见。否则，企业单方草率做出变更，容易被视为双方未能就变更内容达成一致意见。

二、企业单方变更

企业单方变更劳动合同在实践中并不少见。但与协商一致变更不同，为了防止企业滥用单方变更权损害劳动者利益，根据《劳动合同法》的规定，企业必须严格遵循法定的或双方事先约定的情形。

1. 法定的单方变更情形

企业作为用工主体，客观上对劳动者享有一定的用工自主管理权限。因此，在协商一致的原则之下，《劳动合同法》等法律法规对企业单方变更劳动合同进行了特殊规定。

（1）基于劳动者的客观能力因素变化

《劳动合同法》第 40 条规定，有下列情形之一的，用人单位提前三十日以书面形式通知劳动者本人或者额外支付劳动者一个月工资后，可以解除劳动合同：（一）劳动者患病或者非因工负伤，在规定的医疗期满后不能从事原工作，也不能从事由用人单位另行安排的工作的；（二）劳动者不能胜任工作，经过培训或者调整工作岗位，仍不能胜任工作的；（三）劳动合同订立时所依据的客观情况发生重大变化，致使劳动合同无法履行，经用人单位与劳动者协商，未能就变更劳动合同内容达成协议的。

该条文主要规定了企业可以辞退员工的情形，在这些情形中，包含了企业可以单方变更劳动合同内容的权利。对于劳动者患病或者非因工负伤，在规定的医疗期满后不能从事原工作的，以及对于劳动者本身不能胜任工作的，实践中，企业均有权对其进行单方调岗。

（2）基于劳动者的特殊身体情况

《职业病防治法》第35条第2款规定，对在职业健康检查中发现有与所从事的职业相关的健康损害的劳动者，应当调离原工作岗位，并妥善安置。《女职工劳动保护特别规定》第6条第1款规定，女职工在孕期不能适应原劳动的，用人单位应当根据医疗机构的证明，予以减轻劳动量或者安排其他能够适应的劳动。

（3）基于企业停产停业

《工资支付暂行规定》第12条规定，非因劳动者原因造成单位停工、停产在一个工资支付周期内的，用人单位应按劳动合同规定的标准支付劳动者工资。超过一个工资支付周期的，若劳动者提供了正常劳动，则支付给劳动者的劳动报酬不得低于当地的最低工资标准；若劳动者没有提供正常劳动，应按国家有关规定办理。据此，企业处于停产停业状态时，有权按照法定标准对员工的工资待遇单方做出调整。

2. 事先约定的单方变更情形

为了应对生产经营的调整，企业通常会在劳动合同中，对调岗等变更劳动合同内容的情形进行事先约定。基于对双方意思自治的尊重，该类约定目前受到多数法院的认可。但该类约定在具体履行过程中会受到一定的限制。实践中，企业依据事先约定的条款实施单方调岗，如果超出了合理性和必要性，将构成违法变更。

➲ 合规实务要点45：调岗调薪条款的效力及履行中应注意的问题

典型案例1：〔2016〕沪0117民初21156号

韩某为某公司员工，担任制造部作业员。双方之间的劳动合同约定，公司因集团发展布局及生产经营需要可以调整韩某的工作岗位、工作内容、工作地点等。另公司《管理规章》第2章第77条D项21规定：无正当理由不服从工作分配和调动、指挥的，予以开除。

2016年7月18日，公司将韩某调整至冲压和CNC（Computer Numerical Control的简写，指数控机床）工序岗位，因韩某拒不服从工作安排，公司以严重违纪为由对其予以了辞退。韩某认为公司属于违法解除，遂提起仲裁，要求公司支付违法解除赔偿金。

裁判结果：

公司并未提供证据证实韩某工作内容的调整具有必要性和合理性，且调整后的工作内容和韩某原工作内容差异较大。在双方均确认CNC系铣床工作需持证上岗的情况下，公司虽主张其仅安排韩某在CNC工序从事辅助性工作，但未提供证据予以证明。故公司对韩某工作内容的调整缺乏依据，韩某据此不同意工作内容的变更，并无不当。公司解除和韩某之间的劳动合同，应属违法。

典型案例2：〔2022〕沪01民终910号

仲某为某公司员工，职务为总经理专职司机。根据双方之间的劳动合同约定，仲某应服从公司内部的工作地点和岗位调整。2021年3月，因总经理专职司机工作岗位被取消，公司根据经营管理需要将仲某调至华东分公司杨浦站工作，岗位及薪资均不变。但仲某在接到公司多份调岗通知函后一直未至新岗位报到。公司遂以仲某的行为属于旷工，已构成严重违纪为由，单方解除了双方之间的劳动合同。仲某认为其住在闵行莘庄，公司要将其调到杨浦区，显然不合理，其拒不到岗具有正当理由，公司属于违法解除。

裁判结果：

公司与仲某签订的劳动合同明确约定公司有权在公司内部对仲某进行工作地点和岗位的调整，现因总经理专职司机工作岗位被取消，公司根据经营管理需要将仲某调至华东分公司杨浦站工作，岗位及薪资均不变，交通时间变化亦在可接受范围内，故公司对仲某调岗并无不当。据此，公司以仲某拒不到岗，构成旷工为由对其予以辞退，不应认定为违法解除。

律师分析：

针对劳动合同中约定的调岗条款，从司法实践来看，虽然裁判机构并不否认其效力，但企业据此实施调岗依然要具备必要性和合理性，否则员工拒绝调岗就有正当理由。

首先，针对调岗必要性的审查，裁判机构主要集中于对“基于生产经营需要”这一情形的判定。实践中，其主要涉及公司调整或者采取相关经营策略的原因，及其与案涉员工岗位的调整是否具有直接的因果关系。

其次，针对调岗合理性的审查，裁判机构主要关注调整后的岗位与调整前的相比，是否存在较大的不利变动。通常，合理的岗位调整应当确保调整后的岗位与原岗位相比，各方面条件大体相当，不能因为调岗损害员工的基本利益。在司法实践中，裁判机构考量的因素包括工作内容、薪酬待遇、工作地点、工作时间、工作环境等。

就案例 1 而言，由于公司在诉讼中并未提供证据证实韩某工作内容的变更具有现实的必要性，且调整后的工作内容和韩某原工作内容存在较大的差异，缺乏合理性，因此，法院认定韩某不同意到新岗位工作，并无不当。就案例 2 而言，由于仲某的原岗位被取消，加之调整后的岗位的工作内容和薪资待遇并无变化，仅工作地点稍微变动，因此，法院认定公司调岗具备必要性和合理性，仲某拒不到岗应当属于旷工。

合规建议：

为了避免调岗不当引发争议，企业应当规范调岗行为。首先，建议企业在劳动合同中预设调岗条款时，对实施调岗的触发条件及调整的具体内容进行明确约定，在方便操作的同时，实质上也将劳动合同的变更转化为了劳动合同的履行。其次，在调岗的过程中，企业应当注意调岗必须具备必要性和合理性。最后，如果员工拒绝调岗，企业应当谨慎处理员工关系。在对调岗的合理性和必要性没有十足把握的情况下，建议暂停调岗或者继续与员工协商达成一致，不宜草率地将员工拒不配合工作安排等行为定性为严重违纪，并据此进行惩处。

第二节　劳动合同解除

劳动合同解除，是指劳动合同订立后，在劳动合同期内，基于劳动合同一方或

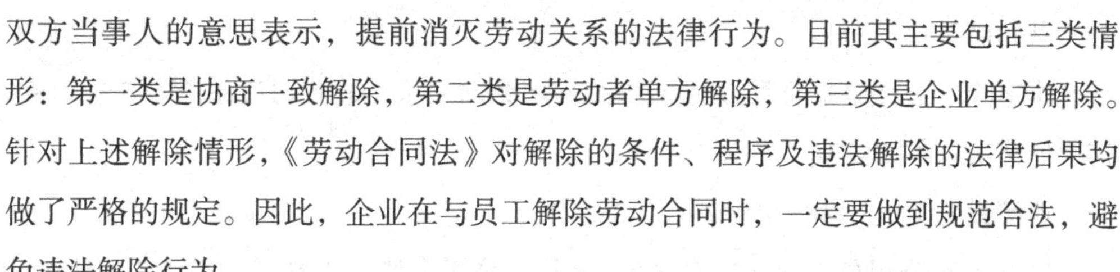

双方当事人的意思表示，提前消灭劳动关系的法律行为。目前其主要包括三类情形：第一类是协商一致解除，第二类是劳动者单方解除，第三类是企业单方解除。针对上述解除情形，《劳动合同法》对解除的条件、程序及违法解除的法律后果均做了严格的规定。因此，企业在与员工解除劳动合同时，一定要做到规范合法，避免违法解除行为。

一、协商一致解除

《劳动合同法》第 36 条规定，用人单位与劳动者协商一致，可以解除劳动合同。实践中，协商一致解除往往是最为和谐的一种劳动关系解除方式。企业通过该方式解除劳动关系，往往能够降低劳动争议产生的风险。但企业在与劳动者协商解除劳动合同时，应当注意规范性，否则容易引发纠纷。

➲ 合规实务要点 46：企业与劳动者协商一致解除劳动合同时应注意哪些问题

典型案例 1：〔2015〕沪一中民三（民）终字第 39 号

裴某为某公司员工。2013 年 11 月 26 日，公司向裴某出具了《解除劳动合同通知书》，内载“裴先生，您好！公司于 2013 年 11 月 18 日 10:07:00 通过 EMS 向您发出《关于协商解除劳动合同的通知》。根据 EMS 官网上的签收记录，您已于 2013 年 11 月 19 日 13:16:00 签收。在《关于协商解除劳动合同的通知》中，公司明确表示与您协商解除劳动合同，并要求您收到通知三日内予以书面答复，否则视为您同意公司的解除决定。时至今日，公司并未收到您的任何书面答复，您的事实行为已经默认您同意与公司协商解除劳动合同，在已经依法尽到合理、善意通知的情况下，现公司正式通知您：公司和您的劳动合同已经协商解除，劳动关系结束的时间为 2013 年 11 月 26 日……”。

2013 年 12 月 17 日，裴某认为公司行为属于违法解除，遂提起仲裁，要求公司支付违法解除赔偿金及加班工资等项目，后对仲裁结果不服，又提起诉讼。

裁判结果：

本案中，并无证据证明双方系协商解除劳动关系，故公司应系单方违法解除，需要向裴某支付赔偿金。

典型案例 2：〔2018〕沪 02 民终 2851 号

姚某为某公司员工。2017 年 4 月 30 日，公司向姚某出具了《终止（解除）劳动合同证明书》。该证明书载明：现因……，终止（解除）劳动合同，根据规定发给经济补偿金叁万陆千元。对于该证明书，公司坚持认为是用来与姚某进行协商的，但最终双方未协商一致，故公司未与其解除劳动合同。姚某则认为，该证明书表明公司做出了单方解除劳动合同的意思表示。本案的争议焦点在于双方劳动关系是否解除。

裁判结果：

公司向姚某出具已加盖公司印章的解约证明，表明公司向姚某发出了解约通知。如若公司真是为了与姚某进行协商，那么补偿金的金额应在双方协商一致后再记载，而不是在所谓的协商之前就已经载明，显然公司无意与姚某进行协商，而是欲让姚某接受公司的解约方案。2017 年 5 月之后，公司并未向姚某支付工资，也未为姚某缴纳社保，故公司的行为构成单方解除。

律师分析：

用人单位与劳动者协商解除劳动合同，其前提必须是双方经协商就劳动关系的解除问题达成一致意见。实践中，协商的内容主要包括离职时间、劳动报酬、经济补偿支付等事项。协商的形式包括口头和书面沟通两种。但在这个过程中，如果双方协商的内容不够充分、形式不够规范，很容易就会在劳动合同解除与否、解除的方式及时间等方面产生争议。

就案例 1 而言，公司通过向劳动者直接发送《关于协商解除劳动合同的通知》，并以劳动者的沉默行为作为认定双方达成一致意见的标准，并不符合法律规定。《民法典》第 140 条规定："行为人可以明示或者默示作出意思表示。沉默只有在有法律规定："当事人约定或者符合当事人之间的交易习惯时，才可以视为意思表示。"本案中，由于没有事先约定，法院认为裴某未提异议的沉默行为，不能视为裴某认可双方就劳动关系解除达成一致。

就案例 2 而言，公司用《终止（解除）劳动合同证明书》与姚某协商解除劳动

合同，其形式并不规范。实践中，企业直接拟定好解除方案并通过证明、通知书之类的材料让劳动者确认，其极易被认定为企业单方解除的意思表示。本案中，公司之所以被认定为单方解除，主要原因就在于其向姚某发送的证明书体现出了该类意思表示。

合规建议：

为了避免争议，企业在与劳动者协商解除劳动合同时，应当注意两点。首先，应当完整保存其与劳动者就离职时间、剩余工资结算、经济补偿支付等内容进行沟通协商的记录。其次，建议通过签订书面协议的方式明确协商解除由何方提起，以及双方就劳动合同的解除已经达成一致意见。实践中，企业切勿图省事，仅通过口头协商或者发送协商解除通知书的方式协商解除劳动合同，否则极易在劳动合同是否解除、解除的方式及时间等方面产生争议。

二、劳动者单方解除

《劳动合同法》对劳动者单方解除劳动合同主要规定了两种情形：一是无理由提前通知解除，二是被迫解除。

1. 无理由提前通知解除

《劳动合同法》第 37 条规定："劳动者提前三十日以书面形式通知用人单位，可以解除劳动合同。劳动者在试用期内提前三日通知用人单位，可以解除劳动合同。"据此，针对此类单方解除，劳动者虽然不需要任何理由，但应当严格遵守 30 日（试用期为 3 日）提前通知的法定期限，否则就有可能承担不利的法律后果。

《违反〈劳动法〉有关劳动合同规定的赔偿办法》第 4 条规定，劳动者违反规定或劳动合同的约定解除劳动合同，对用人单位造成损失的，劳动者应赔偿用人单位下列损失：（一）用人单位招收录用其所支付的费用；（二）用人单位为其支付的培训费用，双方另有约定的按约定办理；（三）对生产、经营和工作造成的直接经济损失；（四）劳动合同约定的其他赔偿费用。

2. 被迫解除

《劳动合同法》第 38 条规定："用人单位有下列情形之一的，劳动者可以解除劳动合同：（一）未按照劳动合同约定提供劳动保护或者劳动条件的；（二）未及时足额支付劳动报酬的；（三）未依法为劳动者缴纳社会保险费的；（四）用人单位的规章制度违反法律、法规的规定，损害劳动者权益的；（五）因本法第二十六条第一款规定的情形致使劳动合同无效的；（六）法律、行政法规规定劳动者可以解除劳动合同的其他情形。用人单位以暴力、威胁或者非法限制人身自由的手段强迫劳动者劳动的，或者用人单位违章指挥、强令冒险作业危及劳动者人身安全的，劳动者可以立即解除劳动合同，不需事先告知用人单位。”同时，根据《劳动合同法》第 46 条第 1 项规定，劳动者被迫解除劳动合同的，其有权向用人单位主张经济补偿。

➲ 合规实务要点 47：在企业违法用工的情况下劳动者有权被迫辞职并索要经济补偿

典型案例：〔2021〕京 0108 民初 19153 号

卢某为某公司员工，工作地点为北京市。2020 年 4 月 1 日，公司在疫情后全面复工，但卢某却被要求在家待岗，工资按照最低工资标准发放。卢某对此决定不服，遂向公司发送了邮件及短信，内容为：“我为公司效力多年，但近期单位已经无法为我提供正常的劳动条件且扣除了我多月内的部分工资，已经导致我生活困难，特通知单位解除劳动合同，请单位按照法律规定及时安排补偿结算及补发工资事宜……”

公司辩称，没有安排卢某返岗系因其居住在天津，其每日返回天津的火车最晚时间为 18 时，无法安排加班，故通知其待岗。此外，疫情防控期间，卢某从外地返京亦存在风险；公司亦多次为卢某提供其他岗位面试机会，但是其均未面试成功，还未等到新的岗位面试机会，卢某就提出了离职。

裁判结果：

公司自复工后，在无合理理由的情况下安排卢某在家待岗并不具备合理性。在这种情形下，公司单方安排其待岗并降低工资标准，存在未按照劳动合同约定提供劳动条件及未及时足额支付卢某劳动报酬的情形，故卢某据此解除劳动合同并要求公司支付其被迫解除劳动合同的经济补偿符合法律规定。

律师分析：

根据《劳动合同法》第 38 条第 1 款第 1 项和第 2 项的规定，用人单位未按照劳动合同约定提供劳动保护或者劳动条件的，未及时足额支付劳动报酬的，劳动者可以被迫辞职。实践中，作为劳动者被迫辞职的常见理由，目前各地裁审机构对这两种情形的理解存在不少争议。

针对未按照劳动合同约定提供劳动保护或者劳动条件，目前不少地区的法院会将违法调岗作为其典型情形。但也有地区，如上海市的不少法院认为劳动保护和劳动条件是指劳动合同中约定的用人单位对劳动者所从事的劳动必须提供的生产、工作条件和劳动安全卫生保护措施，即用人单位保证劳动者完成劳动任务和劳动过程中安全健康保护的基本要求，其并不等同于通常意义上的工作地点及工作内容。因此，用人单位调整工作内容和工作地点通常并不涉及劳动保护和劳动条件，劳动者不能以此为由被迫辞职。关于上述不同法院对“未按照劳动合同约定提供劳动保护和劳动条件”理解上的争议，此次最新公布的《最高人民法院关于审理劳动争议案件适用法律问题的解释（二）（征求意见稿）》予以了回应，其第 20 条第 3 款明确规定，用人单位违法调整工作岗位、工作地点，劳动者以用人单位不提供劳动条件为由，要求解除劳动合同并支付经济补偿的，人民法院应予支持。但由于是意见稿，所以此项争议能否解决，最终还是取决于将来正式的司法解释是否会对该条文进行改动。

针对未及时足额支付劳动报酬，实践中，如果公司未及时足额支付劳动报酬，是由于非主观恶意因素，具体而言包括不可抗力、获得工会同意后在法定期限内延迟支付、客观计算标准不清等，劳动者被迫辞职一般难以得到支持。（具体论述详见第七章）

除了这两种情形以外，根据《劳动合同法》第 38 条第 1 款第 3 项的规定，用人单位未依法为劳动者缴纳社会保险费也是员工被迫辞职的常见理由。针对这种情形，究竟该如何理解未依法为劳动者缴纳社会保险费，如员工自愿申请不缴纳社会保险费、缴费基数低于实际工资标准、部分月份欠缴、缴费项目不齐全等，究竟算不算未依法缴纳，目前各地仲裁委及法院的认定观点与裁量标准差异非常大，所以需要结合当地的司法认定标准来准确判断。另外需要关注的是，此次最新公布的《最高人民法院关于审理劳动争议案件适用法律问题的解释（二）（征求意见稿）》第

23 条第 2 款规定，劳动者与用人单位约定不缴纳社会保险费，劳动者以用人单位未依法缴纳社会保险费为由请求支付经济补偿的，人民法院应予支持。但由于是意见稿，所以还需要后续关注最终正式出台的司法解释是否保留了该条款。

就本案而言，由于公司在没有合理理由的情况下安排卢某在家待岗，工资也按照远低于正常工资标准的最低工资水平支付，最终法院支持了卢某以公司未足额支付工资和提供劳动条件为由被迫辞职的主张。

合规建议：

企业在进行用工管理时，务必规范用工，避免出现《劳动合同法》第 38 条规定的几种违法用工情形。企业若已经存在上述违法用工情形，应当及时采取措施改正，避免用工风险的扩大。对于员工被迫辞职理由不成立的，企业应当结合当地裁审机构的认定标准积极抗辩。

三、企业单方解除

1. 企业单方解除的法定情形

关于企业单方解除，《劳动合同法》第 39 条、第 40 条和第 41 条规定了过失性辞退、无过失性辞退和经济性裁员三种法定情形。实践中，企业在实施单方解除时，必须在单方解除通知书中载明符合单方解除的法定情形的事实和法律依据，并有充分的证据加以证明，否则极易构成违法解除。

（1）过失性辞退

关于过失性辞退，《劳动合同法》第 39 条规定："劳动者有下列情形之一的，用人单位可以解除劳动合同：（一）在试用期间被证明不符合录用条件的；（二）严重违反用人单位的规章制度的；（三）严重失职，营私舞弊，给用人单位造成重大损害的；（四）劳动者同时与其他用人单位建立劳动关系，对完成本单位的工作任务造成严重影响，或者经用人单位提出，拒不改正的；（五）因本法第二十六条第一款第一项规定的情形致使劳动合同无效的；（六）被依法追究刑事责任的。"

实践中，由于企业基于员工存在过错才做出的辞退决定，因此《劳动合同法》并未规定企业在实施过失性辞退时需要支付经济补偿。企业在打算对劳动者实施过

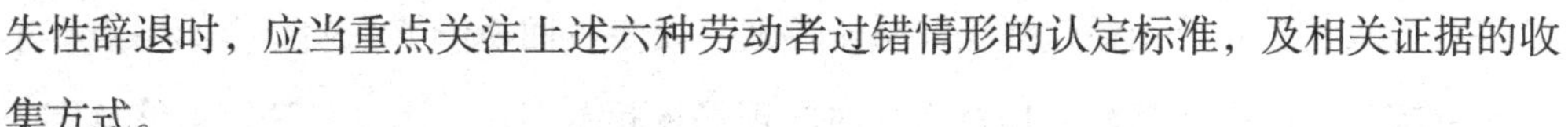

失性辞退时，应当重点关注上述六种劳动者过错情形的认定标准，及相关证据的收集方式。

➲ 合规实务要点48：企业以劳动者存在法定过失情形为由辞退必须提供充分证据

典型案例：〔2016〕鄂01民终2147号

陈某为某公司员工，2015年6月24日，公司以其在工作期间睡觉，严重违纪为由，做出解除劳动关系决定，并报公司工会批准。当日，公司向陈某送达《解除劳动合同通知书》。陈某认为公司行为属于违法解除。首先，其不知道公司制定了《员工手册》，也从未接受过关于《员工手册》的培训。其次，其仅在工作间隙手托下巴短暂撑立于车间办公桌上，并非睡觉。公司对此提出两点抗辩：一是案涉《员工手册》本身制定程序合法，且已将"在上班时间睡觉"规定为严重违反公司劳动纪律的行为，陈某已签收；二是陈某自述存在睡觉行为。为此，公司提交了《员工手册》及签收回执、谈话视频加以证明。

裁判结果：

公司以陈某上班睡觉严重违纪为由解除劳动合同，但其提交的证据不足以证明上述主张。从质证情况来看，公司提交的谈话视频并非事发现场视频，陈某虽然在视频中承认睡觉，但后来的解释是"托着下巴眯了5分钟"，与公司的理解存在差异，而公司无法提交事发当时的视频或者照片，故其主张陈某在上班时间睡觉依据不足，应承担举证不能的法律后果。

律师分析：

根据《劳动合同法》第39条第2项的规定，劳动者严重违反规章制度的，用人单位可以以此为由解除劳动关系。作为过失性辞退的一种常见情形，用人单位据此辞退劳动者，应当符合三点要求：一是用人单位的规章制度制定程序合法并已告知劳动者；二是用人单位所主张的劳动者违纪行为在规章制度中被明确定性为严重违反规章制度；三是用人单位要有证据证明劳动者确实存在严重违反规章制度的行为。就本案而言，公司之所以最终败诉，被认定为违法解除，主要原因在于不满足第三点要求。虽然公司通过提交《员工手册》及签收回执能够证明符合第一点、第二点要求，但是由于其没有提供事发时的现场视频及图片，因此，法院最终认定公司无法证明陈某确实存在于上班时间睡觉这一违纪行为。

除了严重违反规章制度这种情形外，对于《劳动合同法》第 39 条中的其他常见过失情形，企业实施单方辞退时，均需要承担较重的举证责任。

对于不符合录用条件辞退，可详细参考第三章的论述，此处不再做过多介绍。

针对员工严重失职，营私舞弊，给用人单位造成重大损害这种情形，用人单位据此辞退员工时，应当证明以下几点内容：一是劳动者存在“严重失职”或“营私舞弊”的行为；二是劳动者给用人单位造成了重大损害；三是“严重失职”或“营私舞弊”与重大损害之间存在因果关系。针对第一点，关于“严重失职”，用人单位首先须提供岗位职责说明书等材料证明劳动者的岗位职责，否则其证明劳动者存在严重失职行为便存在一定难度；关于“营私舞弊”，用人单位需要证明劳动者存在利用职务为自己或亲友牟利的行为。针对第二点，关于重大损害的认定，法律对此并无明确界定，实践中，企业需要结合自身规章制度及生产经营情况，进行具体判断。针对第三点，因果关系的认定，实践中，主要的考量因素在于劳动者的严重失职或营私舞弊行为是否导致损害发生的主要原因，如果重大损害是多方原因导致的，则此时用人单位以劳动者严重失职或营私舞弊造成重大损害为由进行辞退就存在违法解除的风险。

针对劳动者被追究刑事责任这种情形，实践中，企业须将刑事拘留与被追究刑事责任进行准确区别。刑事拘留仅是一种限制人身自由的临时性强制措施，并不等同于被追究刑事责任。对此，企业如果以劳动者被追究刑事责任为由进行辞退，则应当以获取生效的刑事判决书为准。在刑事拘留期间，企业应当保留与员工之间的劳动关系。

就本案而言，公司单方辞退陈某，其主要理由是陈某在工作时间睡觉，严重违反公司规章制度。但最终由于公司并无确凿证据证明陈某确实存在于工作时间睡觉行为，法院认定公司解除劳动关系的理由并不成立。

合规建议：

企业对员工实施过失性辞退，首先应当关注是否有充分的证据证明员工存在《劳动合同法》第 39 条规定的六种情形。对此，企业一定要做好证据收集工作。实

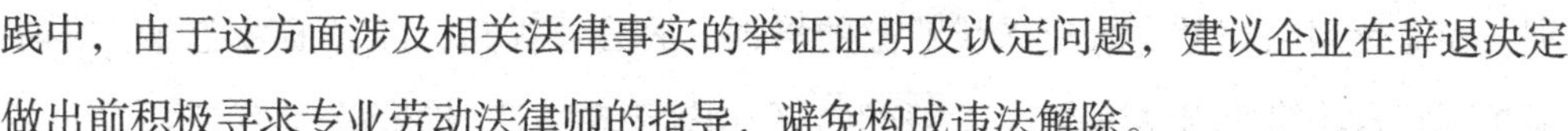

践中，由于这方面涉及相关法律事实的举证证明及认定问题，建议企业在辞退决定做出前积极寻求专业劳动法律师的指导，避免构成违法解除。

（2）无过失性辞退

关于无过失性辞退，《劳动合同法》第40条规定，有下列情形之一的，用人单位提前三十日以书面形式通知劳动者本人或者额外支付劳动者一个月工资后，可以解除劳动合同：（一）劳动者患病或者非因工负伤，在规定的医疗期满后不能从事原工作，也不能从事由用人单位另行安排的工作的；（二）劳动者不能胜任工作，经过培训或者调整工作岗位，仍不能胜任工作的；（三）劳动合同订立时所依据的客观情况发生重大变化，致使劳动合同无法履行，经用人单位与劳动者协商，未能就变更劳动合同内容达成协议的。

实践中，由于劳动者并无主观上的过错，因此《劳动合同法》规定，企业在实施无过失性辞退时须向劳动者支付经济补偿。另外须特别注意，用人单位在实施无过失性辞退时，应当提前30日通知劳动者，否则须额外支付劳动者一个月工资标准的代通知金。

➲ 合规实务要点49：企业实施无过失性辞退须满足法律要求

典型案例：〔2021〕沪01民终16081号

王某为某公司员工，担任投资发展副总监一职。2020年12月23日，公司以王某工作表现未达预期为由向其送达了《解除劳动合同通知书》。王某认为公司解除劳动合同并不符合单方解除的法定情形，即使属于不胜任工作解除，也没有对其进行培训。此后，王某提起仲裁，要求公司支付违法解除赔偿金。本案的争议焦点在于公司辞退王某是否符合法律规定。

裁判结果：

工作表现是否达预期与是否胜任工作存在显著差异，即使认定本案中公司所称的工作表现未达预期等同于不能胜任工作，根据法律规定，其也应当对王某进行培训或者调整工作岗位。只有在王某仍不能胜任工作的情况下，公司方能提前30日以书面形式通知劳动者本人或者额外支付劳动者一个月工资后，解除劳动合同。本案中，公司虽然主张其对王某进行过培训，但该培训并非针对王某个人工作能力的培训，而是针对公司整个投资条线业务的培训。故公司称其已经对王某进行过培训，显然不符合法律的相关规定。综上所述，公司属于单方违法解除劳动合同。

律师分析：

实践中，企业依据《劳动合同法》第 40 条规定的三种无过失性情形辞退员工时，除了须证明存在这些客观情形，还须证明其履行了必要的调岗、培训、协商变更等法定前置程序，否则极易构成违法解除。

针对“劳动者患病或者非因工负伤，在规定的医疗期满后不能从事原工作，也不能从事由用人单位另行安排的工作”这一情形，企业据此辞退员工时，应当注意以下几点。一是应当准确认定病休员工的医疗期，具体标准可以参见第六章的相关论述。二是医疗期满后，用人单位应当及时向病休员工邮寄返岗通知。三是在病休员工无法返岗的情况下，及时发函告知劳动者可以为其适当安排其他工作。四是只有员工仍无法正常参加工作，用人单位才可以辞退员工。

针对“劳动者不能胜任工作，经过培训或者调整工作岗位，仍不能胜任工作”这一情形，企业据此辞退员工时，应当注意以下两点。一是企业应当有足够的证据证明劳动者不能胜任工作。实践中，常见的证据主要包括针对相关岗位的胜任能力考核标准及制度流程、绩效考核结果等。二是企业须证明劳动者经过培训或者调岗后仍不能胜任工作。此处的培训，应当属于专门针对劳动者胜任能力的，且具有实质内容的培训。实践中，针对全体员工的一般性培训或者是没有实质培训内容的绩效改进计划等，都有不被裁判机构认可的风险。同时，在培训或者调岗后，企业还应当对员工的胜任能力情况再次考评。

针对“劳动合同订立时所依据的客观情况发生重大变化，致使劳动合同无法履行，经用人单位与劳动者协商，未能就变更劳动合同内容达成协议”这一情形，企业据此辞退员工时，应当注意以下两点。

一是企业应准确理解何种情形属于客观情况发生重大变化。根据《关于〈中华人民共和国劳动法〉若干条文的说明》（劳办发〔1994〕289 号）第二十六条的规定，“客观情况”指：“发生不可抗力或出现致使劳动合同全部或部分条款无法履行的其他情况，如企业迁移、被兼并、企业资产转移等，并且排除本法第二十七条所列的客观情况。”除此以外，围绕“客观情况”的认定，实践中，经常出现的争议是企业对内部部门调整及裁撤的性质认定。对此，目前各地法院存在不同的裁判口径。

例如，上海地区的认定口径比较宽松。如果企业确实因客观原因（疫情、部门长期亏损、投入产出不成正比）等调整组织架构，且该种调整与裁撤是企业的有权机构如股东会、董事会做出的，涉及的员工也并非一人，法院也会将其视为一种客观情况发生重大变化的情形，企业据此可以辞退员工。但在北京等地区，其认定口径比较严苛。法院会深入考察企业组织架构调整是不是外部客观原因导致的，而非出于单纯的内部管理需要。

二是企业应遵循诚信磋商原则，即应与劳动者就劳动合同内容变更进行充分协商。在协商过程中，企业应当确保调整后的岗位与原岗位工作内容类似、薪资相当，同时须保留好相关的书面协商记录。实践中，企业切忌仅提供一些内部面试机会或者仅就劳动合同解除、赔偿问题进行协商。

就本案而言，无论从形式上还是从实质上看，公司在实施无过失性单方辞退时，均未满足法律规定的要求。首先，公司在辞退通知书中载明的辞退理由为“工作表现未达预期”，该理由严格意义上理解并不等同于“不能胜任工作”这一辞退员工的法定情形。其次，即使将公司辞退陈某的理由理解为不能胜任工作，但公司所开展的培训系针对公司整个投资条线业务的，并不是为了提升员工的工作胜任能力而进行的专门培训。综合上述情况，法院判定公司行为属于违法解除。

合规要点：

用人单位在实施无过失性单方解除时，应当注意以下几个方面，确保辞退符合法律规定。一是应当确保解除的形式合规。解除通知书应当准确载明其辞退所依据的事实和法律依据。二是应当搜集足够的证据证明企业或者劳动者存在无过失性辞退的法定情形。三是应当规范履行调岗、培训、协商变更等前置程序，并通过书面发函、录音等方式进行证据固定。

（3）经济性裁员

关于经济性裁员，《劳动合同法》第 41 条规定：“有下列情形之一，需要裁减人员二十人以上或者裁减不足二十人但占企业职工总数百分之十以上的，用人单位提前三十日向工会或者全体职工说明情况，听取工会或者职工的意见后，裁减人员方案经向劳动行政部门报告，可以裁减人员：（一）依照企业破产法规定进行重整的；（二）生产经营发生严重困难的；（三）企业转产、重大技术革新或者经营方式调整，经变更劳动合同后，仍需裁减人员的；（四）其他因劳动合同订立时所依据的客观经济情况发生重大变化，致使劳动合同无法履行的。裁减人员时，应当优先留用下列人员：（一）与本单位订立较长期限的固定期限劳动合同的；（二）与本单位订立无固定期限劳动合同的；（三）家庭无其他就业人员，有需要扶养的老人或者未成年人的。用人单位依照本条第一款规定裁减人员，在六个月内重新招用人员的，应当通知被裁减的人员，并在同等条件下优先招用被裁减的人员。”

实践中，为了保证裁员的合法性，企业在实施经济性裁员时，应当严格遵守上述条文对裁员的准入条件、实体条件、程序性条件和特殊员工的保护这几个方面的规定。另外，根据《劳动合同法》第46条第4项的规定，用人单位依照《劳动合同法》第41条第1款的规定解除劳动合同的，应当向劳动者支付经济补偿。

2. 企业单方解除的工会意见征求程序

《劳动合同法》第43条规定，用人单位单方解除劳动合同，应当事先将理由通知工会。用人单位违反法律、行政法规规定或者劳动合同约定的，工会有权要求用人单位纠正。用人单位应当研究工会的意见，并将处理结果书面通知工会。据此，无论用人单位采取何种方式行使单方解除权，其必须履行事先告知工会并征求工会意见的法定程序，否则存在被认定为违法解除的风险。但考虑目前不少企业没有成立工会，因此该类企业在单方解除劳动合同时是否必须告知工会，不告知是否构成违法解除，实践中存在争议。为了保险起见，针对没有建立工会的企业，建议其可以向街道工会或所属行业工会、产业工会履行告知义务。

关于告知工会的义务，实践中需要注意，即使企业在单方辞退决定做出前未及时通知工会，其依然有机会在诉前进行补正。《最高人民法院关于审理劳动争议案件适用法律问题的解释（一）》第47条规定：“建立了工会组织的用人单位解除劳动合同符合劳动合同法第三十九条、第四十条规定，但未按照劳动合同法第四十三条规定事先通知工会，劳动者以用人单位违法解除劳动合同为由请求用人单位支付赔偿金的，人民法院应予支持，但起诉前用人单位已经补正有关程序的除外。”

3. 企业单方解除的特别限制

为了保障部分弱势群体的就业权利，《劳动合同法》第42条规定：“劳动者有下列情形之一的，用人单位不得依照本法第四十条、第四十一条的规定解除劳动合同：（一）从事接触职业病危害作业的劳动者未进行离岗前职业健康检查，或者疑似职业病病人在诊断或者医学观察期间的;(二)在本单位患职业病或者因工负伤并被确认丧失或者部分丧失劳动能力的;(三)患病或者非因工负伤,在规定的医疗期内的;(四)女职工在孕期、产期、哺乳期的;(五)在本单位连续工作满十五年,且距法定退休年龄不足五年的;(六)法律、行政法规规定的其他情形。

据此,实践中,企业在依据《劳动合同法》第 40 条和第 41 条行使解除权时,必须排除上述类型的员工,否则就属于违法解除。关于病休员工和工伤员工劳动关系解除的处理,具体内容可参考第九章的相关论述。

4. 企业违法单方解除的法律后果

企业在行使单方解除权时,必须满足三点要求。首先,必须符合《劳动合同法》第 39 条、第 40 条和第 41 条规定的情形。其次,必须严格遵守《劳动合同法》第 42 条关于弱势群体的解雇保护规定。最后,必须履行告知和征求工会意见的法定程序。

实践中,企业未满足上述要求的,需要承担违法解除的法律后果。《劳动合同法》第 48 条规定:"用人单位违反本法规定解除或者终止劳动合同,劳动者要求继续履行劳动合同的,用人单位应当继续履行;劳动者不要求继续履行劳动合同或者劳动合同已经不能继续履行的,用人单位应当依照本法第八十七条规定支付赔偿金。"关于赔偿金的支付标准,《劳动合同法》第 87 条规定:"用人单位违反本法规定解除或者终止劳动合同的,应当依照本法第四十七条规定的经济补偿标准的二倍向劳动者支付赔偿金。"

第三节 劳动合同终止

劳动合同终止,是指劳动合同订立后,由于出现了法律规定的事由,用人单位与劳动者之间形成的劳动关系自动归于消灭。与劳动合同解除相比,劳动合同终止并不以用人单位和劳动者双方或者一方做出的意思表示为前提,只要终止事由出现,且无特别规定,劳动合同便自行终止。

一、劳动合同终止的法定事由

关于劳动合同终止的法定事由，《劳动合同法》第44条规定：“有下列情形之一的，劳动合同终止：（一）劳动合同期满的；（二）劳动者开始依法享受基本养老保险待遇的；（三）劳动者死亡，或者被人民法院宣告死亡或者宣告失踪的；（四）用人单位被依法宣告破产的；（五）用人单位被吊销营业执照、责令关闭、撤销或者用人单位决定提前解散的；（六）法律、行政法规规定的其他情形。”

依据上述规定，劳动合同的终止主要包括以上六种法定事由。除此以外，用人单位与劳动者不得单独约定劳动合同终止的其他事由。

二、劳动合同期满后企业单方终止的法律限制

1. 劳动合同到期后的强制续签

《劳动合同法》第14条第2款规定，“有下列情形之一，劳动者提出或者同意续订、订立劳动合同的，除劳动者提出订立固定期限劳动合同外，应当订立无固定期限劳动合同：（一）劳动者在该用人单位连续工作满十年的；（二）用人单位初次实行劳动合同制度或者国有企业改制重新订立劳动合同时，劳动者在该用人单位连续工作满十年且距法定退休年龄不足十年的；（三）连续订立二次固定期限劳动合同，且劳动者没有本法第三十九条和第四十条第一项、第二项规定的情形，续订劳动合同的。”

据此，在上述情形下，《劳动合同法》赋予了劳动者强制要求企业与其续订或者订立无固定期限劳动合同的权利，一般情况下，企业不得擅自以劳动合同到期为由终止劳动合同，否则就属于违法终止。此时，劳动者有权依据《劳动合同法》第48条的规定要求继续履行劳动合同或者要求支付二倍经济补偿标准的赔偿金。

➲ 合规实务要点50：企业应如何正确处理无固定期限劳动合同的续签问题

典型案例：〔2022〕浙02民终610号

方某为某公司员工，双方签订有多期固定期限劳动合同，最后一期劳动合同的

期限至2020年12月31日。2020年12月28日，公司向方某出具了《劳动合同续签通知书》，要求方某于收到续签通知后2日内办理续签手续，超期视为拒绝续签。12月30日，方某要求将新劳动合同带走细看并对新合同中的工资提出异议。12月31日，公司以方某未在确定期限内续订劳动合同为由终止了双方的劳动关系。方某对此不服，遂提起仲裁，要求公司支付违法终止的赔偿金。

裁判结果：

本案中，首先，双方已连续订立多次固定期限劳动合同，且方某不存在《劳动合同法》第39条和第40条第1项、第2项规定的情形，故公司无权主动终止劳动关系。其次，方某如不愿意续签，也应当以书面明示的方式进行权利处分。因此，在双方就工资约定有争议的情况下，公司以方某未在期限内办理续签手续，视为其不同意续签为由，终止双方劳动关系应属于违法终止，应当支付方某违法终止赔偿金。

律师分析：

《劳动合同法》第14条第2款规定，"有下列情形之一，劳动者提出或者同意续订、订立劳动合同的，除劳动者提出订立固定期限劳动合同外，应当订立无固定期限劳动合同：（一）劳动者在该用人单位连续工作满十年的；（二）用人单位初次实行劳动合同制度或者国有企业改制重新订立劳动合同时，劳动者在该用人单位连续工作满十年且距法定退休年龄不足十年的；（三）连续订立二次固定期限劳动合同，且劳动者没有本法第三十九条和第四十条第一项、第二项规定的情形，续订劳动合同的。"据此，企业通常无权随意以合同到期为由单方终止劳动合同。相反，双方劳动合同续签与否的权利掌握在劳动者的手中。

针对上述第一种、第二种情形，企业应注重对工龄的准确认定。对此，《劳动合同法实施条例》第9条规定："劳动合同法第十四条第二款规定的连续工作满10年的起始时间，应当自用人单位用工之日起计算，包括劳动合同法施行前的工作年限。"

针对第三种情形，目前劳动者是否有权强制要求企业续订劳动合同，实践中存在一定争议。从全国层面来看，目前多数地区（北京、广东、江苏、浙江等）均倾向于认为用人单位在与劳动者连续两次订立固定期限劳动合同之后，无权单方拒绝续签。但上海地区对这一问题有不同的理解，不少上海市人民法院认为即使用人单位与劳动者已经连续两次订立了固定期限劳动合同，但在劳动者在本单位连续工作不满10年的情况下，企业有权以合同到期为由终止双方的劳动关系。

就本案而言，公司之所以构成违法终止，主要原因在于在方某已经就工资提出了异议的情况下，公司再以方某未在规定时间办理续签手续为由，擅自推定方某放弃续签，其侵害了方某续签劳动合同的权利。

合规建议：

实践中，在劳动合同到期后，为了保证无固定期限劳动合同续签问题处理的规范性，企业应当注意以下几点。

首先，企业应当以《劳动合同法》第 14 条第 2 款为依据，准确判断劳动者是否符合应当签订无固定期限劳动合同的情形。如不符合，企业应当提前向劳动者发出终止的意向通知。实践中，诸如北京、浙江、黑龙江等地均规定企业应当提前 30 日以书面形式发出意向通知。

其次，企业一旦判定劳动者符合上述情形，应当向劳动者告知签订无固定期限劳动合同的权利并进一步判断劳动者的续签意愿。对此，为了避免争议，实践中应取得劳动者的明确意思表示。如果劳动者未主动提出签订固定期限劳动合同或者表示放弃续签，企业应主动与员工签订无固定期限合同。在上海地区，对于员工连续签订两次固定期限合同后且工龄不满 10 年的，如果企业拒绝续签，应当提前发出到期不续签的书面通知。

最后，企业应注意不得使用变相手段规避无固定期限劳动合同的签订。实践中，常见的违规手段包括两种：一种是通过恶意变换用人单位主体的方式缩短连续工龄和劳动合同签订次数，但实际工作条件、工作地点、工作内容、人员却没有任何变动；另一种是变相通过降低劳动合同条件、提供空白劳动合同等方式逼迫劳动者主动放弃续签，进而达到规避续签无固定期限劳动合同的目的。对于这些行为，从目前司法实践来看，法院大多将其视为违规行为。在这种情形下，企业以劳动者不符合强制续签情形或者不配合续签为由擅自终止劳动合同，同样构成违法终止。

2. 劳动合同到期后的逾期终止

关于逾期终止，其针对的主要是劳动法需要保护的老弱病残员工等弱势群体。《劳动合同法》第 45 条规定："劳动合同期满，有本法第四十二条规定情形之一的，劳动合同应当续延至相应的情形消失时终止。但是，本法第四十二条第二项规定丧失或者部分丧失劳动能力劳动者的劳动合同的终止，按照国家有关工伤保险的规定

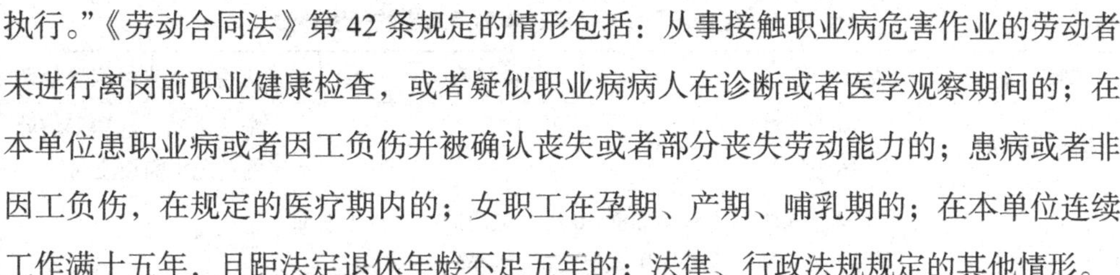

执行。”《劳动合同法》第 42 条规定的情形包括：从事接触职业病危害作业的劳动者未进行离岗前职业健康检查，或者疑似职业病病人在诊断或者医学观察期间的；在本单位患职业病或者因工负伤并被确认丧失或者部分丧失劳动能力的；患病或者非因工负伤，在规定的医疗期内的；女职工在孕期、产期、哺乳期的；在本单位连续工作满十五年，且距法定退休年龄不足五年的；法律、行政法规规定的其他情形。

三、劳动合同违法终止的法律后果

实践中，企业终止劳动合同应当符合法律要求，不得违背关于强制续签、逾期终止的法律规定，否则须承担法律责任。根据《劳动合同法》第 48 条的规定：“用人单位违反本法规定解除或者终止劳动合同，劳动者要求继续履行劳动合同的，用人单位应当继续履行；劳动者不要求继续履行劳动合同或者劳动合同已经不能继续履行的，用人单位应当依照本法第八十七条规定支付赔偿金。”关于赔偿金的支付标准，《劳动合同法》第 87 条规定：“用人单位违反本法规定解除或者终止劳动合同的，应当依照本法第四十七条规定的经济补偿标准的二倍向劳动者支付赔偿金。”

第四节　劳动合同解除和终止后的离职管理

一、经济补偿与代通知金的支付与核算

1. 支付经济补偿的法定情形

根据《劳动合同法》的规定，无论是劳动合同的解除还是终止，均涉及用人单位向劳动者支付经济补偿的问题。据此，笔者对需要支付经济补偿的解除和终止情形做了汇总，具体如表 10-1 所示。

表 10-1　劳动合同解除 / 终止情形及对应的经济补偿

解除 / 终止方式	法律依据	具体情形	是否需要支付经济补偿
协商一致解除	《劳动合同法》第 36 条	—	企业主动发起协商解除的情况下需要支付
劳动者单方解除	《劳动合同法》第 37 条	只要提前 30 日（试用期为 3 日）书面通知用人单位即可解除	不需要
	《劳动合同法》第 38 条	被迫解除（用人单位未按约定提供劳动保护或者劳动条件、未及时足额支付劳动报酬、未依法为劳动者缴纳社会保险费、用人单位的规章制度违反法律法规的规定等）	需要
企业单方解除	《劳动合同法》第 39 条	过失性辞退，员工存在法定过错（试用期不符合录用条件；严重违反规章制度；严重失职，营私舞弊；被追究刑事责任；等等）	不需要
	《劳动合同法》第 40 条	一方客观原因（患病或非因工负伤医疗期满、不能胜任工作、公司部门撤销、公司搬迁等）	需要
	《劳动合同法》第 41 条	经济性裁员（公司经营严重困难，公司转产或者出现重大技术革新等，需要裁减人员二十人以上或者裁减不足二十人但占企业职工总数百分之十以上）	需要
到期终止	《劳动合同法》第 44 条第 1 项	劳动合同期满	用人单位拒绝续签或者降低原劳动合同约定条件导致未完成续签的，需要支付
因破产、提前解散事由终止	《劳动合同法》第 44 条第 4 项和第 5 项	用人单位被依法宣告破产、被吊销营业执照、责令关闭、撤销或者用人单位决定提前解散	需要
因劳动者死亡、失踪或者领取养老待遇事由终止	《劳动合同法》第 44 条第 2 项和第 3 项	劳动者开始依法享受基本养老保险待遇；劳动者死亡，或者被人民法院宣告死亡或者宣告失踪	不需要

2. 经济补偿的支付标准

《劳动合同法》第 47 条规定："经济补偿按劳动者在本单位工作的年限，每满一年支付一个月工资的标准向劳动者支付。六个月以上不满一年的，按一年计算；不满六个月的，向劳动者支付半个月工资的经济补偿。劳动者月工资高于用人单位所在直辖市、设区的市级人民政府公布的本地区上年度职工月平均工资三倍的，向其支付经济补偿的标准按职工月平均工资三倍的数额支付，向其支付经济补偿的年限最高不超过十二年。本条所称月工资是指劳动者在劳动合同解除或者终止前十二个月的平均工资。”据此，关于经济补偿的支付标准，其主要与劳动者在本单位的工作年限和本人的工资水平有关。

关于工作年限，实践中需要特别注意年限的合并问题。《劳动合同法实施条例》第 10 条规定：“劳动者非因本人原因从原用人单位被安排到新用人单位工作的，劳动者在原用人单位的工作年限合并计算为新用人单位的工作年限。原用人单位已经向劳动者支付经济补偿的，新用人单位在依法解除、终止劳动合同计算支付经济补偿的工作年限时，不再计算劳动者在原用人单位的工作年限。”

关于工资水平，实践中需要注意两点。一是赔偿标准的双封顶。劳动者的平均月工资水平超过当地上年度职工月平均工资三倍标准的，经济补偿应当按照当地上年度职工三倍月平均工资标准支付，且支付年限最长不超过十二年。

二是月平均工资的计算基数。《劳动合同法实施条例》第 27 条规定：“劳动合同法第四十七条规定的经济补偿的月工资按照劳动者应得工资计算，包括计时工资或者计件工资以及奖金、津贴和补贴等货币性收入。劳动者在劳动合同解除或者终止前 12 个月的平均工资低于当地最低工资标准的，按照当地最低工资标准计算。劳动者工作不满 12 个月的，按照实际工作的月数计算平均工资。”实践中，关于加班费是否纳入计算基数，各地存在差异。根据笔者的查阅，目前平均工资的计算基数明确包含加班费的地区主要包括北京、杭州、深圳、江苏，不包含加班费的地区包括四川和上海。

3. 代通知金的支付及核算

关于代通知金，《劳动合同法》第 40 条规定：“有下列情形之一的，用人单位提前三十日以书面形式通知劳动者本人或者额外支付劳动者一个月工资后，可以解除劳动合同：（一）劳动者患病或者非因工负伤，在规定的医疗期满后不能从事原工作，也不能从事由用人单位另行安排的工作的；（二）劳动者不能胜任工作，经过培训或者调整工作岗位，仍不能胜任工作的；（三）劳动合同订立时所依据的客观情况发生重大变化，致使劳动合同无法履行，经用人单位与劳动者协商，未能就变更劳动合同内容达成协议的。”

据此，代通知金主要适用于企业无过失性辞退的情形。在这种情形下，如果企业未提前30日通知劳动者解除合同，则须向劳动者支付一个月的代通知金予以补偿。关于具体的支付标准，根据《劳动合同法实施条例》第20条的规定，应当按照劳动者上一个月的工资标准确定。

二、病休、工伤员工离职待遇支付

1. 病休员工的医疗补助费

（1）劳动合同到期终止的病休员工

根据原劳动部颁布的《关于实行劳动合同制度若干问题的通知》（劳部发〔1996〕354号）第22条的规定，劳动者患病或者非因工负伤，合同期满终止劳动合同的，用人单位应当支付不低于六个月工资的医疗补助费；对患重病或绝症的，还应适当增加医疗补助费。基于此，原劳动部进一步颁布了《关于对劳部发〔1996〕354号文件有关问题解释的通知》（劳办发〔1997〕18号）明确，“劳动者患病或者非因工负伤，合同期满终止劳动合同的，用人应当支付不低于六个月工资的医疗补助费”是指合同期满的劳动者终止劳动合同时，医疗期满或者医疗终结被劳动鉴定委员会鉴定为5～10级的，用人单位应当支付不低于六个月工资的医疗补助费。鉴定为1～4级的，应当办理退休、退职手续，享受退休、退职待遇。

据此，针对医疗期满或者医疗终结后劳动能力被鉴定为5～10级的病休员工，在劳动合同期满终止时，用人单位应当支付不低于员工六个月工资的医疗补助费。

（2）医疗期满被辞退的病休员工

根据原劳动部颁布的《违反和解除劳动合同的经济补偿办法》（劳部发〔1994〕481号）第6条的规定，劳动者患病或者非因工负伤，经劳动鉴定委员会确认不能从事原工作，也不能从事用人单位另行安排的工作而解除劳动合同的，用人单位应按其在本单位的工作年限，每满一年发给相当于一个月工资的经济补偿金，同时还应发给不低于六个月工资的医疗补助费。患重病和绝症的还应增加医疗补助费，患重病的增加部分不低于医疗补助费的百分之五十，患绝症的增加部分不低于医疗补助费的百分之百。

但需要注意的是，由于《违反和解除劳动合同的经济补偿办法》（劳部发〔1994〕481号）已于2017年11月24日废止，因此针对医疗期满被辞退的员工，企业是否还需要向其支付医疗补助费，目前各地存在一定争议。但如果存在地方性规定的，如上海、江苏、北京、广东等地，当地企业应当按照地方性规定执行。

以上海为例，根据《上海市劳动合同条例》第44条的规定，用人单位以"劳动者患病或者非因工负伤，医疗期满后，不能从事原工作也不能从事由用人单位另行安排的工作"为由解除劳动合同的，除按规定给予经济补偿外，还应当给予不低于劳动者本人六个月工资收入的医疗补助费。

（3）医疗补助费支付的前置程序和计算标准

关于医疗补助费的支付，实践中其争议主要集中在是否必须经过劳动能力鉴定这一前置程序。针对劳动合同期满终止的病休员工，由于根据原劳动部的规定，只有在其劳动能力被鉴定为5～10级才可以领取补助费，因此劳动能力鉴定为必经的前置程序。针对医疗期满后被辞退的员工，其是否必须经过劳动能力鉴定，实践中须根据各地的具体规定及司法裁判口径加以认定。就上海地区而言，从司法裁判案例来看，对劳动能力的鉴定程序没有强制要求。

关于医疗补助费的计算，实践中一般以六个月员工本人工资为主，但关于工资计算基数的确定，由于目前未有明确规定，因此须结合各地司法实践的认定标准加以判断。

2. 工伤员工的一次性工伤医疗补助金和一次性伤残就业补助金

根据《工伤保险条例》第36条第2款的规定，职工因工致残被鉴定为五级、六级伤残的，经工伤职工本人提出，该职工可以与用人单位解除或者终止劳动关系，由工伤保险基金支付一次性工伤医疗补助金，由用人单位支付一次性伤残就业补助金。一次性工伤医疗补助金和一次性伤残就业补助金的具体标准由省、自治区、直辖市人民政府规定。根据第37条第2项的规定，职工因工致残被鉴定为七级至十级伤残的，劳动、聘用合同期满终止，或者职工本人提出解除劳动、聘用合同的，由工伤保险基金支付一次性工伤医疗补助金，由用人单位支付一次性伤残就业补助金。一次性工伤医疗补助金和一次性伤残就业补助金的具体标准由省、自治区、直辖市人民政府规定。

据此，针对被认定为五级至十级伤残的工伤员工，其有权享受包括一次性工伤医疗补助金和一次性伤残就业补助金两项离职待遇。关于具体支付的标准，由于全国层面并无统一规定，因此实践中需要参考当地的具体规定。

如上海地区，根据《上海市工伤保险实施办法》第 40 条第 2 款的规定，工伤人员因工致残被鉴定为五级、六级伤残的，经工伤人员本人提出，该工伤人员可以与用人单位解除或者终止劳动关系，由工伤保险基金支付一次性工伤医疗补助金，由用人单位支付一次性伤残就业补助金。五级伤残的，分别为 18 个月的上年度全市职工月平均工资；六级伤残的，分别为 15 个月。第 3 款规定："经工伤人员本人提出与用人单位解除劳动关系，且解除劳动关系时距法定退休年龄不足 5 年的，不足年限每减少 1 年，一次性工伤医疗补助金和一次性伤残就业补助金递减 20%，但属于《中华人民共和国劳动合同法》第三十八条规定的情形除外。"第 4 款规定："因工伤人员退休或者死亡使劳动关系终止的，不享受本条第二款规定的待遇。"

根据《上海市工伤保险实施办法》第 41 条第 1 款第 2 项的规定，劳动合同期满终止，或者工伤人员本人提出解除劳动合同的，由工伤保险基金支付一次性工伤医疗补助金，由用人单位支付一次性伤残就业补助金。七级伤残的，分别为 12 个月的上年度全市职工月平均工资；八级伤残的，分别为 9 个月；九级伤残的，分别为 6 个月；十级伤残的，分别为 3 个月。第 2 款规定："经工伤人员本人提出与用人单位解除劳动关系，且解除劳动关系时距法定退休年龄不足 5 年的，不足年限每减少 1 年，一次性工伤医疗补助金和一次性伤残就业补助金递减 20%，但属于《中华人民共和国劳动合同法》第三十八条规定的情形除外。"第 3 款规定："因工伤人员退休或者死亡使劳动关系终止的，不享受本条第一款第二项规定的待遇。"

三、离职协议签署

企业与离职人员之间，不仅涉及经济补偿的支付和离职当月的工资结算问题，还涉及工作材料和未完成工作项目的交接、保密和竞业限制义务的确认等。因此，

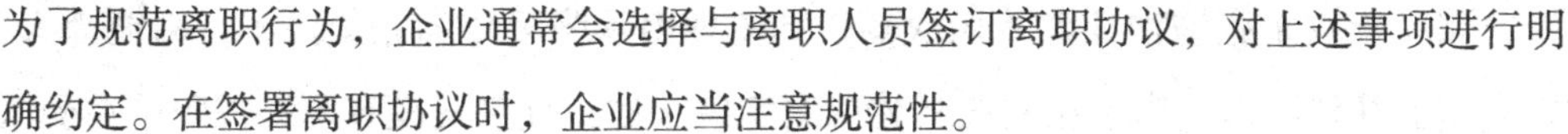

为了规范离职行为，企业通常会选择与离职人员签订离职协议，对上述事项进行明确约定。在签署离职协议时，企业应当注意规范性。

➲ 合规实务要点 51：企业如何规范签署离职协议

典型案例：〔2022〕甘 01 民终 565 号

张某为某公司员工。2020 年 7 月 29 日，其与公司签订了《离职协议》，协议约定公司于 2020 年 10 月 31 日与张某解除劳动关系。如果张某严格按照公司的要求在离职日之前完成相关分公司的撤销等事项，公司将向其一次性支付 16 100 元作为协议解除劳动合同的补偿（补偿金），该补偿中已含全部奖金及劳动合同法项下任何经济补偿金或任何公司应付费用。

后由于分公司未完成撤销，公司按约定未予支付张某 16 100 元经济补偿。张某遂以协议签署时遭遇胁迫且经济补偿显著低于法定标准为由提起劳动仲裁，要求公司按照法定标准向其支付经济补偿 28 175 元。公司辩称：首先，双方在离职协议中已经对各项费用做出约定，故张某无权主张增加的补偿数额。其次，关于补偿的支付条件，协议已约定以离职之日前完成分公司的撤销为前提，现由于未达成这一条件，故不需要支付。

裁判结果：

公司应于本判决生效之日起 10 日内向张某支付解除劳动合同的经济补偿 16 100 元，驳回张某的其他仲裁请求。

律师分析：

《最高人民法院关于审理劳动争议案件适用法律问题的解释（一）》第 35 条规定："劳动者与用人单位就解除或者终止劳动合同办理相关手续、支付工资报酬、加班费、经济补偿或者赔偿金等达成的协议，不违反法律、行政法规的强制性规定，且不存在欺诈、胁迫或者乘人之危情形的，应当认定有效。前款协议存在重大误解或者显失公平情形，当事人请求撤销的，人民法院应予支持。"据此，除非存在违反法律、行政法规的强制性规定，或者存在欺诈、胁迫或乘人之危的情形，法院一般认可离职协议中相关条款的效力。

就本案而言，针对 16 100 元的离职补偿款数额约定，法院对其效力予以了认可，张某无权主张增加补偿费用数额。具体理由是张某作为完全民事行为能力人，对约定的补偿数额应当是在权衡利弊后签字确认的，且张某没有证据表明是在受欺诈、胁迫的情形下签订的。

但针对支付条件的约定，法院对其效力并未认可。具体理由是用人单位向劳动者支付一定的经济补偿，是其应当履行的法定义务，不得附加任何生效条件。案涉《离职协议》中关于经济补偿支付条件的约定，违反了法律规定，应属无效约定。

合规建议：

在签署离职协议时，为了避免出现劳动纠纷，企业应当注意以下几点。

首先，协议应当对劳动合同解除或终止的具体原因进行明确约定。

其次，协议应当对双方的经济款项结算进行详细约定，并明确确认再无争议。如进行整体打包结算，可约定："经甲乙双方协商达成一致，甲方于××××年××月××日前向乙方一次性支付人民币×××元。该费用为甲乙双方解除劳动合同的一次性对价补偿，包括但不限于未结算工资、未休带薪年休假工资报酬、加班费、值班费、防暑降温费、冬季取暖补贴费、经济补偿、津贴等法定，以及约定的工资、福利、补贴、津贴、赔偿等项目""甲乙双方共同确认：本合同签订并履行完毕后，双方与劳动关系有关的债权债务全部结清，双方此后不存在任何劳动争议纠纷"。

最后，协议应当对离职材料的交接内容、流程及违反这一义务的法律责任进行明确。例如，可以约定，劳动者如果拒不配合工作材料交接的，企业可以暂停支付经济补偿，如有损失产生的可以按照约定的标准要求赔偿。对此，《劳动合同法》第50条第2款规定："劳动者应当按照双方约定，办理工作交接。用人单位依照本法有关规定应当向劳动者支付经济补偿的，在办结工作交接时支付。"《劳动合同法》第90条规定："劳动者违反本法规定解除劳动合同，或者违反劳动合同中约定的保密义务或者竞业限制，给用人单位造成损失的，应当承担赔偿责任。"

四、社保关系转移及离职证明开具

《劳动合同法》第50条第1款规定，用人单位应当在解除或者终止劳动合同时出具解除或者终止劳动合同的证明，并在十五日内为劳动者办理档案和社会保险关

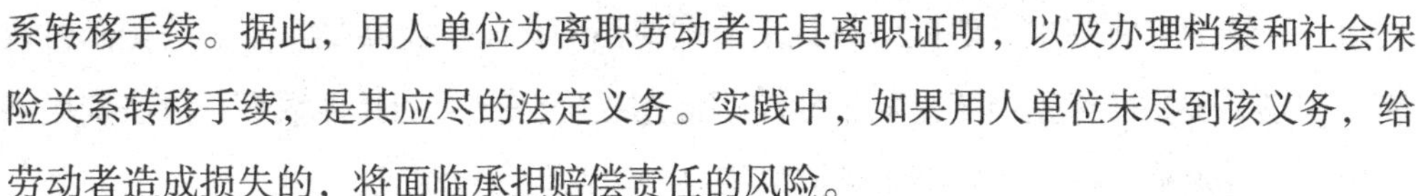

系转移手续。据此，用人单位为离职劳动者开具离职证明，以及办理档案和社会保险关系转移手续，是其应尽的法定义务。实践中，如果用人单位未尽到该义务，给劳动者造成损失的，将面临承担赔偿责任的风险。

➲ 合规实务要点 52：企业能否以员工拒不配合办理交接为由拒绝开具离职证明

典型案例：〔2019〕京 03 民终 6390 号

杨某为某公司员工，月工资为 13 000 元。2017 年 1 月 10 日，公司与杨某解除了劳动关系。离职后，杨某以公司未及时向其开具离职证明并导致无法顺利入职下家单位为由提起劳动仲裁，要求赔偿无法顺利入职导致的损失。为此，杨某提供了下家单位的《录用通知书》《录用通知作废协议》、面试通知的邮件等证据，证明由于公司未及时出具离职证明，导致下家单位拒绝对其录用。公司则辩称，双方解除劳动关系后，由于杨某未到公司办理交接手续，因此公司无法向其开具离职证明。

裁判结果：

公司未及时为杨某开具离职证明，对杨某因此失去工作机会所产生的经济损失负有责任，应予以赔偿。但鉴于杨某实际未付出劳动，其经济损失参照其工资水平、行业待遇等实际情况，予以酌定赔偿 50 000 元。

律师分析：

《劳动合同法》第 50 条第 1 款规定，用人单位应当在解除或者终止劳动合同时出具解除或者终止劳动合同的证明，并在十五日内为劳动者办理档案和社会保险关系转移手续。《劳动合同法》第 89 条规定，用人单位违反本法规定未向劳动者出具解除或者终止劳动合同的书面证明，由劳动行政部门责令改正；给劳动者造成损害的，应当承担赔偿责任。据此，企业在劳动关系解除后及时向员工开具离职证明是其应尽的法律义务。

但在这个过程中，不少企业却很容易陷入误区，认为劳动者拒不配合办理交接，其有权拒绝开具离职证明。对此，从实践案例来看，离职证明的开具并不以劳动者办理完工作交接为前提。

就本案而言，鉴于杨某提交的证据明确显示，其因未能提供离职证明而错失工作机会，造成经济损失，法院最终认定公司应当向杨某承担赔偿责任。关于赔付数额，因杨某提交的证据尚不足以证明其因此遭受经济损失的具体数额，故法院最终参照其工资水平、行业待遇等实际情况予以酌定赔付 50 000 元。

合规建议：

实践中，无论因为何种原因解除或者终止劳动关系，企业都应当及时向劳动者开具离职证明。企业切忌以劳动者拒不配合办理工作交接为由拒绝开具离职证明、办理社保关系和档案转移手续。对于离职员工拒不配合办理工作交接这一问题，首先，企业可以通过建立规范的离职交接制度加以解决。具体而言，企业可以在规章制度或者在劳动合同中明确约定交接的材料内容、流程、时间节点及违反的后果。其次，企业可以将经济补偿、非工资收入的福利项目的发放与材料交接进行绑定，以督促离职员工规范办理交接手续。

第十一章 企业规章制度

健全的规章制度往往是企业开展规范化管理的重要依据。但是在制定规章制度的过程中，企业如果没有遵守制定程序及内容的合法性要求，规章制度的效力便会大打折扣。本章将重点对企业人力资源用工管理规章制度的制定程序及内容要求进行详细介绍，希望能帮助企业合法有效地制定出切实可行的规章制度。

第一节　规章制度概述

一、规章制度的内容

规章制度在实践中所包含的内容非常广泛，几乎涵盖了企业日常经营管理中的各个方面。依据内容是否涉及员工切身利益，其可以分为两大类：一类是直接涉及员工切身利益的规章制度，另一类是未涉及员工切身利益的规章制度。而之所以如此分类，主要原因在于目前法律对这两类制度调整和规制的力度并不相同。针对直接涉及员工切身利益的规章制度，《劳动合同法》明确要求，其必须经过民主制定和公示及告知程序，对未涉及员工切身利益的规章制度则并没有该项要求。

1. 直接涉及员工切身利益的规章制度

关于直接涉及员工切身利益的规章制度，根据《劳动合同法》第 4 条的规定，其主要是指包括劳动报酬、工作时间、休息休假、劳动安全卫生、保险福利、职工培训、劳动纪律以及劳动定额管理等具体项目的制度。实践中，由于其与企业的劳动人事用工管理息息相关，因此这些制度属于法律严格调整和规制的范围。鉴于本书企业人力资源合规管理为主题，所以后续如无特别说明，本书所探讨的规章制度均特指直接涉及员工切身利益的企业人力资源用工管理规章制度。

2. 未涉及员工切身利益的规章制度

除了直接涉及员工切身利益的规章制度，实践中还有一部分规章制度主要是为了应对公司的业务、财务、行政等方面的管理而制定的。常见的如公司印章管理制度、车辆使用制度、财务报销制度等。由于此类制度与企业人力资源用工管理并不十分密切，因此通常并不属于企业人力资源法律法规调整的重点范围。基于这一原因，本书对该部分规章制度不再做过多详细论述。

二、规章制度的功能

1. 帮助企业规范整体的用工管理

不同于劳动合同仅约束用人单位与单个员工，规章制度的约束对象为用人单位和全体劳动者。这一特点决定了规章制度的重要功能是帮助企业规范整体的用工管理。实践中，这种管理功能，一方面体现为其是企业人力资源部门规范开展企业人力资源用工管理的重要指引，另一方面体现为其是员工规范自身工作行为的一把重要标尺。

2. 作为处理劳动争议的依据

实践中，当企业因违纪解除、岗位职级及薪资调整等事项与员工发生劳动争议时，除了劳动合同和各类、各层级的劳动法律法规外，企业规章制度也是处理双方劳动争议的重要依据。《最高人民法院关于审理劳动争议案件适用法律问题的解释（一）》第 50 条第 1 款明确规定：“用人单位根据劳动合同法第四条规定，通过民主程序制定的规章制度，不违反国家法律、行政法规及政策规定，并已向劳动者公示的，可以作为确定双方权利义务的依据。”

第二节 规章制度制定及修改的主体、程序要求

一、制定及修改主体

《劳动合同法》第 4 条第 1 款规定，用人单位应当依法建立和完善劳动规章制度，保障劳动者享有劳动权利、履行劳动义务。据此，实践中制定及发布规章制度的合法主体应当是与劳动者依法签订劳动合同的用人单位，而非公司的某个部门。在这块，鉴于母子公司、总分公司之间集团化管理的普遍现状，实践中容易产生的争议，主要是母公司或者总公司制定的规章制度能否适用于子公司和分公司。

➲ 合规实务要点 53：母公司及总公司制定的规章制度能否适用于子公司、分公司

典型案例 1：〔2019〕川 01 民终 11109 号

甘某为某集团公司的子公司员工，2018 年 5 月 5 日，甘某因在办公区与同事发生口角并产生肢体冲突，案涉子公司遂以甘某的行为严重违反集团公司制定的《集团员工违纪处理管理规定》为由，于 2018 年 5 月 14 日辞退了甘某。2018 年 5 月 25 日，甘某认为子公司解除合同的制度依据制定程序不合法，遂提起劳动仲裁，要求公司支付违法解除赔偿金。对此，公司提交了《集团员工违纪处理管理规定》《第二届职工代表大会第七次会议纪要》《集团公司第二届职工代表大会第七次会议签到表》等材料，拟证明其在辞退甘某时所依据的制度经过了合法制定程序。

裁判结果：

案涉子公司系有限责任公司，具有独立的法人资格，即使其与集团公司具有关联关系，但集团公司的管理制度不能直接适用于子公司。子公司若要适用，仍须依照《劳动合同法》的规定经该公司职工代表大会或全体职工讨论，并依法在公司内部公示或告知劳动者。因此，《集团员工违纪处理管理规定》不能作为公司解除与甘某劳动关系的合法依据，公司单方解除甘某的行为系违法解除。

典型案例 2:〔2022〕沪 02 民终 2890 号

赵某为某公司员工，该公司为浙江某集团公司的子公司。2020 年 9 月 25 日，浙江某集团公司向该公司下发了《奖惩管理制度》，赵某于当月 30 日签收了该《奖惩管理制度》。2021 年 4 月 25 日，公司以赵某违反了《奖惩管理制度》为由，对其做出了辞退处理。对此，赵某不认可案涉规章制度，理由是公司和浙江某集团公司系两个独立的法律主体，规章制度应当分别制定。后赵某以此为由提起了仲裁，要求公司恢复并继续履行双方之间的劳动合同。

裁判结果：

浙江某集团公司系案涉公司的母公司，法律并未规定子公司必须另行制定规章制度，且 2020 年 9 月 30 日赵某签收并确认阅读了《奖惩管理制度》，说明其自愿接受《奖惩管理制度》的约束。加之赵某的失职行为确实构成严重违纪，故公司根据《奖惩管理制度》与赵某解除劳动关系合法。

典型案例 3:〔2017〕辽 02 民终 9102 号

白某为某保险代理公司分公司员工。2015 年 10 月 13 日，白某向分公司请病假，并将医院诊断书复印件交给了分公司，但因诊断书缺少医院公章，分公司拒绝了白某的请假申请。2015 年 10 月 16 日，分公司向白某发出旷工警示书，通知其已旷工 3 日，要求其在 2015 年 10 月 19 日前按时出勤或补假。但白某收到警示书后，一直不上班，也未补交符合要求的诊断书。2015 年 10 月 22 日，分公司以白某旷工为由与其解除劳动合同。白某认为分公司辞退所依据的考勤管理制度系总公司的规章制度，并不是分公司制定，对分公司员工不发生效力，属于违法解除，遂先后提起仲裁和诉讼，要求公司支付违法解除劳动合同赔偿金。

裁判结果：

鉴于总公司于 2013 年 7 月 1 日通过职工代表大会通过了考勤管理制度，分公司通过邮件方式向白某公示了该考勤管理制度这一事实，分公司依据该规章制度解除劳动合同，合法有效。

律师分析：

根据《公司法》的规定，公司可以设立分公司。设立分公司，应当向公司登记机关申请登记，领取营业执照。分公司不具有法人资格，其民事责任由公司承担。公司可以设立子公司，子公司具有法人资格，依法独立承担民事责任。据此，子公司属于具有独立法人资格的用人单位，其有权与劳动者建立劳动关系。对于分公司，依据《劳动合同法实施条例》第 4 条的规定，依法取得营业执照或者登记证书的，也可以作为用人单位与劳动者订立劳动合同。

在此制度背景下，对于母子公司之间的规章制度适用问题，从目前的司法实践来看，主要有两类观点。一类观点认为，母子公司之间均为独立法人，母公司依法制定的规章制度并不能直接适用于子公司的员工。如果子公司拟适用母公司制定的规章制度，其前提必须是通过子公司内部的民主制定程序将母公司的规章制度转化为自身的规章制度，这类观点目前为不少地区所采纳。

另一类观点认为，针对母公司依法制定的规章制度，在子公司公示和告知员工后，其可以直接适用于子公司的员工。就案例 1 而言，法院采纳的即第一类观点；就案例 2 而言，法院采纳的是第二类观点。

总分公司的情况，则与母子公司情况略有不同。考虑到分公司不具有独立法人资格，属于总公司的分支机构，所以目前司法实践中的态度比较宽松，即总公司按照民主程序依法制定的规章制度，一般分公司在公示和告知员工以后，可以直接适用，但也有法院要求总公司邀请分公司职工代表参加民主制定会议。

合规建议：

鉴于各地法院对于母公司及总公司的规章制度能否直接适用于子公司和分公司这一问题，存在不同的司法态度。为了减少争议，首先，建议母公司或者总公司在制定规章制度前，明确规章制度的适用范围是否包括子公司或分公司。其次，子公司在适用母公司的规章制度前，建议通过内部的民主制定程序，将其转化为自身的规章制度。对于分公司，建议也采取这种策略，或者总公司在制定规章制度时充分吸纳分公司的职工代表参与民主制定程序。最后，无论子公司还是分公司，一定要在公司内部将规章制度告知员工。

二、民主制定程序

《劳动合同法》第 4 条第 2 款规定，用人单位在制定、修改或者决定有关劳动报酬、工作时间、休息休假、劳动安全卫生、保险福利、职工培训、劳动纪律以及劳动定额管理等直接涉及劳动者切身利益的规章制度或者重大事项时，应当经职工代表大会或者全体职工讨论，提出方案和意见，与工会或者职工代表平等协商确定。据此，在制定及修改直接涉及员工切身利益的规章制度（或重大事项）时，企业有义务履行法定的民主制定程序。实践中，这一程序主要包括民主讨论和平等协商两个环节。

1. 民主讨论

作为规章制度制定过程中吸纳员工意见的一种重要方式，民主讨论对用人单位而言，不仅具有法律层面的合规意义，同时也具有极强的现实意义。关于民主讨论的内容，实践中其主要体现为企业就规章制度的草案向广大员工征求修改意见。关于讨论的形式，规范的做法是召开职工代表大会或者全体职工大会，会议通常所需要的文本材料包括《××××规章制度（重大事项）草案民主讨论会议纪要》及会议签到表。

2. 平等协商

在经过民主讨论这一程序征求员工意见后，规章制度的内容最终还需要通过平等协商程序予以确定。关于平等协商的参与主体，除了用人单位一方，另一方则是能够集中代表员工群体意志的职工代表和工会。关于协商的形式，规范的做法是召开协商会议，会议通常所需要的文本材料包括《××××规章制度（重大事项）协商会议纪要》。关于平等协商完成的标准，考虑到企业的用工管理自主权，实践中其并不以双方达成一致为准，而是采取共议单决制，即在民主讨论和平等协商的基础上，企业有权单独决定规章制度的内容。但需要特别注意的是，针对全民所有制企业和国有、集体及其控股企业，在制定涉及劳动者切身利益的规章制度时，不仅要经过《劳动合同法》规定的民主讨论和平等协商程序，而且还需要经职工代表大会审议通过。

3. 未履行民主制定程序的法律后果

鉴于当前众多企业并无成熟的民主协商机制，所以现实中很多企业的规章制度的制定并不符合民主制定程序的要求。由此，便产生了新的问题，即这些规章制度究竟能否作为管理员工的有效依据。

对此,《最高法院关于审理劳动争议案件适用法律若干问题的解释(四)(征求意见稿)》第7条规定:"劳动合同法施行后,用人单位制定、修改或者决定直接涉及劳动者切身利益的规章制度或者重大事项,未经劳动合同法第四条规定的民主程序,不能作为人民法院审理劳动争议案件的依据。"但最终,由于该条规定并未出现在正式施行的司法解释中,因此这一问题在全国层面无统一的裁判标准,目前各地对此存在不同的裁判观点。

比如,浙江地区,《浙江省劳动争议仲裁委员会关于劳动争议案件处理若干问题的指导意见(试行)》(浙仲〔2009〕2号)第30条规定:"用人单位在《劳动合同法》实施前制定的规章制度,虽未经过该法第四条第二款规定的民主程序,但内容不违反法律、行政法规、政策及集体合同规定,不存在明显不合理的情形,并已向劳动者公示或告知的,可以作为仲裁委员会处理劳动争议案件的依据。《劳动合同法》实施后,用人单位制定、修改或者决定直接涉及劳动者切身利益的规章制度或者重大事项时,未经过该法第四条第二款规定的民主程序的,一般不能作为仲裁委员会处理劳动争议案件的依据。但规章制度或者重大事项决定的内容不违反法律、行政法规、政策及集体合同规定,不存在明显不合理的情形,并已向劳动者公示或告知,且劳动者没有异议的,可以作为仲裁委员会处理劳动争议的依据。

又比如,天津地区,则简化了民主制定程序的要求。《天津市高级人民法院关于印发〈天津法院劳动争议案件审理指南〉的通知》(津高法〔2017〕246号)第23条规定:"对于《中华人民共和国劳动合同法》第四条第二款规定的规章制度,用人单位制定时经过以下程序之一的,可以认定为已经经过民主议定程序:(1)经过职工代表大会或者全体职工讨论协商;(2)与用人单位工会平等协商;(3)与用人单位职工代表平等协商。"

除上述地区外,目前不少地区的裁判机构并未对此问题出台专门的指导意见。因此,在这些地区,针对不符合民主制定程序要求的规章制度,裁判机构对其效力的认定具有一定的不确定性。面对这种情况,建议各地企业仍旧应当严格按照《劳动合同法》第4条第2款的规定,积极完善以职工代表大会制度和工会制度为核心的民主协商机制,确保制定的规章制度或者做出的重大事项符合民主制定程序的要求。

三、公示和告知程序

《劳动合同法》第 4 条第 4 款规定，用人单位应当将直接涉及劳动者切身利益的规章制度和重大事项决定公示，或者告知劳动者。据此，用人单位将其已经制定好的规章制度和做出的重大事项向员工公示或告知是其应尽的法律义务。实践中，如果用人单位未尽到这一义务，则会产生规章制度或重大事项决定无法对员工产生约束力的法律后果。

➲ 合规实务要点 54：企业应当如何规范履行规章制度的公示和告知义务

典型案例：〔2018〕渝 0120 民初 8614 号

江某为某公司员工，主要从事生产管理岗位工作。2018 年 4 月 25 日，公司以江某在夜班期间睡觉，严重违反规章制度为由，依据 2017 年最新修订的《奖惩办法》，对江某做出了辞退决定。江某认为公司行为属违法解除，具体理由是，作为辞退依据的新修订的《奖惩办法》，公司并未向其公示或要求其学习，自己对其根本不知晓。其在入职培训中学习的是 2014 年的奖惩制度，该制度中只载明工作期间睡觉记大过处理。公司则辩称：新修订的《奖惩办法》已经向公司全体员工公示。为此，公司提交了新修订的《奖惩办法》在公示栏进行公示的照片。

裁判结果：

公司提交的照片，虽然能够反映修订后的《奖惩办法》张贴在公告栏中，但全然反映不出该单位是何时张贴公示的。加之公司提交的其他证据材料也不能证明其以其他有效方式进行公示、告知或组织学习，因此公司不能证明其已向江某在内的职工有效告知修订后的规章制度。基于此，公司应在本案中承担举证不能的后果，其依据未有效公示的规章制度对江某进行辞退的行为，属于违法解除。

律师分析：

《劳动合同法》第 4 条第 4 款规定，用人单位应当将直接涉及劳动者切身利益的规章制度和重大事项决定公示，或者告知劳动者。作为一项法定义务，企业必须重视公示规章制度和告知劳动者。但从实践经验来看，在公示、告知义务履行的过程中，企业非常容易陷入以下误区，即认为只要存在公示和告知行为就行，并不考虑公示和告知的规范性和证据留存的有效性。

就本案而言，案涉2017年新修订的《奖惩办法》之所以无法作为有效管理的依据，其最主要的原因就在于公司在履行公示和告知义务的过程中陷入了上述误区，即公司仅通过在公示栏中张贴《奖惩办法》这一种方式进行公告，而且事后仅保留了一份照片，其公示行为明显不规范，证据留存意识严重不足。

合规建议：

实践中，企业在向员工公示和告知规章制度时应当注意两点：一是公示和告知的方式，二是公示和告知的时机。关于公示和告知的方式，企业应当注意采取多种手段并用的方式，从而增强公示和告知的有效性。具体而言，除了采取公告栏张贴、OA（Office Automation，办公自动化）系统公告、微信群组公告等公示手段以外，还应当积极采取传阅签收、邮件单独发送、培训考试等方式单独告知。关于公示和告知的时机，企业应当抓住新员工入职和新规章制度颁布这两个时间节点。

第三节　规章制度内容制定要点

在规章制度制定的过程中，企业除了要考虑主体资格、制定程序、公示和告知这些问题外，还应当重视规章制度内容本身的合法性、合理性和实操性，否则规章制度在实际用工管理过程中的功能会大打折扣。

一、内容的合法性

规章制度内容合法，不仅指不能违背《劳动法》《劳动合同法》等基本法律，也指不能违背国务院各部门颁布的条例、规定及各地政府颁布的地方性规定。实践中，如果规章制度内容违反法律规定，通常会产生相应的法律后果。

第一种后果是导致规章制度的相关内容无效，不能作为管理员工的依据。第二种后果是导致企业面临承担行政处罚责任的风险。第三种后果是导致劳动者享有被迫辞职并向用人单位主张经济补偿的权利。《劳动合同法》第80条规定，用人单位直接涉及劳动者切身利益的劳动规章制度违反法律、法规规定的，由劳动行政部门责令改正，给予警告；给劳动者造成损害的，应当承担赔偿责任。

在实际用工管理过程中，企业规章制度内容违法，往往体现为在工时、休假、加班、工资发放、劳动合同解除等方面违反法律法规的基本标准及规则。比如，实践中常见的无偿强制加班、试用期不缴纳社保、员工入职需缴纳押金等制度，内容均涉嫌违法。

➲ 合规实务要点55：末位淘汰制度的合法性之争

典型案例：〔2011〕杭滨民初字第885号

王某为某公司员工。根据该公司的《员工绩效管理办法》的规定：员工半年、年度绩效考核分别为S、A、C1、C2四个等级，分别代表优秀、良好、价值观不符、业绩待改进；S、A、C（C1、C2）等级的比例分别为20%、70%、10%；不胜任工作原则上考核为C2。2008年下半年、2009年上半年及2010年下半年，王某的考核结果均为C2。据此，公司在认定王某不能胜任工作，在转岗后仍不能胜任工作的情况下，最终与王某解除了劳动合同。王某认为公司属于违法解除，遂提起仲裁，要求公司支付违法解除赔偿金。

裁判结果：

根据《员工绩效管理办法》的规定，“C（C1、C2）考核等级的比例为10%”，虽然王某曾经考核结果为C2，但是C2并不完全等同于“不能胜任工作”，公司仅凭该限定考核等级比例的考核结果，不能证明王某不能胜任工作。

律师分析：

末位淘汰制度，主要是指企业根据本单位的工作目标，结合各个岗位的实际情况，制定具体的考核指标体系对员工进行考核，并依据考核结果对得分靠后的员工予以淘汰的一种绩效管理制度。关于这一制度，其源于美国通用电气公司杰克·韦尔奇创建的活力曲线（也被称为10%淘汰率原则），即每年将有10%的员工被评为C类落后员工，表现最差的员工将被淘汰。实践中，这类制度对用人单位而言，其好处是能够最大化地提高员工工作的积极性；但对劳动者而言，其会对就业的稳定性产生极大的影响。正因此，实践中，末位淘汰制度的合法性一直饱受争议。

第一点争议便是末位淘汰制能否作为企业单方辞退员工的理由。

根据《劳动合同法》第 39 条、第 40 条和第 41 条的规定，目前企业可以辞退员工的情形主要包括过失性辞退、无过失性辞退和经济性裁员三种法定情形。在这些法定辞退情形中，与末位淘汰制密切相关的是无过失性辞退中的因不能胜任工作辞退。但因不能胜任工作辞退能否等同于末位淘汰呢？对此，从目前的司法实践态度来看，法院持否定态度。理由主要有两点：一是劳动者绩效考核排在末位与不能胜任工作并不必然等同，实践中，绩效考核排名靠后的原因非常多，其与岗位胜任能力究竟有多大关联存在不确定性；二是企业以不能胜任工作为由辞退员工前，根据《劳动合同法》的规定，还需要履行培训或者调岗的法定前置程序。

第二点争议便是末位淘汰制能否作为企业进行降薪、调岗的合法依据？

实践中，企业在实施末位淘汰制时，对“淘汰”会存在多种理解，其不仅包括辞退，也包括调整岗位、降低职级及降低薪资水平。对于能否将“末位淘汰制”作为调岗降薪的合法理由，从目前的司法审判实践来看，如果末位淘汰制度的制定本身符合法定程序，劳动者的绩效考核也源于真实的考核数据，不少法院对此是予以认可的。但需要注意的是，调岗降薪依然应当遵循合理性原则，调整后的岗位应当与原岗位在内容上密切关联，薪资的调整也不宜悬殊。

就本案而言，其属于 2013 年最高人民法院发布的第五批指导性案例之一，因此具有典型性。本案中，公司的解除行为之所以被判定为违法解除，最主要的原因就在于法院认为劳动者在用人单位等级考核中居于末位，该事实并不等同于劳动者不能胜任工作。

合规建议：

实践中，企业在设计类似末位淘汰制的绩效考核制度时，应当保证其内容的合法性。建议企业将末位淘汰制转化为因不能胜任工作辞退。在绩效考核指标设定上，企业可以从岗位的工作职责及目标出发，对考核指标进行量化，并将获得特定的考核结果约定为不能胜任工作；在辞退不能胜任工作的员工时，企业应当遵循调岗或者培训等法定前置程序。

二、内容的合理性

除了内容的合法性外，企业在制定规章制度的过程中，还应当考虑内容的合理性。规章制度中的部分内容，虽然并没有为法律所规制，但如果这些内容明显超出了正常人基于生活常识所能合理预估的范围，对劳动者显失公平，则该部分内容就存在不为裁判机构所认可的风险。

实践中，规章制度内容的不合理，主要反映在奖惩管理制度之中，常见的便是小错重罚。例如，迟到半小时视为旷工半天、旷工一天扣罚三天工资等。

➲ 合规实务要点 56：欠缺合理性的惩处制度不能作为处罚员工的有效依据

典型案例 1：〔2021〕沪 01 民终 10769 号

韩某为某公司员工。公司的《员工手册》规定，员工每次迟到或早退 1 小时视作旷工半天，迟到或早退 3 小时视作旷工 1 天，全月累计旷工 6 天，公司即有权辞退该员工。2020 年 10 月 14 日，根据韩某考勤记录显示的迟到早退情况，公司依据《员工手册》的上述规定，认定韩某 9 月的旷工天数已达 6 天，遂向韩某送达了《劳动合同解除通知书》。

2020 年 12 月 30 日，韩某以公司行为属于违法解除为由提起劳动仲裁，要求恢复双方之间的劳动关系，并要求公司支付其自 2020 年 10 月 15 日起至实际恢复劳动关系之日的工资。

裁判结果：

根据公司所提交的《韩某 2020 年 6 月至 9 月旷工情况汇总表》，韩某 2020 年 9 月的缺勤时间，客观上尚未达到 6 天，而公司依据考勤规定将其部分迟到、早退的行为直接认定为旷工半天或 1 天，进而计算出其在 2020 年 9 月旷工 6 天，显然加重了劳动者的责任。因此，公司的上述规定难谓合理，公司据此以严重违反公司规章制度为由辞退韩某，亦难谓依据充分。

典型案例 2：〔2014〕佛中法民四终字第 8 号

曾某为某公司员工，从事采购工作。公司制定的《员工手册》规定，员工在对外交易中严重失职，交易价格明显异常，超出市场同类产品价格 15% 以上，或累计给公司造成损失达 1000 元以上者，视为严重违反公司劳动纪律或规章制度，公司将随时予以开除处分。2012 年 12 月 13 日，曾某向案外公司采购 CW61100 型伞齿轮一个，价格为 350 元。

对于此次采购，公司认为采购价格高于市场价格 25%，因此以曾某严重违反了《员工手册》的上述规定为由，向其出具了《开除通知书》。曾某认为公司行为属于违法解除，遂提起仲裁，主张违法解除赔偿金。

裁判结果：

曾某经手采购的物品大多为少量配件，就其所采购的 CW61100 型伞齿轮为例，仅采购一件，单价为 350 元，在市场波动、付款方式、到货时间等因素影响下，一旦高出公司认为的“市场同类价格”几十元，即可被认定为“严重失职，随时可以开除”，显然处罚过重。更何况“市场同类价格”难以确定，公司执行此项规定时无疑具有过大的裁量空间，容易产生对劳动者不公平的情形。综合上述两方面，公司辞退曾某的行为应属于违法解除。

律师分析：

根据《劳动合同法》第 39 条第 2 项的规定，劳动者严重违反用人单位规章制度的，用人单位可以解除劳动合同。实践中，用人单位以严重违反规章制度为由辞退员工时，其所依据的奖惩制度必须对严重违反规章制度的情形进行明确规定，并且不存在明显不合理的情形。

就奖惩制度合理性的判断，由于没有明确的法律规定加以参考，因此实践中这块主要属于法院和仲裁委的自由裁量范围。一般考量惩处制度是否合理，裁判机构通常会结合行业特征、岗位特点、生活常识及是否超出劳动管理范畴等因素加以判断。比如，关于行业特征，在危化品行业和在普通行业，同为抽烟行为，其性质便完全不同。关于岗位特点，对于标准化和流程化的操作类岗位和一般的管理类岗位，同为睡觉行为，其性质也存在不同。关于生活常识，如果根据惩处制度，其违规行为与处罚后果明显不对等，超出了一般人预估的范围，则该制度便不具有合理性。

就上述两则案例而言，公司的行为之所以被判定为违法解除，主要原因就在于其所依据的惩处制度的合理性不被法院所认可。第一则案例中，公司直接将迟到 1

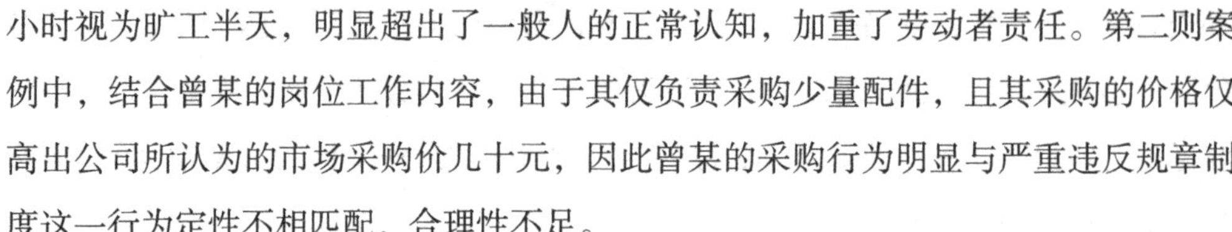

小时视为旷工半天，明显超出了一般人的正常认知，加重了劳动者责任。第二则案例中，结合曾某的岗位工作内容，由于其仅负责采购少量配件，且其采购的价格仅高出公司所认为的市场采购价几十元，因此曾某的采购行为明显与严重违反规章制度这一行为定性不相匹配，合理性不足。

合规建议：

为了保证惩处制度的合理性，企业在制定惩处制度的过程中，应当注意结合行业特点、岗位特征，依据违纪情节的轻重程度，将违纪行为进行分类，如一般违纪、中等违纪、严重违纪。在此基础上，企业再根据不同类别的违纪行为，科学设置不同等级的处罚措施，以达到罪责相匹配的目的。实践中，对于大错没有、小错不断的员工，如果企业打算以严重违反规章制度为由进行辞退，可以考虑从违纪行为的次数入手，当其一般违纪或者中等违纪在一定时间内达到一定次数后，规章制度可以明确规定，在这种情形下，劳动者视为严重违反规章制度。

三、内容的实操性

除了内容的合法性和合理性外，企业在制定规章制度的过程中应当注意内容的实操性。对此，笔者认为可以从三个方面加以理解。

1. 明晰的规则

明晰的规章制度往往可以帮助企业在用工管理过程中预防争议。比如，就考勤及工时制度，如果用人单位对于午餐及休息时间没有明确定义，则劳动者与企业就每日工作时间的确定就容易引发争议。又比如，休假制度，对于员工能否连休婚假、年休假和法定节假日，如无详细规定，则双方关于休假时长的审批也会产生争议。还比如，关于员工因工作失误造成重大损失的认定，如果规章制度对重大损失数额的标准未进行明确规定，则实践中同样容易引发争议。

2. 较强的目的性

具有较强目的性的规章制度可以更好地帮助用人单位去解决用工管理过程中的难点问题。比如，针对员工“泡病假”行为，企业可以通过专门设计规范的病假请休流程去加以预防。又比如，针对实行弹性工作制度的行业或岗位，企业则可以建立严格的加班审批制度以杜绝员工“磨洋工”及恶意加班行为。还比如，针对工伤事故频发的行业和岗位，企业可以通过制定并落实详细的工序操作流程及违反该流程的惩处措施来加以预防。

3. 一致的内容

规章制度内容的一致性是保证规章制度能够在用人单位中顺利落实的重要前提。但实践中，由于企业的疏忽，规章制度在适用过程中经常会出现内容不一致的问题。这种不一致可能体现为规章制度前后文的不一致，也可能体现为规章制度内容与集体劳动合同、劳动合同条款的不一致。为了避免相关争议，企业应当确保规章制度前后文一致，以及与集体劳动合同、劳动合同条款一致。

第十二章 多元化用工

面对当前用工成本高的现实状况，不少企业会选择用各种方式降低用工成本。在实际用工管理过程中，如果企业对各种用工方式没有准确的把握，不仅无法降低成本，反而存在较大用工法律风险，从而引发各类劳动争议。对此，本章将重点对各种用工方式进行详细介绍并总结其实操要点，希望能帮助企业合理地多元化用工。

第一节 多元化用工的现实意义

一、标准劳动关系用工及其特点

在标准劳动关系用工模式下，劳动者与企业通过签订书面劳动合同确定劳动关系，其在工作期间须遵循企业的考勤制度、绩效考核制度、奖惩制度等规章制度。因此，在这种用工模式下，无论工作时间还是内容安排，抑或是经济收入，劳动者均严重依赖于用人单位，明显处于弱势地位。出于保护劳动者及维持劳动关系稳定的考虑，目前《劳动法》《劳动合同法》等法律法规对同企业建立劳动关系的劳动者有着许多保护性规定。由于这一原因，对企业来说，标准劳动关系用工存在以下几个特点。

（1）用工自主性较差

首先，企业调整劳动者的岗位困难。实践中，企业要想调整劳动者的工作岗位及地点，原则上需要与劳动者协商一致。正是由于这一原因，在标准劳动关系用工模式下，企业调岗的权利受到了较大限制，现实中由于岗位调整不合理所引发的劳动争议数不胜数。

其次，薪资发放需遵循法定标准，无法体现双方充分协商的意志。依据《劳动法》等法律规定，用人单位向劳动者发放工资需要遵循法定的标准、时间及形式。

最后，企业安排劳动者工作需要遵守法定工作时间的要求，不得超过最长工作时间限制。实践中，用人单位如果安排劳动者工作超过最长工作时间限制，将面临行政处罚。

（2）需要承担较高的法定福利待遇成本

根据法律规定，用人单位与劳动者建立标准劳动关系，需要为劳动者承担较高的法定福利待遇成本支出。具体而言，用人单位须依法向工作时间超过法定工时的劳动者支付加班工资，须保证劳动者依法享有带薪年休假、带薪法定假日及带薪病假的法定福利，须保证女职工享有产假的权利，须依法为员工缴纳社会保险费用。

（3）解除劳动关系的成本高

首先，除非法定情形，企业不得单方解除劳动关系，否则就属于违法解除。面对违法解除，劳动者可以要求企业继续履行劳动合同或者要求其承担高昂的违法解除赔偿金。

其次，劳动合同到期终止的，依据《劳动合同法》的规定，如果是由于企业原因无法续签，企业需要依法向劳动者支付经济补偿。

最后，根据《劳动合同法》第 14 条的规定，如果属于必须签订无固定期限劳动合同情形的，用人单位有义务与劳动者签订无固定期限劳动合同。在这种情形下，用人单位与劳动者签订的劳动合同并无确定的终止时间。

二、多元化用工及其优势

多元化用工，主要是指企业根据自身行业特征和各类岗位用工特点，综合运用各种用工模式，进而达到提升用工效率和降低用工成本的目的。实践中，除了标准劳动关系用工外，其他用工模式主要包括非标准劳动关系用工、三方复合用工和去劳动关系的用工等。

其中非标准劳动关系用工，主要是指非全日制用工。三方复合用工，主要是指将劳动者的劳动关系转移到外部第三方公司，实践中主要包括劳务派遣、员工借调、业务外包等用工模式。去劳动关系的用工，主要是指用人单位通过与个人直接建立其他民事法律关系的方式实现用工目的。例如，企业可以与劳动者直接建立劳务关系或者委托合作关系。

由于其他用工模式与标准劳动关系用工存在本质性差异，因此用人单位并不会受到《劳动法》等法律法规的严格规制或者规制力度比较小。因此，用人单位如果对各种用工模式进行妥当安排，往往能够较好地弥补标准劳动关系用工的不足，从而实现用工效率的提升和用工成本的降低。

第二节 非标准劳动关系用工的类型及实操要点

一、非全日制用工

非全日制用工，在生活中也被称为兼职用工、小时用工等，虽然其属于劳动关系用工的一种类型，劳动者在工作期间受到用人单位的管理，但是其与标准劳动关系用工存在很大差异。《劳动合同法》第 68 条规定，非全日制用工，主要是指以小时计酬为主，劳动者在同一用人单位一般平均每日工作时间不超过四小时，每周工作时间累计不超过二十四小时的用工形式。第 72 条规定，非全日制用工小时计酬标准不得低于用人单位所在地人民政府规定的最低小时工资标准。非全日制用工劳动报酬结算支付周期最长不得超过十五日。

据此，实践中，判断劳动者是否属于非全日制员工的关键主要在于两点：一是每日工作时间是否超过 4 小时，二是工资发放周期是否超过 15 日。表 12-1 为非全日制用工实务操作要点。

表 12-1 非全日制用工实务操作要点

适用岗位	流动性大、每日工作时间不长于 4 小时、招聘容易、培训周期短的辅助性、临时性岗位
优势与弊端	优势：（1）社保缴纳成本较低，用人单位仅需承担工伤保险费用；（2）任何一方均可随时解除劳动合同且无须支付经济补偿 弊端：人员流动较大，员工归属感较弱
常见风险	用工不当被认定为存在标准劳动关系用工的风险（工作时间及工资发放周期不符合法定要求）

（续表）

防范建议	（1）双方应签订书面的非全日制用工协议以明确约定员工每日工作时间不超过 4 小时，同时用人单位应做好考勤管理工作，严格控制员工每天的工作时间不超过 4 小时；（2）员工的工资发放周期不应超过 15 日，工资发放标准不低于当地最低小时工资标准
主要法律依据	《劳动合同法》第 68 ～ 72 条、《社会保险法》《最低工资规定》

➲ 合规实务要点 57：非全日制用工需要符合法定要求

典型案例：〔2017〕沪 01 民终 12814 号

贾某为某公司员工。根据双方签订的劳务协议约定：贾某的岗位为非全日制验货员，劳务报酬为 300 元 / 天，双方每两周结算报酬，贾某每天工作时间不超过 4 小时。

2017 年 3 月 2 日，贾某以其每天实际工作时间超过 4 小时，工资按月结算，属于全职为由，要求确认双方之间存在标准劳动关系。公司辩称，双方之间属于非全日制用工关系。根据双方签订的劳务协议，贾某平均每天的工作时间在 4 小时之内，一周工作不超过 24 小时。为此，公司提供了考勤记录，证明贾某一旦出现一周工作时间超过 24 小时的情况，就会进行换休或者连休。另外，贾某的劳动报酬虽然实际按月发放，但系双方约定，因此不能成为改变双方用工形式的依据。

裁判结果：

虽然案涉协议明确约定双方系非全日制用工关系。但从公司支付劳动报酬的周期来看，工资实际按月进行结算。从工作时间来看，公司并未提供充分有效的证据证明贾某每日工作时间不超过 4 小时，且贾某作为验货员，存在大量出差情况。因此，公司与贾某之间存在全日制劳动关系，即标准劳动关系。

律师分析：

兼职工、小时工等用工形式在实践中并不少见，但就其本质而言，在法律定性上其应当属于非全日制用工。对于非全日制用工，《劳动合同法》第 68 条和第 72 条，分别对其工作时间和工资报酬的发放方式有着严格的要求。在这种情况下，如果企业安排非全日制工每日工作时间超过 4 小时，工资报酬按月进行结算，则双方之间极有可能被认定为全日制劳动关系。

就本案而言，针对贾某的用工性质，虽然公司与贾某签订的劳务协议明确约定为非全日制用工，但在实际履行过程中，无论工作时间还是工资发放形式均与“每天工作时间不超过 4 小时”“每两周结算报酬”严重不符。正因此，仲裁委和法院均认定双方之间存在全日制劳动关系。

合规建议：

为了避免相关争议，用人单位在招用非全日制工作人员前，首先应从工作的门槛和时长这两个角度对相关岗位进行分析，判断其是否适合采用非全日制用工形式，如果工作门槛较低，且工作时间每天不超过 4 小时，则适合采用。其次，用人单位务必与劳动者签订书面的非全日制用工协议，明确工作时间每天不超过 4 小时，工资按天或者周进行结算，并确保严格落实。

二、劳务派遣

作为标准劳动关系用工的补充形式，劳务派遣用工在实践中并不少见，其最大的特征是用人和用工的分离。具体来说，劳务派遣工与劳务派遣单位建立劳动关系，但是其具体工作安排与日常管理却由实际用工单位负责。对实际用工单位而言，这种用工模式的最大优势是能够降低员工招聘及日常人事管理的成本。

1. 劳务派遣用工所涉三方主体及法律关系

劳务派遣用工主要涉及三方主体，分别为劳务派遣单位、被派遣劳动者、实际用工单位。根据《劳动合同法》《劳务派遣暂行规定》的相关规定，在这三者之间分别存在不同的权利义务关系。

（1）劳务派遣单位与实际用工单位之间

劳务派遣单位与实际用工单位之间主要存在劳务派遣合作的民事法律关系。根据《劳动合同法》第 59 条的规定，劳务派遣单位派遣劳动者应当与接受以劳务派遣形式用工的单位订立劳务派遣协议。劳务派遣协议应当约定派遣岗位和人员数量、派遣期限、劳动报酬和社会保险费的数额与支付方式，以及违反协议的责任。

同时，根据《劳务派遣暂行规定》第 7 条的规定，劳务派遣协议应当载明下列内容：派遣的工作岗位名称和岗位性质；工作地点；派遣人员数量和派遣期限；按照同工同酬原则确定的劳动报酬数额和支付方式；社会保险费的数额和支付方式；工作时间和休息休假事项；被派遣劳动者工伤、生育或者患病期间的相关待遇；劳动安全卫生及培训事项；经济补偿等费用；劳务派遣协议期限；劳务派遣服务费的支付方式和标准；违反劳务派遣协议的责任；法律、法规、规章规定应当纳入劳务派遣协议的其他事项。

（2）劳务派遣单位与被派遣劳动者之间

劳务派遣单位与被派遣劳动者之间主要存在劳动关系。根据《劳动合同法》第 58 条的规定，劳务派遣单位应当履行用人单位对劳动者的义务，劳务派遣单位与被派遣劳动者订立的劳动合同除应当载明一般劳动合同要求载明的事项外，还应当载明被派遣劳动者的用工单位，以及派遣期限、工作岗位等情况。另外，为了维护被派遣劳动者稳定就业的权利，《劳务派遣暂行规定》第 5 条规定，劳务派遣单位应当依法与被派遣劳动者订立 2 年以上的固定期限书面劳动合同。

（3）用工单位与被派遣劳动者之间

用工单位与被派遣劳动者之间虽然没有劳动合同加以约束，但是由于存在用工单位对被派遣劳动者进行实际用工管理这一事实，因此《劳动合同法》规定用人单位须承担一定的法定义务。

对此，根据《劳动合同法》第 62 条的规定，用工单位应当履行下列义务：执行国家劳动标准，提供相应的劳动条件和劳动保护；告知被派遣劳动者的工作要求和劳动报酬；支付加班费、绩效奖金，提供与工作岗位相关的福利待遇；对在岗被派遣劳动者进行工作岗位所必需的培训；连续用工的，实行正常的工资调整机制。用工单位不得将被派遣劳动者再派遣到其他用人单位。第 63 条规定，被派遣劳动者享有与用工单位的劳动者同工同酬的权利。用工单位应当按照同工同酬原则，对被派遣劳动者与本单位同类岗位的劳动者实行相同的劳动报酬分配办法。用工单位无同类岗位劳动者的，参照用工单位所在地相同或者相近岗位劳动者的劳动报酬确定。

2. 劳务派遣用工相关法律规制

（1）劳务派遣单位的主体资格要求

关于劳务派遣单位的主体资格，根据《劳动合同法》第 57 条的规定，经营劳务派遣业务应当具备下列条件：注册资本不得少于人民币二百万元；有与开展业务相适应的固定的经营场所和设施；有符合法律、行政法规规定的劳务派遣管理制度；法律、行政法规规定的其他条件。经营劳务派遣业务，应当向劳动行政部门依法申请行政许可；经许可的，依法办理相应的公司登记。未经许可，任何单位和个人不得经营劳务派遣业务。

实践中，违反上述主体资格要求，擅自经营劳务派遣业务的，须承担相应的法律后果。《劳动合同法》第92条第1款规定："未经许可，擅自经营劳务派遣业务的，由劳动行政部门责令停止违法行为，没收违法所得，并处违法所得一倍以上五倍以下的罚款；没有违法所得的，可以处五万元以下的罚款。"

（2）劳务派遣用工范围和比例的限制

关于劳务派遣用工的范围，《劳务派遣暂行规定》第3条第1款和第2款规定："用工单位只能在临时性、辅助性或者替代性的工作岗位上使用被派遣劳动者。前款规定的临时性工作岗位是指存续时间不超过6个月的岗位；辅助性工作岗位是指为主营业务岗位提供服务的非主营业务岗位；替代性工作岗位是指用工单位的劳动者因脱产学习、休假等原因无法工作的一定期间内，可以由其他劳动者替代工作的岗位。"关于辅助性岗位的确定，《劳务派遣暂行规定》第3条第3款规定："用工单位决定使用被派遣劳动者的辅助性岗位，应当经职工代表大会或者全体职工讨论，提出方案和意见，与工会或者职工代表平等协商确定，并在用工单位内公示。"

关于劳务派遣用工的比例，《劳务派遣暂行规定》第4条第1款和第2款规定："用工单位应当严格控制劳务派遣用工数量，使用的被派遣劳动者数量不得超过其用工总量的10%。前款所称用工总量是指用工单位订立劳动合同人数与使用的被派遣劳动者人数之和。"

（3）异地派遣的社保缴纳要求

根据《社会保险法》的规定，社会保险缴纳遵循属地原则，即用人单位原则上需要在注册地为劳动者缴纳社会保险。但针对异地劳务派遣用工，考虑到被派遣员工的医疗、落户、养老等问题，目前其社会保险缴纳则突破了这一原则。根据《劳务派遣暂行规定》第18条的规定，劳务派遣单位跨地区派遣劳动者的，应当在用工单位所在地为被派遣劳动者参加社会保险，按照用工单位所在地的规定缴纳社会保险费，被派遣劳动者按照国家规定享受社会保险待遇。第19条规定，劳务派遣单位在用工单位所在地设立分支机构的，由分支机构为被派遣劳动者办理参保手续，缴纳社会保险费。劳务派遣单位未在用工单位所在地设立分支机构的，由用工单位代劳务派遣单位为被派遣劳动者办理参保手续，缴纳社会保险费。

（4）被派遣劳动者的退回及退回之后的处理

为了保障被派遣劳动者稳定就业的权利，《劳动合同法》《劳务派遣暂行规定》对被派遣劳动者的退回及退回之后的劳动关系处理有着严格的规定。实践中，依据退回的原因是否基于被派遣劳动者一方，被派遣劳动者被退回之后的劳动关系处理也存在差异。

首先，因被派遣劳动者一方原因被退回的，《劳动合同法》第 65 条第 2 款规定："被派遣劳动者有本法第三十九条和第四十条第一项、第二项规定情形的，用工单位可以将劳动者退回劳务派遣单位，劳务派遣单位依照本法有关规定，可以与劳动者解除劳动合同。"

其次，因用工单位原因或者派遣协议期满原因被退回的，《劳务派遣暂行规定》第 12 条规定："有下列情形之一的，用工单位可以将被派遣劳动者退回劳务派遣单位：（一）用工单位有劳动合同法第四十条第三项、第四十一条规定情形的；（二）用工单位被依法宣告破产、吊销营业执照、责令关闭、撤销、决定提前解散或者经营期限届满不再继续经营的；（三）劳务派遣协议期满终止的。被派遣劳动者退回后在无工作期间，劳务派遣单位应当按照不低于所在地人民政府规定的最低工资标准，向其按月支付报酬。"

同时，《劳务派遣暂行规定》第 15 条规定："被派遣劳动者因本规定第十二条规定被用工单位退回，劳务派遣单位重新派遣时维持或者提高劳动合同约定条件，被派遣劳动者不同意的，劳务派遣单位可以解除劳动合同。被派遣劳动者因本规定第十二条规定被用工单位退回，劳务派遣单位重新派遣时降低劳动合同约定条件，被派遣劳动者不同意的，劳务派遣单位不得解除劳动合同。但被派遣劳动者提出解除劳动合同的除外。"

另外，需要特别注意被派遣劳动者退回的法律限制。《劳务派遣暂行规定》第 13 条规定："被派遣劳动者有劳动合同法第四十二条规定情形的，在派遣期限届满前，用工单位不得依据本规定第十二条第一款第一项规定将被派遣劳动者退回劳务派遣单位；派遣期限届满的，应当延续至相应情形消失时方可退回。"

（5）违反法律规定的责任承担

《劳动合同法》第 92 条第 2 款规定："劳务派遣单位、用工单位违反本法有关劳务派遣规定的，由劳动行政部门责令限期改正；逾期不改正的，以每人五千元以上一万元以下的标准处以罚款，对劳务派遣单位，吊销其劳务派遣业务经营许可证。用工单位给被派遣劳动者造成损害的，劳务派遣单位与用工单位承担连带赔偿责任。"

据此，在开展劳务派遣用工的过程中，如果操作不规范，首先，劳务派遣单位和用工单位将面临承担相应行政处罚责任的风险。其次，在用工单位给被派遣劳动者造成损害的情况下，劳务派遣单位与用工单位需要承担连带赔偿责任。劳务派遣用工实务操作要点如表 12-2 所示。

表 12-2　劳务派遣用工实务操作要点

适用岗位	主要适用于临时性、辅助性、替代性的非核心业务岗位
优势与弊端	优势：（1）节省了招聘成本，劳动者主要由劳务派遣单位负责提供；（2）能够实现用工单位的"用工不用人"，减少在编人员数量，降低劳动人事日常管理及纠纷处理成本，在国有企业或劳动力相对比较密集的企业比较常见；（3）能有效避免与员工签订无固定期限劳动合同 弊端：（1）法律对于可以适用劳务派遣工的岗位及人数比例有着严格限制；（2）员工忠诚度较低、归属感较弱
常见风险	（1）劳务派遣单位主体资质不合法，用工单位需要连带承担用工责任；（2）劳务派遣单位管理不规范，未与派遣员工签订 2 年以上期限的书面劳动合同，未按约定履行工资支付、社保缴纳等义务的风险；（3）超出法定人数比例限制，遭遇行政处罚的风险
防范建议	（1）选择有资质、高信誉、管理规范的劳务派遣公司，避免出现因劳务派遣单位缺乏支付能力、管理混乱等引发的法律纠纷；（2）与劳务派遣公司规范签订劳务派遣协议，协议中明确约定派遣员工各项费用的责任承担；（3）认真审查被派遣员工是否与劳务派遣单位签订有 2 年以上固定期限的书面劳动合同并与其签订被派遣员工身份确认书，确认其派遣员工的身份；（4）严格按照有关法律规定，被派遣员工的比例不超过总员工人数的 10%
主要法律依据	《劳动合同法》《劳务派遣暂行规定》《劳务派遣行政许可实施办法》

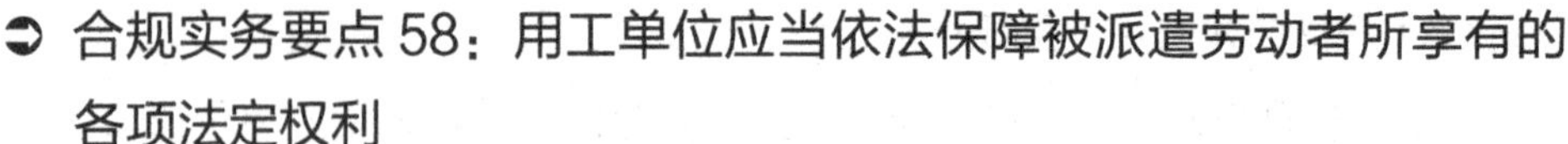

合规实务要点 58：用工单位应当依法保障被派遣劳动者所享有的各项法定权利

典型案例：〔2021〕辽 01 民终 4555 号

2017 年 11 月 17 日，王某与某劳务派遣公司签订了一份《劳务派遣劳动合同》。同日，王某被该劳务派遣公司派遣到实际用工单位工作。2017 年 12 月 9 日，王某在用工单位车间组装门窗时，因电钻钻头折断飞溅致右眼受伤，该次事故最终被认定为工伤。后因劳务派遣公司未为王某缴纳任何社保，也未支付任何工伤待遇，王某遂提起仲裁，要求劳务派遣公司支付工伤待遇，并要求用工单位对此承担连带赔偿责任。

裁判结果：

根据《劳动合同法》第 62 条的规定，用工单位应当执行国家劳动标准，提供相应的劳动条件和劳动保护。本案中，王某在车间组装门窗时，电钻钻头折断飞溅导致右眼受伤，实际用工单位未提供证据证明其为王某提供了相应的劳动条件和劳动保护，故用工单位应当承担连带责任。

律师分析：

对于被派遣劳动者，《劳动合同法》第 62 条规定，用工单位应当履行下列义务：执行国家劳动标准，提供相应的劳动条件和劳动保护；告知被派遣劳动者的工作要求和劳动报酬；支付加班费、绩效奖金，提供与工作岗位相关的福利待遇；对在岗被派遣劳动者进行工作岗位所必需的培训；连续用工的，实行正常的工资调整机制。

针对上述义务，如果用工单位未尽到相应的义务给劳动者造成损害的，如未足额支付加班费、绩效奖金的，未提供相应的劳动条件和劳动保护造成工伤的，依据《劳动合同法》第 92 条第 2 款的规定，用工单位需要与劳务派遣单位承担连带赔偿责任。除此之外，对于用工单位退回被派遣劳动者不符合法律规定，导致劳务派遣公司违法辞退被退回员工的，用工单位同样需要与劳务派遣单位连带承担违法解除赔偿金的支付责任。

就本案而言，针对王某的工伤待遇赔付，用工单位之所以要与劳务派遣公司承担连带责任，主要是因为用工单位未提供相应证据证明，其为王某提供了相应的劳

动保护条件。因此，法院最终认定用工单位对王某的此次事故伤害存在过错。

合规建议：

作为实际用工单位，在使用劳务派遣工的过程中，必须依法履行《劳动合同法》及《劳务派遣暂行规定》所规定的法律义务，否则就需要与劳务派遣单位承担连带责任。具体而言，对于加班费、绩效奖金及福利待遇，用工单位应当足额支付。对于劳动保护，用工单位应当尽到足够的义务，为劳务派遣工提供安全的保护条件。对于被派遣员工的退回，用工单位应当严格遵循法定情形，事先在劳务派遣协议中对被派遣员工离职后的经济补偿问题进行明确约定。

三、员工借调

员工借调在母子公司、总分公司及上下游关联企业之间经常发生。考虑到企业内部一些岗位设置的临时性和紧迫性，该种用工方式往往能够满足企业特殊情况下的临时用人需求。

1. 员工借调与劳务派遣的联系及区别

与劳务派遣类似，员工借调同样体现出用人与用工的分离。但与劳务派遣这种法定的用工方式相比，员工借调在实践中并非一种常态化的用工方式，不属于一种营利性商业行为。因此，在实施员工借调时，出借单位不能基于出借行为进行获利，否则就涉嫌构成非法经营劳务派遣业务。

2. 与员工借调相关的法律规定

针对员工借调，目前与之相关的规定仅在原劳动部于 1995 年颁布的《关于贯彻执行〈中华人民共和国劳动法〉若干问题的意见》（以下简称《劳动法若干问题意见》）及国务院颁布的《工伤保险条例》中有所提及。

具体而言，《劳动法若干问题意见》第 7 条规定，用人单位应与其长期被外单位借用的人员、带薪上学人员，以及其他非在岗但仍保持劳动关系的人员签订劳动合同，但在外借和上学期间，劳动合同中的某些相关条款经双方协商可以变更。第 14 条规定，派出到合资、参股单位的职工如果与原单位仍保持着劳动关系，应当与原单位签订劳动合同，原单位可就劳动合同的有关内容在与合资、参股单位订立劳务合同时，明确职工的工资、保险、福利、休假等有关待遇。第 74 条规定，企业富余职工、请长假人员、请长病假人员、外借人员和带薪上学人员，其社会保险费仍按规定由原单位和个人继续缴纳，缴纳保险费期间计算为缴费年限。

《工伤保险条例》第 43 条规定，职工被借调期间受到工伤事故伤害的，由原用人单位承担工伤保险责任，但原用人单位与借调单位可以约定补偿办法。

据此，关于员工借调，需要注意以下几点。一是出借企业应当在借调期间与借调员工签订书面劳动合同，明确双方之间的劳动法律关系，根据借调情况，双方可以对劳动合同中的内容进行相应变更。二是对于借调员工的管理、社保缴纳、工资和福利待遇的发放，借调企业、出借企业及借调员工三方应当通过借调协议对具体费用的承担和支付问题进行详细约定。三是工伤保险责任依法应当由出借企业承担，但可以与借调企业约定补偿办法。员工借调实务操作要点如表 12-3 所示。

表 12-3　员工借调实务操作要点

适用岗位	大型集团公司或者关联企业中的一些临时性、紧迫性的岗位
优势与弊端	优势：人员互补、招用效率较高 劣势：（1）仅适用于个别岗位，不具有普遍适用性；（2）易产生混同用工
实务风险	因出借单位未与借调员工签订书面劳动合同，或者各方未订立员工借调协议，借调员工被认定为与出借单位和借调单位存在双重劳动关系
防范建议	（1）出借单位在员工被外借期间，应及时对其劳动合同相关事项条款进行变更；（2）出借单位、借调单位、借调员工三方之间应规范签订员工借调协议，就借调员工在借调期间所涉及的工作岗位、地点、社保缴纳、工资福利待遇、工伤处理、规章制度适用、借调期限等进行明确约定
主要法律依据	《劳动合同法》《工伤保险条例》《劳动法若干问题意见》

➲ 合规实务要点 59：员工借调协议必须经三方一致认可同意

典型案例：〔2020〕鲁 05 民终 2063 号

王某为 A 公司员工，在劳动合同存续期内，A 公司因经营困难便与 B 公司签订了《人员借调协议》，根据借调协议约定：A 公司将包括王某在内的 160 名员工借调到 B 公司工作，借调期间，A 公司与员工的劳动关系不中断。后出于向 B 公司维

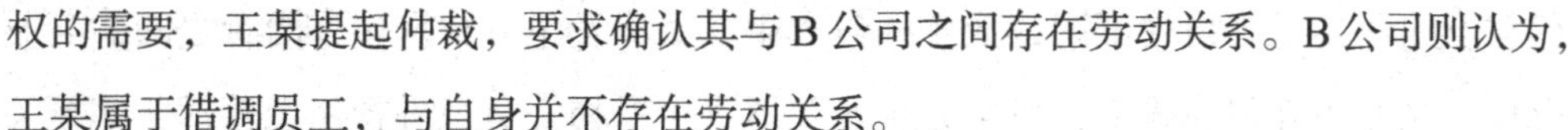

权的需要，王某提起仲裁，要求确认其与B公司之间存在劳动关系。B公司则认为，王某属于借调员工，与自身并不存在劳动关系。

裁判结果：

现有证据不能证明王某对《人员借调协议》知情并同意，A公司和B公司之间的《人员借调协议》对王某没有约束力，不能据此认定借调关系成立。同时，A公司和B公司系关联公司，B公司的成立是为了承接A公司员工的劳动关系及工作场所，王某的工作地点、工作岗位均无任何变化，故A公司和B公司存在混同用工。综上，王某与B公司之间应当存在劳动关系。

律师分析：

作为实际用工单位，借调单位在使用借调员工前，通常会与出借单位、借调员工共同签订《员工借调协议》，就借调员工的日常管理、工资及福利待遇发放、社保缴纳等问题进行明确。实践中，该协议成立的前提必须是三方达成一致，如果缺少了任何一方签字确认，《员工借调协议》便无法成立。在这种情况下，借调单位擅自使用借调员工，便存在与该员工建立事实劳动关系的风险，从而需要承担用人单位责任，如未签订书面劳动合同的二倍工资、离职经济补偿、违法解除赔偿金、工伤待遇赔付等。

就本案而言，法院之所以最终认定借调单位B公司与王某之间存在劳动关系，重要的原因就在于案涉《人员借调协议》并未经王某认可和同意，借调关系没有最终成立。

合规建议：

实践中，借调单位在使用借调员工前，应当规范地签订借调协议。首先，借调协议应当由出借单位、借调单位、借调员工三方共同签订，三方缺一不可。其次，借调协议的内容应当充实。借调协议应当对借调员工的日常管理、工资和福利待遇支付、社保缴纳、借调期限、工伤待遇赔付等问题进行详细约定。

四、业务外包

与劳务派遣和员工借调两种用工模式类似，业务外包同样属于三方复合用工。

但与上述两种用工模式不同，业务外包本质上属于发包方与承包方两者之间的商业合作。在业务外包模式下，发包方企业并不直接对相关员工进行用工管理，其更关注承包方企业对承包项目的最终交付。

实践中，用工单位在打算采取这种用工模式时，应当注意规范发包行为，将其与劳务派遣进行准确区分，尽量避免被认定为“假外包，真派遣”，否则其将承担劳务派遣用工中用工单位应当承担的各种法律义务。劳务派遣与业务外包的对比如表 12-4 所示。业务外包实务操作要点如表 12-5 所示。

表 12-4　劳务派遣与业务外包对比

项目	劳务派遣	业务外包
牵涉主体	用工单位、劳务派遣公司、劳动者	发包方、承包方
核心用工协议	劳务派遣协议	业务承包协议
适用法律	《劳动法》等相关法律法规	《民法典》中的“第三编　合同”
用工管理	用工单位有权直接管理用工	发包方不直接行使用工管理权，由承包方进行用工管理
费用结算	根据派遣员工人数确定（员工工资 + 社保费用 + 劳务派遣公司的管理费）	根据承包的项目完成进度及成果，结算费用
经营资质要求	劳务派遣公司应具有劳务派遣资质	承包方应具有承包相关业务的经营资质及开展业务的能力

表 12-5　业务外包实务操作要点

适用业务	可以外包给外部企业独立完成的非核心业务
优势与弊端	优势：无须承担任何用工管理成本，只需关注成果的按时交付 劣势：无法对业务质量进行全程把控，缺乏实时管理手段
实务风险	（1）承包方不符合用工主体资格，或者无专业承包资质，构成“假外包，真派遣”，发包方企业须承担连带用工责任；（2）承包方未与外包员工签订劳动合同，员工与发包方企业之间存在被认定为事实劳动关系的风险
防范建议	（1）发包单位应认真审查承包单位是否符合用工主体资格要求，有无开展相应业务的资质及能力；（2）发包单位在发包前应审查承包单位与外包员工之间劳动合同订立及社保缴纳是否规范；（3）在业务外包合同履行过程中，发包单位可以对承包单位员工的工作进度进行监督，但应避免进行直接管理
主要法律依据	《民法典》第 770 条、《关于确立劳动关系有关事项的通知》第 4 条

➲ 合规实务要点 60：如何正确区分业务外包与劳务派遣

典型案例：〔2021〕辽 0106 民初 12547 号

李某为某劳务派遣公司员工，根据双方签订的劳动合同，李某被派遣到 B 公司从事招商工作。但之后劳务派遣公司与 B 公司将双方之间的劳务派遣合作关系转化为了业务外包合作关系，并据此签订了《业务外包合同》。同时，劳务派遣公司与李某重新签订的劳动合同也未再对派遣事宜进行约定，但李某仍然在 B 公司原岗位继续工作。

后 B 公司以李某严重违反公司规章制度为由，将其退回了劳务派遣公司，劳务派遣公司据此对其进行了辞退。李某认为劳务派遣公司行为属于违法辞退，遂提起仲裁，要求劳务派遣公司和B公司连带承担违法解除赔偿金和绩效奖金的支付责任。劳务派遣公司与 B 公司辩称，双方前期为劳务派遣关系，但之后转变为了业务外包关系，因此双方不需要相互承担连带责任。

裁判结果：

鉴于案涉《业务外包合同》中明确约定 B 公司按 70 元 /（人・月）的标准向劳务派遣公司支付服务费，而非以工作项目的完成进度、质量等标准结算价款。庭审中，两家公司亦认可李某的日常工作一直由 B 公司进行管理，劳动工具亦由 B 公司提供，故 B 公司和劳务派遣公司之间实质是劳务派遣关系。在这种情形下，B 公司作为实际用工单位，应当与劳务派遣公司一起向李某连带承担违法解除赔偿金及绩效工资的支付责任。

律师分析：

实践中，虽然业务外包与劳务派遣存在很多相似之处，但本质上这两种用工模式涉及不同的法律关系。在劳务派遣用工模式下，实际用工单位有权直接管理被派遣员工，但须对被派遣员工承担相应的法定义务，具体而言，包括提供劳动条件和劳动保护；依法支付加班费和绩效工资；非法定情形，不得擅自退回员工；等等。如未尽到上述义务，根据《劳动合同法》第 92 条第 2 款的规定，用工单位给被派遣劳动者造成损害的，劳务派遣单位与用工单位承担连带赔偿责任。

在业务外包模式下，发包方企业将相关业务发包给承包方企业，再由承包方企业使用自己的劳动者实施具体业务。在整个过程中，发包方企业并不直接对相关员工实施管理和指挥。正因此，发包方企业通常并不需要对实施发包业务的具体劳动者承担任何劳动法律上的义务。

现实中，由于发包方在业务发包过程中的不规范，业务发包与劳务派遣经常发生混淆。实践中，常出现的情形便是“假外包，真派遣”，即虽然形式上约定为业务外包，但是发包方企业却直接使用和管理项目员工，对其进行考勤、违纪处罚、下达业绩指标和实施绩效考核等。同时，承包费用也按照员工人数和工作量发放，而非按照项目完成进度进行结算。在这种情况下，发包方实质上就属于劳务派遣用工中的用工单位，需要对劳动者的工资、工伤赔付、离职赔偿等承担连带赔偿责任。就本案而言，B 公司与劳务派遣公司之所以要对违法解除赔偿金和绩效工资承担连带支付责任，最主要的原因就在于双方本质上属于劳务派遣合作关系。

合规建议：

为了尽最大可能发挥业务外包转移用工风险的功能，发包单位在对外进行业务发包时，应当注意与劳务派遣用工进行准确区分。首先，发包单位应当对承包单位的用人主体资格和业务承包资质进行认真审查。其次，在签署业务承包协议时，发包单位应当以项目的完成进度和质量作为发包项目价款结算的依据。最后，在业务承包协议的履行过程中，发包单位不能直接指挥和管理项目员工，应当让承包单位直接进行管理。

五、劳务关系用工

劳务关系用工，主要包括退休返聘和实习用工两种情形。出于特殊身份的限制，退休人员和在校大学生一般情况下无法与用人单位建立劳动关系。因此，用人单位在招用上述两类人员时，大多只能与其建立劳务关系。在该类关系项下，劳动者仍需接受用人单位的日常管理，但是双方却并不受《劳动法》的调整，主要遵循民事法律规定。劳务关系用工实务操作要点如表 12-6 所示。

表 12-6 劳务关系用工实务操作要点

适用人群	已达到退休年龄且已办理退休手续的人员、需要实习经历的在校大学生
优势与弊端	优势：（1）降低用工成本，用人单位可以不给劳务工缴纳五险一金；（2）用人单位无须承担劳动法律风险，如未签书面劳动合同的二倍工资支付、违法解除的赔偿金支付等 弊端：退休人员体力及精力不够、在校生缺乏工作经验
实务风险	（1）被认定为存在事实劳动关系的风险。针对在校大学生，尤其是大四学生，如果其以就业为目的从事工作，则有被认定为与企业之间存在劳动关系的风险；对于达到退休年龄的人员，如果未办理退休手续，其在特殊情形下仍有可能被认定为与企业之间存在劳动关系 （2）因工发生人身伤害，用人单位面临承担提供劳务者受害责任的风险
防范建议	（1）仔细核查退休人员及在校大学生的身份资格是否真实 （2）针对退休返聘人员，用人单位应及时与其签订退休返聘协议，明确双方的法律关系为民事劳务关系 （3）针对在校大学生，用人单位应当与其规范签订实习协议，明确其以获取实习经验为目的，相较于正式员工，其管理强度低，工作安排宽松，报酬以实习津贴为主。实习期结束后，如符合留用条件，应及时与其签订劳动合同 （4）用人单位应积极为退休返聘人员和在校大学生购买商业雇主责任险，转移自身所要承担的人身损害赔偿风险
主要法律依据	《民法典》《劳动合同法》《劳动合同法实施条例》

六、民事委托用工

除了劳务关系用工，企业也可以通过与个人直接建立民事委托关系的方式实现用工目的。实践中，常见的民事委托用工有两种，一种是委托代理，另一种是个人承揽。与劳动关系及劳务关系用工相比，民事委托用工的主要特征在于：首先，劳动者无须接受用人单位的任何管理；其次，报酬主要依据工作成果按件或次进行结算，并非按月固定发放报酬，且无任何底薪。民事委托用工实务操作要点如表 12-7 所示。

表 12-7 民事委托用工实务操作要点

适用场景	无底薪，只按工作成果付酬，无须遵守规章制度管理且能独立完成的工作，如保险销售、个人可以独立完成的临时短期项目

（续表）

优势与弊端	优势：（1）无任何用工管理成本，不受劳动法调整；（2）无须缴纳五险一金 弊端：（1）企业缺少对该类人员工作质量的有效监管；（2）人员流动性较大
实务风险	（1）企业存在因为严格管理而被认定为与受托方存在事实劳动关系的风险 （2）受托方未采取符合标准要求的方式完成工作任务，致使企业利益受损
防范建议	（1）企业应当与个人规范签订委托代理协议或者承揽协议，协议中应当对报酬的计算、委托的事项及其完成的合格标准，以及未达合格标准的责任进行明确约定 （2）在合作期间，企业应当避免对受托人施加任何规章制度管理，只需关注其交付的工作成果即可
主要法律依据	《民法典》《关于确立劳动关系有关事项的通知》

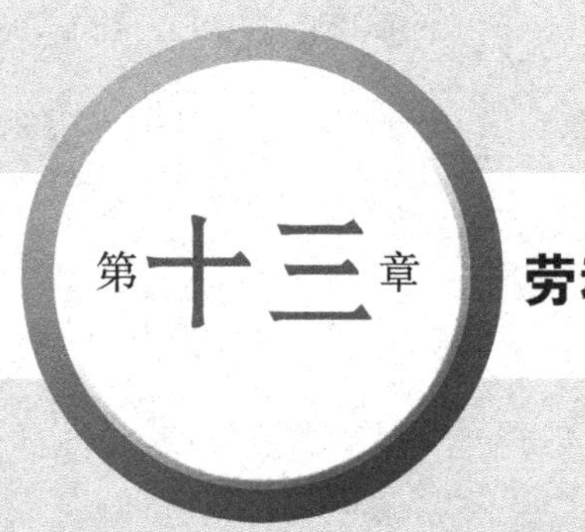

第十三章 劳动争议解决

关于劳动争议的解决，目前与之直接相关的程序性法律便是《劳动争议调解仲裁法》。在一裁二审的基本原则下，该部法律对劳动争议的管辖、审理程序、时效，以及举证责任分配等方面均进行了详细规定。本章将对这些内容进行详细介绍，希望能帮助企业尽可能熟悉劳动争议解决的流程。

第一节 劳动争议的范围

一、劳动争议的法定类型

关于劳动争议处理的基本程序，《劳动争议调解仲裁法》第 5 条规定，发生劳动争议，当事人不愿协商、协商不成或者达成和解协议后不履行的，可以向调解组织申请调解；不愿调解、调解不成或者达成调解协议后不履行的，可以向劳动争议仲裁委员会申请仲裁；对仲裁裁决不服的，除本法另有规定的外，可以向人民法院提起诉讼。据此，除了法律特别规定，劳动争议案件一般应当经过劳动仲裁，未经仲裁而直接向人民法院起诉的，将被驳回起诉。正是基于劳动争议的这一仲裁前置处理原则，实践中，用人单位和劳动者准确区分所涉争议究竟是否属于劳动争议便具有重要的现实意义。

关于劳动争议的类型，目前《劳动争议调解仲裁法》及相关的司法解释均有详细的列举性规定。

《劳动争议调解仲裁法》第 2 条规定："中华人民共和国境内的用人单位与劳动者发生的下列劳动争议，适用本法：（一）因确认劳动关系发生的争议；（二）因订立、履行、变更、解除和终止劳动合同发生的争议；（三）因除名、辞退和辞职、离职发生的争议；（四）因工作时间、休息休假、社会保险、福利、培训以及劳动保护发生的争议；（五）因劳动报酬、工伤医疗费、经济补偿或者赔偿金等发生的争议；（六）法律、法规规定的其他劳动争议。

除此之外，根据《最高人民法院关于审理劳动争议案件适用法律问题的解释（一）》（以下简称《解释（一）》）第1条的规定，劳动者与用人单位之间发生的下列纠纷，属于劳动争议，当事人不服劳动争议仲裁机构作出的裁决，依法提起诉讼的，人民法院应予受理：（一）劳动者与用人单位在履行劳动合同过程中发生的纠纷；（二）劳动者与用人单位之间没有订立书面劳动合同，但已形成劳动关系后发生的纠纷；（三）劳动者与用人单位因劳动关系是否已经解除或者终止，以及应否支付解除或者终止劳动关系经济补偿金发生的纠纷；（四）劳动者与用人单位解除或者终止劳动关系后，请求用人单位返还其收取的劳动合同定金、保证金、抵押金、抵押物发生的纠纷，或者办理劳动者的人事档案、社会保险关系等移转手续发生的纠纷；（五）劳动者以用人单位未为其办理社会保险手续，且社会保险经办机构不能补办导致其无法享受社会保险待遇为由，要求用人单位赔偿损失发生的纠纷；（六）劳动者退休后，与尚未参加社会保险统筹的原用人单位因追索养老金、医疗费、工伤保险待遇和其他社会保险待遇而发生的纠纷；（七）劳动者因为工伤、职业病，请求用人单位依法给予工伤保险待遇发生的纠纷；（八）劳动者依据《劳动合同法》第八十五条的规定，要求用人单位支付加付赔偿金发生的纠纷；（九）因企业自主进行改制发生的纠纷。

另需要关注一点，针对当前争议比较大的股权激励纠纷，其究竟是否属于劳动争议，此次最新公布的《最高人民法院关于审理劳动争议案件适用法律问题的解释（二）（征求意见稿）》第1条给予了回应，其明确用人单位基于劳动关系以股权激励方式为劳动者发放劳动报酬，劳动者请求用人单位给付股权激励标的或者赔偿股权激励损失发生的纠纷属于劳动争议，但因行使股权发生的纠纷除外。当事人不服劳动争议仲裁机构作出的裁决，依法提起诉讼的，人民法院应予受理。但由于是意见稿，目前股权激励纠纷定性上的争议究竟能否解决，取决于将来正式颁布的司法解释。

二、不属于劳动争议的案件类型

除了详细列举劳动争议的各种类型，实践中，对于容易与劳动争议混淆的其他争议类型,《解释（一）》也进行了相应列举。

具体而言，根据《解释（一）》第 2 条的规定，下列纠纷不属于劳动争议：（一）劳动者请求社会保险经办机构发放社会保险金的纠纷；（二）劳动者与用人单位因住房制度改革产生的公有住房转让纠纷；（三）劳动者对劳动能力鉴定委员会的伤残等级鉴定结论或者对职业病诊断鉴定委员会的职业病诊断鉴定结论的异议纠纷；（四）家庭或者个人与家政服务人员之间的纠纷；（五）个体工匠与帮工、学徒之间的纠纷；（六）农村承包经营户与受雇人之间的纠纷。

第二节 劳动争议的解决方式

关于劳动争议的解决，除了当事人自主协商和解外，目前《劳动争议调解仲裁法》确立了三种解决方式，分别为申请调解、申请仲裁和提起诉讼。具体而言,《劳动争议调解仲裁法》第 5 条规定："发生劳动争议，当事人不愿协商、协商不成或者达成和解协议后不履行的，可以向调解组织申请调解；不愿调解、调解不成或者达成调解协议后不履行的，可以向劳动争议仲裁委员会申请仲裁；对仲裁裁决不服的，除本法另有规定的外，可以向人民法院提起诉讼。"

实践中，上述三种解决方式并非相互排斥的关系。其中，不愿调解、调解不成或者达成调解协议后不履行的劳动争议，可以通过劳动仲裁程序解决；劳动关系当事人对仲裁裁决不服的，又可以向人民法院提起诉讼，通过诉讼方式解决。

一、申请调解

1. 调解的受理机构

根据《劳动争议调解仲裁法》第10条的规定，发生劳动争议，当事人可以到下列调解组织申请调解：企业劳动争议调解委员会；依法设立的基层人民调解组织；在乡镇、街道设立的具有劳动争议调解职能的组织。

据此，当企业与劳动者之间发生劳动争议时，当事双方均可选择前往上述调解组织进行调解。但需要注意的是，调解并不属于仲裁及诉讼的前置程序，实践中，当事人可以视案件争议的程度，自主决定是否需要事先通过调解组织来解决双方之间的劳动争议。相较于仲裁和诉讼，通过调解组织解决劳动争议的优势在于效率比较高，能够最大化地节省当事人的时间成本。

2. 调解协议书的效力

根据《劳动争议仲裁调解法》第14条的规定，经调解达成协议的，应当制作调解协议书。调解协议书由双方当事人签名或者盖章，经调解员签名并加盖调解组织印章后生效，对双方当事人具有约束力，当事人应当履行。

实践中，该类协议的约束力主要体现在两个方面：一是作为申请仲裁的权利依据；二是针对劳动争议事项达成的协议，当事方据此可以作为向法院申请支付令的依据。对此，《劳动争议仲裁调解法》第15条规定，达成调解协议后，一方当事人在协议约定期限内不履行调解协议的，另一方当事人可以依法申请仲裁。第16条规定，因支付拖欠劳动报酬、工伤医疗费、经济补偿或者赔偿金事项达成调解协议，用人单位在协议约定期限内不履行的，劳动者可以持调解协议书依法向人民法院申请支付令。人民法院应当依法发出支付令。

3. 调解不成后的处理

对于分歧较大，经调解组织调解，最终无法达成调解协议的劳动争议案件，根据《劳动争议仲裁调解法》第14条第3款的规定，自劳动争议调解组织收到调解申请之日起十五日内未达成调解协议的，当事人可以依法申请仲裁。

二、申请仲裁

实践中，对于当事人不愿协商、协商不成或者达成和解协议后不履行的，又或者是不愿调解、调解不成及达成调解协议后不履行的劳动争议，为了进一步解决分歧，当事人便可以选择向劳动争议仲裁委员会申请仲裁。实践中，作为向法院提起诉讼的一项强制性前置程序，劳动仲裁对消化社会中存在的大量劳动争议发挥了巨大作用，客观上缓解了当前法院的审判工作压力。

1. 劳动仲裁与劳动监察

作为劳动者维护自身权益的两种重要手段，劳动仲裁与劳动保障监察（简称“劳动监察”）经常被混淆。无论从受理机构的性质、工作职责、工作方式，还是从受理时效上看，两者都存在一定差异。

（1）受理机构的性质

负责劳动仲裁的机构主要为劳动争议仲裁委员会。该委员会本身属于准司法性质的机构，其组成人员包括人社部门代表、工会代表和企业方面的代表。仲裁委员会下设的劳动争议仲裁院为实体化的办事机构。

负责劳动监察的机构主要是政府行政执法机关。实践中，其组成人员主要是劳动保障行政部门的人员。正因此，劳动监察的意义主要就在于政府运用公权力对用人单位的用工行为进行监督，及时查处违法用工行为。

（2）工作职责及方式

劳动争议仲裁委员会主要依当事人的申请，通过组建仲裁庭并指派仲裁员对具体劳动争议案件进行开庭审理，并最终做出裁决。而劳动保障行政部门实施劳动监察，其所要履行的职责包括：宣传劳动保障法律、法规和规章，督促用人单位贯彻执行；检查用人单位遵守劳动保障法律、法规和规章的情况；受理对违反劳动保障法律、法规或者规章的行为的举报、投诉；依法纠正和查处违反劳动保障法律、法规或者规章的行为。

同时，根据《劳动保障监察条例》第 15 条的规定，劳动保障行政部门实施劳动保障监察，主要采取调查、检查等方式，对事实清楚、证据确凿、可以当场处理的违反劳动保障法律、法规或者规章的行为有权当场予以纠正。根据《劳动保障监察条例》第 18 条的规定，劳动保障行政部门对违反劳动保障法律、法规或者规章的行为，根据调查、检查的结果，作出以下处理：对依法应当受到行政处罚的，依法作出行政处罚决定；对应当改正未改正的，依法责令改正或者作出相应的行政处理决定；对情节轻微且已改正的，撤销立案。

（3）受理时效

除特殊规定，当事人申请劳动仲裁的时效一般情况下为 1 年，而劳动监察的查处时效为 2 年。根据《劳动保障监察条例》第 20 条的规定，违反劳动保障法律、法规或者规章的行为在 2 年内未被劳动保障行政部门发现，也未被举报、投诉的，劳动保障行政部门不再查处。前款规定的期限，自违反劳动保障法律、法规或者规章的行为发生之日起计算；违反劳动保障法律、法规或者规章的行为有连续或者继续状态的，自行为终了之日起计算。

基于上述分析，对劳动者而言，实践中其应当依据案件的争议程度选择不同的维权路径。对于企业拖欠工资、未缴纳社保等违法用工行为，由于该类纠纷比较简单，且事实比较明确，因此更适合通过劳动监察部门解决。对于分歧较大的劳动争议案件，如就拖欠的工资数额、工伤赔付待遇数额，以及是否应当支付经济补偿或者赔偿金产生的争议，由于该类争议比较复杂且处理起来耗时费力，因此更适合通过劳动仲裁程序加以解决。

2. 劳动仲裁的申请与受理

（1）劳动仲裁的申请

《劳动争议调解仲裁法》第 28 条规定，申请人申请仲裁应当提交书面仲裁申请，并按照被申请人人数提交副本。仲裁申请书应当载明下列事项：劳动者的姓名、性别、年龄、职业、工作单位和住所，用人单位的名称、住所和法定代表人或者主要负责人的姓名、职务；仲裁请求和所根据的事实、理由；证据和证据来源、证人姓名和住所。书写仲裁申请确有困难的，可以口头申请，由劳动争议仲裁委员会记入笔录，并告知对方当事人。

（2）劳动仲裁的受理

《劳动争议调解仲裁法》第 29 条规定，劳动争议仲裁委员会收到仲裁申请之日起五日内，认为符合受理条件的，应当受理，并通知申请人；认为不符合受理条件

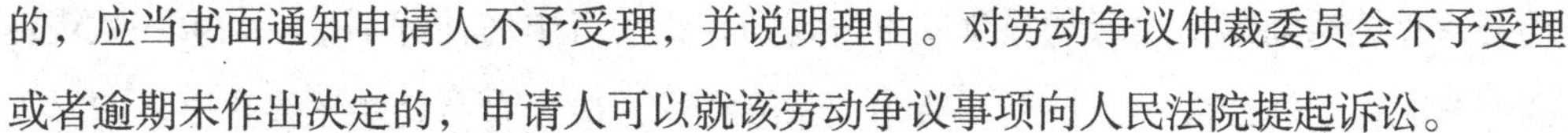

的，应当书面通知申请人不予受理，并说明理由。对劳动争议仲裁委员会不予受理或者逾期未作出决定的，申请人可以就该劳动争议事项向人民法院提起诉讼。

3. 劳动仲裁的管辖

（1）地域管辖

《劳动争议调解仲裁法》第 21 条规定，劳动争议仲裁委员会负责管辖本区域内发生的劳动争议。劳动争议由劳动合同履行地或者用人单位所在地的劳动争议仲裁委员会管辖。双方当事人分别向劳动合同履行地和用人单位所在地的劳动争议仲裁委员会申请仲裁的，由劳动合同履行地的劳动争议仲裁委员会管辖。

基于上述规定，劳动合同履行地和用人单位所在地的劳动争议仲裁委员会均有权受理与之相关的劳动争议。如果当事人分别向上述两个仲裁委员会提起仲裁，则劳动合同履行地的劳动争议仲裁委员会享有优先管辖权。实践中，劳动合同履行地主要指劳动者的实际工作场所，通常劳动者的出入证、考勤位置信息、劳动合同书约定的地点、微信聊天记录，以及用人单位实际经营住址登记信息等都是证明劳动合同履行地的重要证据。而用人单位所在地主要是指用人单位注册、登记所在地或者主要办事机构所在地。

（2）级别管辖

关于劳动仲裁的级别管辖，目前《劳动争议调解仲裁法》并未明确规定。但实践中，不少地方确实存在一定的级别管辖问题。具体而言，不少地区除了设置有区（县）一级的劳动争议仲裁委员会外，通常还设置有市一级和省一级的劳动争议仲裁委员会。在这种情况下，这些地方通常可能会将涉及外商投资企业的劳动争议纠纷或者是涉及中央、省属或者市属的国有控股企业的劳动争议纠纷交由省或市一级的劳动争议仲裁委员会处理。对此，实践中，当事人需要特别关注当地的级别管辖规定。

4. 劳动仲裁的时效

根据《劳动争议调解仲裁法》的规定，劳动仲裁的时效包括一般时效和特殊时效两种。关于一般时效，《劳动争议调解仲裁法》第 27 条第 1 款规定："劳动争议申请仲裁的时效期间为一年。仲裁时效期间从当事人知道或者应当知道其权利被侵害之日起计算。"关于特殊时效，《劳动争议调解仲裁法》第 27 条第 4 款规定："劳动关系存续期间因拖欠劳动报酬发生争议的，劳动者申请仲裁不受本条第一款规定的仲裁时效期间的限制；但是，劳动关系终止的，应当自劳动关系终止之日起一年内提出。”

另外，还需要注意劳动仲裁时效的中断及中止问题。《劳动争议调解仲裁法》第27条第2款和第3款规定：“前款规定的仲裁时效，因当事人一方向对方当事人主张权利，或者向有关部门请求权利救济，或者对方当事人同意履行义务而中断。从中断时起，仲裁时效期间重新计算。因不可抗力或者有其他正当理由，当事人不能在本条第一款规定的仲裁时效期间申请仲裁的，仲裁时效中止。从中止时效的原因消除之日起，仲裁时效期间继续计算。”

5. 裁决的类型及效力

根据《劳动争议调解仲裁法》的规定，依据不同的生效条件进行划分，目前劳动仲裁裁决分为两种类型，分别是非终局性裁决和终局性裁决。

（1）非终局性裁决

非终局性裁决，是指裁决做出之后，以当事各方收到裁决书后均未在法定期限内提起诉讼作为生效条件的裁决。根据《劳动争议调解仲裁法》第50条的规定，劳动者和用人单位对非终局性裁决的仲裁裁决不服的，可以自收到仲裁裁决书之日起十五日内向人民法院提起诉讼；期满不起诉的，裁决书发生法律效力。据此，在非终局性裁决模式下，一个劳动争议案件走完常规的所有仲裁和诉讼流程，包括一裁二审三个阶段，总体来看，耗时较长。正是由于这一原因，《劳动争议调解仲裁法》又设置了终局性裁决。

（2）终局性裁决

终局性裁决，是指一经做出便发生法律效力的裁决。关于该类裁决，根据《劳动争议调解仲裁法》第47条的规定，其主要适用于两种争议类型，一是追索劳动报酬、工伤医疗费、经济补偿或者赔偿金，不超过当地月最低工资标准十二个月金额的争议；二是因执行国家的劳动标准在工作时间、休息休假、社会保险等方面发生的争议。对于对终局性裁决不服的救济途径，《劳动争议调解仲裁法》分别赋予了劳动者和用人单位各自不同的救济途径。

对劳动者而言，根据《劳动争议调解仲裁法》第48条的规定，劳动者对终局性裁决不服的，可以自收到仲裁裁决书之日起十五日内向人民法院提起诉讼。对用人单位而言，其无权再向人民法院提起诉讼。根据《劳动争议调解仲裁法》第 49 条的规定，用人单位有证据证明终局性裁决有下列情形之一，可以自收到仲裁裁决书之日起三十日内向劳动争议仲裁委员会所在地的中级人民法院申请撤销裁决：适用法律、法规确有错误的；劳动争议仲裁委员会无管辖权的；违反法定程序的；裁决所根据的证据是伪造的；对方当事人隐瞒了足以影响公正裁决的证据的；仲裁员在仲裁该案时有索贿受贿、徇私舞弊、枉法裁决行为的。

三、提起诉讼

1. 提起诉讼的条件

（1）对仲裁裁决不服

根据《劳动争议调解仲裁法》第 48 条和第 50 条的规定，劳动争议案件在经过劳动仲裁程序审理之后，劳动者与用人单位任何一方对非终局性裁决不服的，或者劳动者对终局性裁决不服的，自收到裁决书之日起十五日内便可以向人民法院提起诉讼，同时原仲裁裁决不再发生效力。

（2）仲裁机构对当事人的申请不予受理或者逾期未处理

实践中，对管辖权、案件本身性质等存在争议，可能会导致劳动争议仲裁委员会不予受理当事人提起的劳动争议案件申请，此时，当事人可以向人民法院提起诉讼。

根据《解释（一）》第 5 条的规定，经审查认为该劳动争议仲裁机构有管辖权的，应当告知当事人申请仲裁，并将审查意见书面通知该劳动争议仲裁机构；劳动争议仲裁机构仍不受理，当事人就该劳动争议事项提起诉讼的，人民法院应予受理。根据《解释（一）》第 6 条的规定，劳动争议仲裁机构以当事人申请仲裁的事项不属于劳动争议为由，作出不予受理的书面裁决、决定或者通知，当事人不服依法提起诉讼的，属于劳动争议案件的，人民法院应当受理。

除此之外，无正当理由，劳动争议仲裁机构逾期未作出受理决定或者仲裁裁决，当事人也可以向人民法院提起诉讼。根据《解释（一）》第 12 条的规定，劳动争议仲裁机构逾期未作出受理决定或仲裁裁决，当事人直接提起诉讼的，人民法院应予受理，但申请仲裁的案件存在下列事由的除外：移送管辖的；正在送达或者送达延误的；等待另案诉讼结果、评残结论的；正在等待劳动争议仲裁机构开庭的；启动鉴定程序或者委托其他部门调查取证的；其他正当事由。当事人以劳动争议仲裁机构逾期未作出仲裁裁决为由提起诉讼的，应当提交该仲裁机构出具的受理通知书或者其他已接受仲裁申请的凭证、证明。

（3）其他情形

实践中，在双方争议事项比较明晰简单的情况下，根据特别规定，当事人也可以直接向人民法院提起诉讼。根据《解释（一）》第 15 条的规定，劳动者以用人单位的工资欠条为证据直接提起诉讼，诉讼请求不涉及劳动关系其他争议的，视为拖欠劳动报酬争议，人民法院按照普通民事纠纷受理。

除此之外，针对当事双方经过调解且达成调解协议的，根据人力资源和社会保障部和最高人民法院联合颁布的《关于劳动人事争议仲裁与诉讼衔接有关问题的意见（一）》（人社部发〔2022〕9 号）第 1 条的规定，符合以下情形的，当事人直接向人民法院提起诉讼的，也应当受理：依据《劳动争议调解仲裁法》第 16 条的规定申请支付令被人民法院裁定终结督促程序后，劳动者依据调解协议直接提起诉讼的；当事人在《劳动争议调解仲裁法》第 10 条规定的调解组织主持下仅就劳动报酬争议达成调解协议，用人单位不履行调解协议约定的给付义务，劳动者直接提起诉讼的；当事人在经依法设立的调解组织主持下就支付拖欠劳动报酬、工伤医疗费、经济补偿或者赔偿金事项达成调解协议，双方当事人依据《中华人民共和国民事诉讼法》（以下简称《民事诉讼法》）第 201 条（《民事诉讼法》2023 年修改后为第 205 条）的规定共同向人民法院申请司法确认，人民法院不予确认，劳动者依据调解协议直接提起诉讼的。

2. 管辖法院

关于劳动争议案件的诉讼管辖问题，《解释（一）》第 3 条和第 4 条对此有着明确规定。

《解释（一）》第 3 条规定："劳动争议案件由用人单位所在地或者劳动合同履行地的基层人民法院管辖。劳动合同履行地不明确的，由用人单位所在地的基层人民法院管辖。法律另有规定的，依照其规定。”

《解释（一）》第 4 条规定：“劳动者与用人单位均不服劳动争议仲裁机构的同一裁决，向同一人民法院起诉的，人民法院应当并案审理，双方当事人互为原告和被告，对双方的诉讼请求，人民法院应当一并作出裁决。在诉讼过程中，一方当事人撤诉的，人民法院应当根据另一方当事人的诉讼请求继续审理。双方当事人就同一仲裁裁决分别向有管辖权的人民法院起诉的，后受理的人民法院应当将案件移送给先受理的人民法院。”

基于上述管辖权规定，当劳动合同履行地和用人单位所在地不一致时，如果劳动者和用人单位均对裁决不服向不同人民法院提起诉讼的，根据后受理的人民法院需要将案件移送先受理的人民法院这一规则，现实中便由此产生了管辖权的争夺问题。对此，劳动争议的各方当事人需要特别注意。

3. 判决书的效力

根据《民事诉讼法》的规定，我国目前的民事诉讼实行两审终审制，即一个诉讼案件经过两级人民法院的审理，才宣告结束的审判制度。在这一制度下，一审人民法院经过审理后做出的判决，尚不能立即产生法律效力，其效力最终取决于当事人在法定的上诉期内是否提出上诉。如果上诉，则二审法院做出的判决才为终审判决。对此，《民事诉讼法》第 171 条规定，当事人不服地方人民法院第一审判决的，有权在判决书送达之日起十五日内向上一级人民法院提起上诉。第 182 条规定，第二审人民法院的判决、裁定，是终审的判决、裁定。

第三节　劳动争议的举证规则

劳动争议一旦进入仲裁和诉讼程序中，当事各方就需要按照审理机关的要求，在指定的举证期限内针对各自的主张提供相应的证据加以证明，否则就需要承担不利的举证后果。实践中，当事人举证充分与否往往与仲裁和诉讼的结果密切相关，所以企业需要特别重视。

一、证据的种类及其审核认定

1. 证据的种类

《民事诉讼法》第 66 条规定，证据包括：当事人的陈述；书证；物证；视听资料；电子数据；证人证言；鉴定意见；勘验笔录。据此，在司法实践中所出现的证据主要是上述八种之一。

2. 证据的审核认定

针对当事人提交的证据，审理机构主要围绕证据的真实性、关联性与合法性进行审核认定。对此，《最高人民法院关于民事诉讼证据的若干规定》第 87 条规定，审判人员对单一证据可以从下列方面进行审核认定：证据是否为原件、原物，复制件、复制品与原件、原物是否相符；证据与本案事实是否相关；证据的形式、来源是否符合法律规定；证据的内容是否真实；证人或者提供证据的人与当事人有无利害关系。第 88 条规定，审判人员对案件的全部证据，应当从各证据与案件事实的关联程度、各证据之间的联系等方面进行综合审查判断。第 90 条规定，下列证据不能单独作为认定案件事实的根据：当事人的陈述；无民事行为能力人或者限制民事行为能力人所作的与其年龄、智力状况或者精神健康状况不相当的证言；与一方当事人或者其代理人有利害关系的证人陈述的证言；存有疑点的视听资料、电子数据；无法与原件、原物核对的复制件、复制品。

基于上述证据的审核认定规则，在劳动争议案件中，为证明自身的主张，实践中，当事各方应当确保其提交的证据真实合法，且与待证事实存在密切的关联。对企业而言，这就要求其在人事管理过程中规范、完整地搜集并保留证据原件。

二、举证责任分配

在普通民事案件中，除有特殊规定，举证责任分配一般遵循“谁主张，谁举证”的原则。但对于劳动争议案件，考虑到劳动者相较于企业的弱势地位，所以在“谁主张，谁举证”的分配原则基础上，法律对用人单位分配了更重的举证责任。

根据《劳动争议调解仲裁法》第 6 条的规定，与争议事项有关的证据属于用人单位掌握管理的，用人单位应当提供；用人单位不提供的，应当承担不利后果。根据《解释（一）》第 42 条的规定，劳动者主张加班费的，应当就加班事实的存在承担举证责任。但劳动者有证据证明用人单位掌握加班事实存在的证据，用人单位不提供的，由用人单位承担不利后果。第 44 条规定，因用人单位作出的开除、除名、辞退、解除劳动合同、减少劳动报酬、计算劳动者工作年限等决定而发生的劳动争议，用人单位负举证责任。

基于上述举证责任分配规则，用人单位在进行人事管理的过程中，针对涉及员工切身利益的事项，应当注意规范保管相关的证据材料，否则一旦发生争议，用人单位就须承担不利举证后果。

三、举证期限

在劳动争议案件的审理过程中，当事各方还应当注意举证期限问题。法律之所以设置举证期限这一制度，主要目的在于通过这一期限督促当事人及时举证，从而提升劳动争议案件的审理效率。

（1）劳动仲裁的举证期限

在劳动争议仲裁阶段，劳动争议仲裁委员会受理案件后，通常会在法定的期限内向当事人发出受理通知书、应诉通知书和举证通知书等材料。此时，举证通知书中一般会详细载明举证期限，实践中一般为 10 ~ 15 天。对于该期限，当事人应当牢记，如果无法在期限内完成举证，当事人应当及时申请延长举证期限。对于未及时提交证据的，如在开庭之后补交的，根据实践经验，由于劳动争议仲裁的结案周期较短，因此仲裁庭很可能不再组织双方对补充证据质证，此时相关证据便有不被采信的可能。

（2）诉讼的举证期限

根据《民事诉讼法》及其司法解释的规定，劳动争议案件在诉讼阶段同样存在举证期限。《最高人民法院关于适用〈中华人民共和国民事诉讼法〉的解释》第 99 条规定：“人民法院应当在审理前的准备阶段确定当事人的举证期限。举证期限可以由当事人协商，并经人民法院准许。人民法院确定举证期限，第一审普通程序案件不得少于十五日，当事人提供新的证据的第二审案件不得少于十日。举证期限届满后，当事人对已经提供的证据，申请提供反驳证据或者对证据来源、形式等方面的瑕疵进行补正的，人民法院可以酌情再次确定举证期限，该期限不受前款规定的限制。”